中国书籍学术之光文库

言说词概念语义分析与挖掘

肖 珊 著

中国书籍出版社
China Book Press

图书在版编目（CIP）数据

言说词概念语义分析与挖掘/肖珊著. —北京：中国书籍出版社，2020.4
ISBN 978-7-5068-7828-9

Ⅰ.①言… Ⅱ.①肖… Ⅲ.①话语语言学 Ⅳ.①H0

中国版本图书馆 CIP 数据核字（2020）第 052893 号

言说词概念语义分析与挖掘

肖 珊 著

责任编辑	陈元桂 李雯璐
责任印制	孙马飞 马 芝
封面设计	中联华文
出版发行	中国书籍出版社
地 址	北京市丰台区三路居路 97 号（邮编：100073）
电 话	（010）52257143（总编室） （010）52257140（发行部）
电子邮箱	eo@chinabp.com.cn
经 销	全国新华书店
印 刷	三河市华东印刷有限公司
开 本	710 毫米×1000 毫米 1/16
字 数	238 千字
印 张	15
版 次	2020 年 4 月第 1 版 2020 年 4 月第 1 次印刷
书 号	ISBN 978-7-5068-7828-9
定 价	93.00 元

版权所有 翻印必究

序

  计算机应用的发展、互联网的广泛使用及智能网时代的到来，给语言学、计算机科学和相关学科，都提出了新的需求、挑战和研究方向。本书是适应这种需求和方向，结合相关学科的最新成果，为智能语义网建设和发展而做的开拓性的语义研究。

  网络的智能化发展，一个重要的前提，就是用最经济的模式告诉机器足够多的语言知识，特别是语义知识，让机器理解词语的意义，进而进行句子理解和逻辑推理。并且，只有让机器理解的语义知识和资源越多、越成熟，语言信息处理和网络的智能化程度就越高。

  动词是句子和篇章自然语言理解的最重要的核心内容之一。一种语言的动词数量相当多，但是其类型是有限的。怎么从语义的角度，结合人类的认知实际，用新的理论和方法，对其进行一群词、一片词或一族词的语义构成和类别的系统分析、描写和刻画，成为词汇语义研究新的方法和趋势。本书以人体五官中与"口"有关的言说表达动词为对象，进行了面向计算机或语言信息处理，推进网络智能化发展的有益探索和类群的系统研究，其成果是十分难能可贵的，其理论价值和现实意义也是不言而喻的。

  在现代汉语学习和使用中，小孩最先学习或习得的言说动词，一般是"说"，并且是以"说"为认知基础，逐步建立了汉语言说动词的系统，完成了这类动词所表事物和行为的系统认知。本书以动词"说"为研究起点，以"词群－词位变体"理论和"概念基元结构"理论为工具，全面系统地进行了汉语言说动词的语义网络建构和概念语义的研究，同时在研究中不囿于既有的研究结论和理论构成，还从一个方面推进了"词群-词位变体"理论的发展。

此书的成果不仅是面向机器的，也是面向对外汉语教学的。在谈到面向机器和对外汉语教学研究的关系时，著名语言学家邢福义先生曾说过这样一句话：机器是没有语感的外国人，外国留学生是有语感的机器。意思是说，机器和外国人学习语言具有内在的一致性，好的语言研究，是人机共享的。肖珊的《言说词概念语义分析与挖掘》，不仅是面向计算机和智能语义网的研究和探索，更是面向对外汉语教学的新的尝试，并且该书从另一个方面展示了第二语言之教学和研究新的方法和思路。

本书是作者博士毕业论文，在其毕业后不久就能付诸出版，实乃可喜可贺。作为她的博士论文的指导导师，更是由衷感到高兴。在此书出版之际，写了上面一些与其著作内容相关的话，献给读者和作者，是为序。

萧国政

前　言

当今社会是一个网络信息的时代，自互联网之父蒂姆伯纳斯·李（Tim Berners-Lee）80 年代提出万维网（WWW）构想以来，互联网进入飞速发展阶段，各种网络技术日新月异、应用层出不穷，互联网已经融入人们的日常生活、工作和学习，成为人们相互交流、沟通和互动不可或缺的平台。网络为我们开启了一个全新的世界，而也正是这个世界信息的极大丰富和爆炸式发展，在为人们生活、生产、学习等各方面带来便利的同时，人们也对其提出了更高、更完善的需求。

智能网络的建设和实现需要自然语言处理技术的支持，对于我国而言，就是要利用计算机对各种汉语信息特别是语义信息进行一种自动化处理。汉语是一种特殊的语言，尤其在词汇方面，自动分词比英语等拼音文字难度大得多，成为制约中文信息处理发展的瓶颈。也正是这种特殊性的存在使得在汉语语义信息处理上更要关注词语语义的本身，细化语义描写的颗粒度，尤其是语义内部成分、要素的联系和区别，而汉语词汇的内部规则与句子的语法规则又存在着相似的一致性，因此我们可以说一旦提高了词汇语义的处理技术，势必会为句子的处理带来突破性的意义。

在汉语词汇研究学界，一直以来都是以动词的研究为主，这不仅仅是因为动词在数量上比较庞大，而且也因为动词是句子中衔接其他语义成分的纽带，其语义表现特征最为典型、研究价值也比较大，因而建设词汇语义资源知识库就应该从动词开始。当然动词的类别及语义特征各不相同，要选取一个好的入手点和带普遍意义的对象范畴也不是一件容易的事情。

　　言说动词是动词类中有代表性的一类，其中"说"最为典型、最有概括性。对它感兴趣是从很简单的语言用法开始的，如"他说了一句""他说了我一句"词汇形式都是一样的，但是两个"说"的语义却完全不同，前一个"说"是"说话"，后一个"说"是"批评、责备"，因此我们可以说后者是"说"在基本语义上的延伸；而我们再进一步扩大研究范围，发现无论何种句子语境下的言说动词（非"说"这种词语形式）都可以用"说"附加一定的限制条件这样的规律来进行替换，这一规律也几乎可以囊括所有的言说动词。也就是说我们可以构建一个以认知起点词"说"为语义基点的、较为完整的现代汉语言说动词概念语义网络系统。

　　随着研究的深入，我们发现言说动词的语义还可以按照包含的语义结构的对立分为三大类：一是只凸显说话动作行为本身的言说动词；二是体现说话动作行为的各种性质（诸如传息、回馈、情感等）的言说动词；三是凸显采取某种方式方法（如交互、介入等）来进行说话行为的言说动词，这三大类将整个网络系统分为三大词群，即一般言说动词同位词群、性质言说动词同位词群和方式言说动词同位词群；但我们发现言说词汇也不乏"例外"，总有一些调皮的言说词汇要"跳出"这些词群之外，自成一体，这些词之间有语义上的交叉，交叉的语义又组成新的言说动词，新的言说动词则同时具有两个或两个以上的语义，如："商讨"是并列式的"商量"与"讨论"的语义交叉；"控诉"是连动式的"陈述"后"请求"的语义交叉等等，但是不论语义如何变化和跳脱，所有的言说动词都还是建立在以"说"为概念语义的立足点和生发点之上的。

　　拙作是在博士毕业论文的基础上修改、完善而成的，毕业不久就能得到出版的机会，个人甚为高兴。所以首先要感谢出版社工作人员的支持，同时也要感谢我的博士导师萧国政先生从开题直到毕业后论文的进一步修改上的指导，同门的师兄胡悼、师姐郭婷婷、李圃给我的文章修改也提供了帮助和指点，师妹胡莉也为我在毕业后能在母校翻阅最新资料给予了极大的协助。

　　概念语义网络系统的构建并非一朝一夕，言说动词的研究可以说只是"万里长征的第一步"，希望能起到"抛砖引玉"的作用，能使更多对语言信息处理感兴趣的有识之士及同仁来共同关注，帮助他们能有更多新的发现和发展，那就足以欣慰了。

肖珊

于中国地质大学（武汉）南望山

目　录
CONTENTS

导　言 ·· 1
  第一节　选题缘由及背景 ·· 1
  第二节　国内外研究现状 ·· 3
  第三节　研究目标及对象 ··· 14

第一章　言说动词同位词群的建构 ·· 19
  第一节　同位词群建构的理论基础 ····································· 19
  第二节　言说动词同位词群的构成 ····································· 24

第二章　一般言说动词"说1"的基元结构及同位词群 ······················· 35
  第一节　一般言说动词"说1"的意义 ·································· 35
  第二节　"说1"的语体变体——叙述类词群及基元结构 ·················· 40
  第三节　"说1"的过程变体——开口类词群及基元结构 ·················· 44
  第四节　"说1"的频率变体——唠叨类词群及基元结构 ·················· 47
  第五节　"说1"的音强变体——叫喊、低语类词群及基元结构 ············ 51
  第六节　"说1"类语义基元结构及词群概览 ···························· 61

第三章　性质言语动词"说2"的基元结构及同位词群 ······················· 62
  第一节　"说2"的传息变体——告知类词群及基元结构 ·················· 62
  第二节　"说2"的内容变体——誓谎类词群及基元结构 ·················· 69

1

第三节　"说2"的祈行变体——使令类词群及基元结构…………… 76
　第四节　"说2"的祈言变体——询疑类词群及基元结构…………… 93
　第五节　"说2"的回馈变体——应答类词群及基元结构…………… 104
　第六节　"说2"的观点变体——评价类词群及基元结构…………… 120
　第七节　"说2"的情感变体——致意类词群及基元结构…………… 132
　第八节　"说2"的论述变体——解·说类词群及基元结构………… 142
　第九节　"说2"的量度变体——繁简类词群及基元结构…………… 146
　第十节　"说2"的受损变体——嘲诬类词群及基元结构…………… 148
　第十一节　"说2"类语义基元结构及词群概览……………………… 156

第四章　方式言语动词"说3"的基元结构及同位词群………………… 160
　第一节　"说3"的交互变体——论辩类词群及基元结构…………… 160
　第二节　"说3"的介入变体——插接类词群及基元结构…………… 182
　第三节　"说3"的策略变体——"宣引"类词群及基元结构……… 188
　第四节　"说3"类语义基元结构及词群概览………………………… 194

第五章　语义交叉变体……………………………………………………… 195
　第一节　语义交叉变体的类型…………………………………………… 195
　第二节　语义交叉方式…………………………………………………… 198
　第三节　语义交叉变体归类……………………………………………… 204

第六章　结语………………………………………………………………… 209

参考文献……………………………………………………………………… 212

后　记………………………………………………………………………… 225

导　言

第一节　选题缘由及背景

21世纪的到来是信息化社会全面发展的时代，随着计算机和互联网应用的普及和深入，人们越来越觉得计算机科学与人工智能研究带来的一系列成果正逐步改变着社会的生产和生活，计算机科学成为20世纪以来发展最快而且对人类影响最大的学科。

然而在如今的世界范围内，信息量之大、信息传递速度之快是以往任何时候都无法比拟、无法企及的，我们每一个人都好像是一叶扁舟飘荡在无边的信息海洋之中，单凭一己之力断不可能全面掌握自己所需要的全部信息，当然就更谈不上对这些信息按照个人的不同需求做一步处理，因此采用何种手段来高效地获取、处理和运用信息显得至关重要。

网络信息作为当今社会极其重要的资源之一已渗透到人类生活中的方方面面。语义网是第三代网络的表现形式，2001年由万维网（简称WWW或Web）的创始人蒂姆伯纳斯·李（Tim Berners - Lee）正式提出，设想构造一种能够辨认、识别和自动处理人类语言，具有人一样的判断和推导能力的智能网络。例如：它可以让计算机分清"doctor"这个单词意思何时是"医生"何时是"博士"并扩展到"医院""护士""打针""学位"等一系列密切相关词群上；在读者看网络新闻时，它能够轻松、迅速、准确地从成千上万的网页中过滤出读者感兴趣的标题、导语等。也就是说它是万维网的延伸和扩展，其目的就是为了解决目前计算机不能理解网页内容的语义和网上有用信息查准率较低的问题。对我国而言，就是要利用计算机对各种汉语信息进行一种自动化处理。许嘉璐说："中文信息自动化处理每提高一步，给我国的科学技术（包括国家的信息化）、文化教育、经济建设、国家安全所带来的效益，将是无法用金钱的数额来计算的。"①

网络的建设和实现需要自然语言处理技术的支持。20年以来，我国的计算机专家和语言文字学家在中文"汉字处理"上曾付出了不少的心血，也取得了不俗的成绩。然而随着时间的推移，计算机专家与汉语言学家发现"字处理"并不能解决汉语语言处理的一切问题，中文信息处理要达到相当程度的自动化必须关注机器翻译这一块，要想机器理解自然语言传递的信息，一个重要而根本的前提就是我们应该怎样用最经济的模式告诉机器足够多的语言知识。在许多专家都感到基于概率统计、基于规则等分析技术已经不可能达到这一目标的时候，以词义为基础的语义资源建设就应运而生，并且越来越受到计算机学界和语言学界的重视。之所以以词义为基础，不仅仅由于汉语词汇本身的特殊性（自动分词比英语等拼音文字难度大得多），而且也恰恰由于这种特殊性致使信息处理上更要关注词语语义的本身。从本质上而言，汉语的词汇内部规则与句子的语法规则存在着相似的一致性，因此词汇本身处理技术提高了，自然会为句子处理带来突破性的意义，同时深入分析词汇本身的语义，尤其能帮助细化语义描写的颗粒度，也必然为计算机的自动化处理与"习得"起到巨大的促进作用。

现代汉语的词类分实词和虚词两大类，实词当中又以名、动、形三类占绝大多数，而这三类中又以动词的数量和语义表现特征最为典型、研究价值最大，所以词义资源知识库的建设首要就是研究动词。当然，动词的研究范围相对宽泛，限于篇幅应有所选取。我们知道，人由"眼""耳""鼻""口""身"来感知世界，分别对应人体的五大机能"视觉""听觉""嗅觉""味觉"和"触觉"，相应也就构成了人体活动的基本词汇（如"看""听""闻""吃""打"等）及与它们相关的同义词词群。这其中，"口"的功能十分特殊，它除了有直接感知事物（主要是消化食物）的基本功能之外，还

---

① 许嘉璐：《现状和设想——试论中文信息处理与现代汉语研究》，《中国语文》2000年第6期，第490页。

有更高级的功能——言语表达功能，是最能代表人类区别于一般动物特征的，体现人类社会性的沟通方式，因而既具有普遍性又带有特殊性，映射到词汇系统上就是以"说"为代表的一系列错综复杂的言说动词。作为人类言语系统研究的最重要组成部分，言说动词语义研究也自然成为语言信息处理的焦点。对它的研究有助于从一个侧面探讨自然语言是如何生成和被理解的，既可以帮助语言学家更加准确地进行语义结构的形式化描写，又可以帮助计算机学者对动词系统乃至整个自然语言系统的计算机模拟起到启发和推导作用，与此同时也是一项更好地建设词汇语义知识库的探索性工作。

第二节　国内外研究现状

一、面向信息处理的词汇语义知识库研究

词汇语义资源的建立源于西方，迄今已有不少学者基于不同的目标研制了多种类型、满足不同需求的词汇语义知识库，它们各自发掘出概念间的不同语义关系，并以此构建出有不同应用价值的语义聚合网络。有必要先对在世界上影响比较大的、有代表性的国外词汇语义知识库做扼要的介绍和分析，然后再谈它们对中文信息处理技术特别是汉语语义资源建设工程的启发和影响，以及国内学者在这一方面所取得的相关成就。

（一）国外研究现状

1. WordNet

截至目前，语义知识库研究方面影响最大、成果最显著的当属普林斯顿（Princeton）大学乔治·米勒（George A Miller）等人研制的英语词网数据库WordNet。WordNet体系简洁、内容翔实，已经成为自然语言处理领域里最重要的公用语义资源和语义知识库方面的国际标准。WordNet是一个基于心理语言学原则的机器词典，但它又不是一部词典，它最大的区别就是用大家熟悉的拼法来表示词形，用同义词集Synsets（在一定上下文中可以互换的同义词形的列表）来表示词义，用词义代替词形组织词汇信息，包含同义、反义、上下位义、整体部分义等多种语义关系的描写，其目的是想为广大读者提供

依概念而不是依字母顺序查找词典词汇语义知识方面的帮助。

在 WordNet 当中,收录了约 11000 个动词,动词在语义准则的基础上被分成 15 个文件,很多文件的名字都是来自这些语义上一致的词汇群中为首的最高层的动词,这些最高层的动词功能作用类似于"核心动词",再通过语义关系从它们推导出构成该语义领域的其他动词,动词与动词之间按特定的语义关系(转精、反义、推演和致使)连接起来,这种语义关系被称为一种推演(蕴涵)关系。但由于 WordNet 并不把词语分解成更小的有意义的单位,它认为这是义素分析法(Componential Analyses)应该关注的,而且 WordNet 也不是在文本和话语篇章水平上来描述词和概念的语义,因此 WordNet 中没有包含词语在特定的篇章话题领域的相关概念关系,即就词语来分析词语。由于只有词语知识而没有世界百科知识,许多 WordNet 的用户都对 WordNet 中缺乏跟语义处理的细节相匹配的句法信息而感到遗憾,而我们知道句法对动词而言最为重要,目前,WordNet 的每个动词同义词集中包含了及物性和论元类型的基本信息,但有关这些论元的性质的细节就很少提到。这反映了 WordNet 结构不甚严谨之处,并且语义颗粒度较大,应用范围也有限。

2. FrameNet

20 世纪末美国语言学家菲尔墨(C. J. Fillmore)在框架语义学的基础上提出了框架网络(FrameNet),框架语义学的中心思想是词的意义的描述必须与语义框架相联系,那么 FrameNet 的建立就是通过词元、框架、框架内的元素、语义类型等各项语义信息揭示词汇的本质属性并抽象为概念,通过逻辑关系使这些概念关联起来,使得研究者将具有共同认知结构、支配相同类型的语义角色的一类词语集中用一个框架描述,同时构建框架与框架之间的静态、动态的复杂关系,最终形成一个形式化可共享的概念网络体系。在所给定的含义下,词汇单元的框架语义要描述框架元素的结合方式和在框架中的分布情况,这种"题元角色关系"① 包括继承关系、透视关系、总分关系、先后关系、起始关系、致使关系、使用关系、参照关系。

与 WordNet 相比,FrameNet 的先进之处在于框架与词汇之间、框架与框

---

① 冯志伟:《从格语法到框架网络》,《解放军外国语学院学报》2006 年第 29 卷第 3 期,第 1 页。

架之间、框架元素与框架元素之间的对应语义关系更为细致丰富，通过这种语义联系，使得计算机在明确词汇含义、确定词汇所属的框架类型，进而在词义消歧、机器翻译、信息抽取或问答系统方面能发挥不小的作用，无论是对语言理论研究还是自然语言处理都有着十分重要的意义。

在 FrameNet 当中，在动词分类上，FrameNet 分为 13 个类别的领域，60 个框架，共 1905 个词项，这些词既有类别的说明，也列举了其他同类的词项，指出了词汇与框架的具体细致关系，每个动词的框架语义表达都包含了所有语义和语法组合可能性的规则，与此同时标出语料库中的例句及说明、指出句型。虽然 Framenet 中关于词汇与框架关系描述较充分，但是具体到每一个动词本身，也没有进行更细致的意义上的分解，也没有对一类同义或近义的词元之间的关系进行刻画，寻找区别和联系。同时，FrameNet 中的动词类别相对有限，且对如 be、belong、include 等静态动词这块并无说明，例句部分也未指出句型特征，对于不合语法的句子也没有显示出来。除此之外，FrameNet 的动词这部分也有整个 FrameNet 所面临的疑题：能覆盖绝大多数的文本资料的动词语义框架是否有限，框架起止的标准，动词所涉及的情景数量及覆盖面，情景与框架、框架与动词之间的对应关系的限制条件是什么等等，这些都是 FrameNet 中存在的、尚未解决而又不可忽视的问题。

3. VerbNet

到了 21 世纪，美国宾夕法尼亚大学的玛莎·帕默（Martha Palmer）等教授开始建构 VerbNet，一个在线的英语动词词典。VerbNet 的创建基础是贝斯·列文（Beth Levin）的动词分类标准，他认为句法框架能直接反映潜在的语义，动词的词义会影响其句法的行为，因此对动词的句法进行更为详细的研究，基主要是依据动词是否能在成对的句法框架中出现来划分动词的类，它与 WordNet 中的同义词集相连，将动词的类更加细化，使每一个动词的子类提供更多的语义特征和句法特征。

VerbNet 最大的优势和特色就是更清晰地分析语义成分、谓词论元结构和与单个的动词有关的句法模型，特别是清楚地体现了动词语义与句法行为之间的关系，具体来说包括成员集合、句法框架、句法框架中包含的语义谓词、题元角色对每个句法框架中论元的选择限制等；整个动词词典系统中动词大类与子类的层级关系明确，句法框架则在其基础上列举了动词成员的所有可能的句法形式，并赋以特定的标签，框架中的语义谓词则显示论元及其事件之间的关系，题元角色的论元限制将现有的论元同已公开的层次本体相关联，确定其语义类型。也就是说 VerbNet 并非重新建构新的系统，而是整合了现有的几个构建得比较好的系统如 WordNet、FrameNet 等，结合它们的优势，改进它们的不足。

在 VerbNet 中，具有共同句法及题元角色的动词都被囊括在同一类中，动词类的分类以及类与子类之间的上下位语义关系描写比较充分、细致，可这样划分出来的动词类就并非同义动词集（Synset），而只是拥有相似句法表现的动词聚类，因此就不可能将动词与动词之间的语义关系表现得如 WordNet、FrameNet 中那么明显，更不用说动词本身更为深入细致的语义特征描写了。由于它的语义都主要体现在句法中，所以它的研究对象不在词语本身而在句法行为。当然由于本身研究对象锁定为动词，所以它词汇的覆盖面也当然不及 WordNet 和 FrameNet 那么广。

总而言之，就动词的语义关系来说，WordNet 提供了动词类别中具有同义、推演等关系方面的知识，FrameNet 提供了共同的情景下的动词关联起来的方式知识，VerbNet 提供具有相同的句法语义特征的动词的关联知识。

（二）国内研究现状

1. 知网（HowNet）

1999 年由中国科学院、计算机语言信息工程研究中心的董振东教授等人于在网上发布了多年的研究成果——词汇语义资源知识库"知网（HowNet）"，他们定义这个知识库的描述对象为汉语和英语的词语概念，揭示了概念与概念之间以及概念所具有的属性之间的关系。

知网的构建不是像国外的语义知识库那样建立在某种具体的已有的理论基础之上的（比如构建 FrameNet 的框架理论学），而是建立在人类普遍的哲学思想、对世界知识的感知基础上。知网有自己独特的哲学认识，它认为世界上一切事物（物质的和精神的）都在特定的时间和空间内不停地运动和变化，它们通常是从一种状态变化到另一种状态，并通常由其属性值的改变来体现。知网的运算和描述的基本单位是：万物（其中包括物质的和精神的两类）部件、属性、时间、空间、属性值以及事件，同时，它也认为知识是一个包含了概念与概念之间的关系以及概念的属性与属性之间的关系的系统，无论是对个人还是对全人类,这个系统是无限开放的,意义和知识寓于关系之中,因而只有从关系入手才能理解、表达意义和知识,对人、对计算机都是如此。就是基于这样的思想指导,整个知网所体现出来的特点就是:把概念分解为最小的意义单位"义原",用义原代替义项来描述概念,确定七类顶层概念,从具体的语言文本中获取90个细致且明确的语义角色,并采用自行设计的知识数据描述语言(KDML)使每一个词语的概念描述都丰富和精确,大大提高词语意义的计算能力。

正是因为知网是自足的、自我完善的,它有自己的一套设计好的分类体系,对动词来说,它有自己的动词框架和相应的概念描述语言与之配套,反映每个动词概念之间的共性和个性,动词与动词之间有相应的属性值差别能够较好地反映动词间的联系和区别。但就如知网研发者自己所说的那样,"关系是知网的灵魂"[①],知网对词语之间的关系尽管描述细致且准确,但它对词汇本身的语义分析还是没有达到比较深入的地步,它只是揭示了一个词语之所以区别于另一个词语或者与另一个词语的联系点(义元)是什么,通过联系点来构建网络,而对包括动词在内的所有词汇本身所描述的语素特征、概念形成的方式并未有详细的描写和提取。

2. 概念层次网络(HNC)

囿于传统模式的自然语言处理分析模式面对语音流的模糊、文字流的模糊无从下手,远不能和人脑的语言感知能力相提并论,这就大大束缚了音词转换、机器翻译、全文检索、信息抽取等各大重要课题的发展,因此迫切需要由上下文联想处理向语义理解、语义感知转换。中科院声学所的黄曾阳先生等经过八年的不断探索,新创了一个关于自然语言理解处理的理论体系——HNC(Hierarchical Network of Concepts,概念层次网络)。

HNC是一个融语义、语法、语用为一体的自然语言理解的理论体系,是面向中文的、国内自然语言处理领域的三大理论之一。它的主导思想就是以概念联想脉络为主线,建立一种模拟大脑语言感知过程的自然语言表达模式和计算机理解处理模式,使计算机获得消解模糊的能力。

[①] 董振东、董强、郝长伶:《知网的理论发现》,《中文信息学报》2007年第21卷第4期,第5页。

虽然知网与 HNC 两者都是从中文自然语言理解的角度出发，但知网的启发源自哲学，HNC 理论则是借鉴人脑的语言的认知行为，把人脑认知结构分为局部和全局两类联想脉络，局部联想是指词汇层面的联想，全局联想是指语句及篇章层面的联想，因为人理解句子的时候这两种联想相互并存、相互作用，那么综合运用这两类联想脉络理论上就应该可以"帮助"计算机理解自然语言。其中，局部联想脉络又由五元组和语义网络表达整个概念体系，全局联想脉络则由语义块和句类表达语句和篇章层面的体系。

就局部联想即词汇层面的联想来说，HNC 有其独特之处，它的语义概念基元体系可以直接通过高度数字化的符号查找语义网络概念表得到词语的语义，这不同于 FrameNet 和 HowNet 那样必须限制词语的词性，每一个符号基元（每个字母或数字）都具有确定的意义保证了 HNC 词语的语义独立性和唯一性。不仅如此，HNC 还通过词语的语义，通过作用效应链在概念基元体系与语句基元体系之间建立相应的关系，便于从概念基元激活对语句基元的联想。所有词汇都从静态、动态、属性、值、效应五个特性的某个或某几个方面来表达，这五个特性简记为：v，g，u，z，r。它们是词性的本质内容和基元，把握了这些特性，就可以精确地描述包括动词在内的一切词性，甚至是兼类的各种词语。另外为表达抽象概念内涵而设计的三大语义网络各自的节点，即概念基元可以从高层到底层根据需要不断往下设置节点，树状的分层结构既保证了上层的控制，又可以细致地描写任何语言的所有词汇的语义，解决了义素分析的不足。但词义并不等同于概念意义，概念可以用词甚至是短语、句子来表达，两者的内涵和外延是不一致的，因此在语言信息处理中，应该更加关注的是自然语言中的词语义而非笼统的概念。那么从这个角度来说，HNC 对于词汇本身的语义分析还是没有达到令人十分满意的、深入的地步。

3. 中文概念词典（CCD）

CCD 又叫中文概念词典（Chinese Concept Dictionary），是北京大学计算语言学研究所开发的，在描述语言和基本关系上与 WordNet 兼容的汉语语义词典，共收录了 1634 个概念，其中名词概念 771 个、动词概念 455 个、形容词概念 356 个和副词概念 52 个。

CCD 继承并发展了 WordNet 的合理研究成果，在实际开发中又紧密结合汉语的特点，例如"对概念、概念关系的调整和发展""增添汉语特有的特征属性（褒贬义、汉语反义词的音节限定特征等）"①，主要刻画的还是名词、动词等词语之间的聚合关系，并强调上下位关系是词语概念间的主要关系，在对动词概念关系上又较之 WordNet 更近了一步，认为时间在动词概念推理中占重要的地位，依此将动词之间的概念关系分为四种情况：

（1）两个动词概念发生的时段是一样的；

（2）一个动词概念在另一个动词概念发生的时段内；

（3）两个动词概念没有时段上的包含关系，但由动词概念 C 做反向推理可以得到动词概念 C′；

（4）两个动词概念没有时段上的包含关系，但由动词概念 C 做正向推理可以得到动词概念 C′。②

并提出动词概念与充当其变元的名词概念的相互约束的关系——闭合语义约束。应该说，CCD 对基于概念的信息提取、检索系统提供了富有价值的语义资源。但有些问题也还值得思考，例如在谈到没有时段上包含关系的动词概念时，CCD 曾提出一例："｛成功，胜利｝蕴涵了｛尝试｝，即如果没有｛尝试｝就没有｛成功，胜利｝。"③ 来证明动词概念 C 做反向推理得到 C′，例证手段和逻辑推理并没有错，但问题是｛成功，胜利｝到底属动词概念、名词概念还是形容词概念呢？是刻意与传统词典相区别还是为了 CCD 制作的需要而设计？恐怕有些概念的词性在定义上及归属上有待于找到与传统词典和信息处理方面的结合点。

4. 现代汉语语义词典（SKCC）

从 1998 年开始，北大计算语言学研究所开发了一个面向中文信息处理的语义知识库——SKCC，一期收词 48835 条，二期在原有的体系上改造分类系统，以数据库文件形式收录了 6.6 万余条汉语实词。较之 CCD，SKCC 的工作更进一步，不仅给出了每个词语所属的词类、语义类，而且以义项为单位详

---

① 胡惮：《基于多维特征属性描写的现代汉语概念语义网的建构研究》2007 年博士论文，第 9 页。
② 于江生、俞士汶：《中文概念词典的结构》，《中文信息学报》2002 年第 4 期，第 17 页。
③ 于江生、俞士汶：《中文概念词典的结构》，《中文信息学报》2002 年第 4 期，第 17 页。

细描述了它们的配价信息和多种语义组合限制。① 因为他们认为不能够脱离语法来谈语义，应该在语法知识库的基础之上来构建语义知识库，所以在做法上，他们对语义进行了更为细致的、系统的分类，例如，动词"吃"的客体是"可食物"，原语义词典中"苹果、面包、青霉素、强心剂"都是"可食物"，但我们只能说"吃苹果、吃面包"，而不能说"吃青霉素、吃强心剂"。因此，需要把"药物"类独立出来，作为单独的一类。② 其次，他们对词义组合信息加以更全面描述，加强和关注动态的语义组合知识的研究，甚至很详细地标注出每个词的配价数以及其在上下文语境中的语义搭配限制等。而Wordnet 也好，CCD 也好，都还只是对词义进行静态的聚合分类研究，并没有把词义放到一定的组合框架中去考察，在自然语言处理系统中起的作用是有限的，SKCC 的语用价值体现在能对（特别是机器翻译等）多种中文信息处理系统各种的自动语义分析提供极大的帮助，然而它在语义属性描写上仍然存在问题，诸如对一些词的语义义位的描写尚未达到只用最基本的概念对应词就可以解释的地步，有待进一步挖掘和完善。

二、言说动词研究

（一）国外研究现状

国外对言说动词（或称言语行为动词）的关注是从对言语行为的研究而来的。最早提出和创立言语行为理论的是20 世纪50 年代的英国语言哲学家约翰·奥斯汀（J. L. Austin），他认为话语是一种行为，不单是"言有所述"，而且还"言有所为""言有后果"，即用有意义的话语表达说话者的意图并在听话者身上达到一定效果。之后他的学生约翰·塞尔（J. R. Searl）完善了该理论，将言语作为理论系统化，阐述了言语行为的原则和分类标准，并提出了间接言语行为理论如"Can you pass me the salt?"是用疑问句子功能来表达

---

① 王惠、詹卫东、俞士汶：《现代汉语语义词典规格说明书》，《汉语语言与计算学报》(Journal of Chinese Language and Computing, 新加坡) 2003 年第13 卷 第2 期，第159 页。

② 王惠、俞士汶、詹卫东：《现代汉语语义词典（SKCC）的新进展》，见：孙茂松、陈群秀主编《语言计算与基于内容的文本处理》，清华大学出版社2003 年版（本文是全国第七届计算语言学联合学术会议论文/2003, 8, 9-11, 哈尔滨工业大学），第353 页。

请求行为等诸如此类，他先后发表了一系列文章和著作如 *Speech Acts: An Essay in the Philosophy of Language*（1969），*Expression and Meaning: Studies in the Theory of Speech Acts*（1979）等。但是两人研究的重心都只是人类的言语行为和话语带来的行为效果，尽管他们研究的大量的"施为句"都带有言说动词，约翰·奥斯汀甚至提出列出一个行为动词的词表来分析对应的言语行为，但他们始终没有对动词本身进行研究。70 年代才开始有学者关注施为动词句，研究重点由行为本身转移到了言语上，如露丝（Ross）注意到言语行为句中的简单陈述句和显性施为句有着共同的句法特征等[1]，直到 70 年代末 80 年代初以澳大利亚语言学家安娜·韦尔比茨卡（Anna Wierzbicka）为主的学者才开始真正关注言语行为动词，并作为专项进行研究。1972 年她出版的 *Semantic primitives* 一书循序渐进地发展了构建普遍元语言的思想，并期望在类似 I、YOU、GOOD 等简单语义要素基础上来描写词义。1980 年出版的另一本 *Lingua Mentalis: The semantics of natural language* 则是她试图寻求普遍意义子集来对自然语言词汇和语法进行描写的思想的继续。1987 年她编纂的 *English Speech Act Verbs: A Semantic Dictionary* 调查了约 250 个英语言说动词，从语义场角度，利用还原释义法、意义分解法对这些词进行分类和全面分析，用 50 多个语义基本词来重新定义这些动词，基本克服了传统语词词典常有的循环定义的缺陷。这是国外对言说动词研究最为彻底、成果最为显著的著作，具有较高的学术价值，但从言说动词的研究数量上看还是略显单薄，用来定义的语义基本词在当时也不算十分系统和规范。这一时期其他国家如日本、美国等也有少量的学者关注言语行为动词，但均浅尝辄止。

（二）国内研究现状

国内对言说动词的研究和关注应该是一直伴随着中文语法的发展而发展的，但纵观已有的参考文献我们不难看出，我国早期对言说动词的研究并不是独立的，基本都附庸在对某些其他语法内容的研究之中，直至 20 世纪末 21 世纪初才有钟守满等学者从事专项性研究，可以说我国对于这类特殊词汇的研究较之欧美学界起步要晚，重视程度也不够，因而无论在研究的广度还是

---

[1] 钟守满：《英汉言语行为动词语义认知结构研究》，中国科学技术大学出版社 2008 年版，第 5 页。

深度上都显得较为落后。综合历年来的研究文献，研究的侧重点主要表现在两个方面：

1. 动词问题研究体系下的从属性研究

这一大类是指将言说动词的研究贯穿于其他动词研究的过程之中，比如在研究动词的价、动词的词性、词义辨析等时会涉及言说动词，但言说动词并不是主体研究对象。

国内语言学者里最早研究言说动词的是黎锦熙先生。他的《新著国语文法》中在谈到外动词"涉及情意作用"的如"赞成、佩服、称许、批评、笑骂"，"涉及人事"的如"请、劝、嘱咐、允许、拒绝"①。80年代之后，张志毅的《简明同义词词典》和刘叔新的《现代汉语同义词词典》中只对诸如"查问""查询""盘问""责问""诘问"等问类动词进行了词义辨析，探讨词义的侧重点和适用范围等。之后收录在《语法与研究探索（3）》中的尹世超的《关于主谓宾语》一文中，他在总结能带小句宾语的动词类型时找到属于"全能动词"的"表言语行为"的动词次类②。邵敬敏的《动量词的语义分析及其与动词的选择关系》在分析情态量词语义时，涉及言说动词和与言说有关的动词，但仅仅是提到个别词语实例而已，如"议论、汇报、调查、研究"③等。范晓的《汉语的句子类型》一书中在分析各类句子类型时会涉及表语言行为的次类，如谈论单动谓语句时，谓语动词中动作动词"叫"类或者是能带动词性宾语的言说动词"准许、允许""倡议、赞成"④等。陈昌来的《现代汉语动词的句法语义属性研究》则是分析各类动词配价时将一部分言说动词归入相应的位置，分析其价质、价位和价用等⑤。

由上述的一系列研究可以看出，在21世纪以前，学者们已经注意到并开始揭示汉语言说动词在某些方面或某些条件下的词汇语义和句法特征，并给

---

① 黎锦熙：《新著国语文法》，商务印书馆1924年版，第109页。
② 尹世超：《关于主谓宾语》，见：《语法与研究探索（3）》，北京中国语文杂志社1985年版。
③ 邵敬敏：《动量词的语义分析及其与动词的选择关系》，《中国语文》1996年第2期，第103页。
④ 范晓：《汉语的句子类型》，上海书海出版社1998年版，第45页。
⑤ 陈昌来：《现代汉语动词的句法语义属性研究》，上海学林出版社2002年版。

出了具体的言说动词实例，也简单定义了相关概念，但是由于对这类动词的研究仅仅停留在为分析其他语法特征提供例证或在对动词进行次类划分时才有所涉及，因而可以说对言说动词的研究是很不详尽、很不全面的。

2. 以言说动词为研究对象的专项性研究

21世纪后，随着西方言语行为理论的传播，学者们意识到要把言语行为动词作为独立的对象进行专项性的研究，并取得了一系列的成果。

刘大为在这方面有所成就，他的《句嵌式递归与动词的控制功能》一文就指出了言说动词具有自指的功能，并论证了这种功能控制了汉语句嵌式递归结构的产生①；之后他发表的《意向动词、言说动词与篇章的视域》目的虽然是为了研究叙述学中的视域概念，但是主要是从意向动词和言说动词对视域的控制入手进行分析的，言说动词和意向动词的关系探讨是重点②。他的研究主要关注篇章语用角度，而与此同时，以钟守满为代表的学者将眼光转向了语言学的新兴方向——认知学角度，从语义认知角度对比英汉言语行为动词的不同，并在这一领域取得了不少的成绩。发表了《言语行为动词分类及其语义认知解释》，初步探讨英汉言语行为动词构成的句法结构的差异，同年又发表了《Tell/inquire（告诉/打听）等动词的语义认知结构研究》，挑选了英汉言说动词的两个基本动词，分析它们的语义特征，并试图建构语义认知框架，找出它们传递的言语信息。2005年他发表的《"互向"类言语行为动词语义认知解释》依据言语交际过程中动词传递内容的"方向"将言说动词重新分类，挑选了八对英汉"互向类"言说动词为研究对象，分析它们的信息传递认知结构及语用解释③，之后又发表了《言语行为动词告知关系及其语义认知解释》《order/command/tell的认知意义与语义解释》等都分别从言说动词的某一类别入手，探讨语义认知结构及其特点的。2008年他将这些文章的思想汇总编辑了《英汉言语行为动词语义认知结构研究》一书，这可以说是目前国内唯一一部有关汉语言说动词的专著，存在的不足是汉英对比

---

① 刘大为：《句嵌式递归与动词的控制功能》，《语言研究》2002年第4期，第19—26页。
② 刘大为：《意向动词、言说动词与篇章的视域》，《修辞学习》2002年第6期，第1—7页。
③ 钟守满：《"互向"类言语行为动词语义认知解释》，《杭州师范学院学报》（社会科学版）2005年第2期，第109—112页。

方面的讨论分析相对简单，言说动词语用信息的提取还有待于推敲和检验。在语言类型学研究这块，还有常颖较为详尽全面地比较了汉俄"问答类""交互类""祈使类""情感类"等七大类言语行为动词的语义类别，并做了义素分析表①；另外还有一部分学者都以言说动词的某一个次类入手，探讨这一类动词的语义、句法结构及语用表达。如以下几篇硕士论文：杜姗姗的《Tell（告诉）类动词语义结构认知分析》、王云英的《现代汉语问类动词研究》、张言军的《"同意"类动词初探》、张奇祺的《承诺类言语行为动词研究》等；最后还有一类是从言说动词的代表词"说"入手，研究它的上位词如"言""道""云"等，或研究它的语法化过程，或对说类动词从古到今的演变及在方言中的分布等方面进行历时和共时角度的考察，如赵询思的《"说"一字在现代汉语中的虚化》、田源的《汉语"说"类动词研究》、刘芳的《析言说义动词"说"的语法化》等。

　　由此可见，近些年学者们越来越重视言说动词的研究，无论研究的范围还是研究的视角都较之前有了长足的发展和进步，但研究的深度和广度还有待提高和拓宽。即便是专门性的研究，对语义和句法结构系统性的考察也远远不够，而且研究的视野还大部分停留在语言学本身，按照传统的方式来分析词汇语义和句法结构，暂时没有发现从自然语言信息处理角度谈论言说动词的专门性文章和著作，这是可以开拓的领域。

第三节　研究目标及对象

一、研究目标

　　上文已经提到，建设词汇语义知识库是语言信息处理技术取得进步的重要保障。作为人工智能最重要内容的自然语言处理，应当善于利用机器的特点和优势来仿真模拟词义系统在人脑中的认知、储存、构联的方式。

　　从目前的研究来看，能够达到此目的的理论和技术，主要有以下三个：

---

①　常颖：《汉、俄语言语行为动词语义对比研究》，黑龙江大学博士学位论文，2008年。

一是基于概念特征的现代汉语通用词汇语义网；二是实现词汇语义网建构的理论基础——"词群－词位变体"理论①；三是能够帮助建构词汇语义网并解释网内概念之间、概念与其变体之间关系的"语义基元及语义基元结构式"理念。其中，词汇语义网是目标，"词群－词位变体"理论是理论基础，"语义基元及语义基元结构式"是表现方式，并提供解释。这就是本书的重心所在。

在具体操作中，本书的研究思路主要是：以"词群－词位变体"理论来建立一个基于概念语义的言说动词网络系统，分析系统内同位词群的语义构成、原理以及词群与词群之间、词群内变体之间的群位关系，通过对"说"类动词语义的实践性、系统性微观描述，对"词群－词位变体"理论加以验证和完善，从而为实现词汇语义网目标做一次有效的尝试。在研究过程中，力求做到宏观与微观相结合，解释与描写相映证，最大限度地利用作为语言研究者的语言观察分析能力，又紧扣面向自然语言处理、词典编纂等应用目标，同时也希望能为对外汉语教学中言说动词的教学提供一定的依据和实际参考价值。

二、研究对象

本书言说动词系统中包含的言说动词是以《同义词词林》（上海辞书出版社，2005）为基础，以《现代汉语词典》（商务印书馆，2005）和《现代汉语分类大词典》（上海辞书出版社，2007）收录的所有言说动词②为主要来源，并以《汉语动词用法词典》（商务印书馆，2005）、《国际标准汉字大字典》（电子工业出版社，1998）、《现代汉语动词大词典》（北京语言学院出版社，1994）等其他权威词典为辅助进行筛查和选定。

---

① 萧国政：《动词"打"本义的结构描写及其同义词群建构——一种人机共享的"词群－词位变体"研究初探》，《中文计算技术与语言问题研究——第七届中文信息处理国际会议论文集》，电子工业出版社2007年版，第1页。
② 本文中的言说动词及其义项同时参考《现代汉语词典》2005年第五版和《现代汉语分类大词典》（商务印书馆），若两词典中均收录的，且词的义项一致或接近一致的，一律取《现汉》中说法，若《现汉》中未收录，而《分类大词典》中收录且符合实际的语言习惯者，则择情况收录本文。

同时为了严格选词的范围，针对多义项的言说动词按不同的动词进行处理：一是剔除不属于言说类的义项或非动词词性的义项，如"请求"有两个义项："请求：①向别人提出要求，希望得到满足；②向别人提出的要求"①，这里只有第一个义项可以列入，那么表示为"请求1"，其他类似词同理；二是剔除一部分词典中标注为＜方＞且艰涩难懂的方言言说动词，如"嘚啵""扯淡""扯臊""徉言""排揎"等，只保留属于标准的现代汉语白话文中的言说动词及一小部分已进入普通话但仍带方言色彩的方言言说动词，比如"唠嗑""闹哄"；三是剔除必须和其他词搭配使用的言说动词书面词/语素，如"缄口（不语）""（力戒）矜夸""（悔恨）自咎""（交口）赞誉"等。

基于以上种种，最终我们确定了434个言说动词列入考察范围之内：

说话、发话、开口1、作声、吱声、吭声、吭气、失声、唠嗑、唠扯、改口1（改嘴）②、低语、耳语、私语1、唧哝、喳喳、嘀咕、哼唧、咕叽、咕哝、嘟囔、沉吟2、唠叨、叨叨、絮叨、啰唆、饶舌、低语、叫1、喊1、喊叫、叫唤1、叫嚣、呼喊、欢呼、呐喊、叫嚷、嚷、吵嚷、喧嚷、喝（hè）、吆喝、呼喝、叱喝、叱呵、咆哮、吼叫、狂吼、胡说1（胡扯）、嚼舌、夸口（夸嘴）、夸耀、说嘴1、叙述、叙说、讲述、表述、自述1、追述、追叙1、赘述、称述、口述、述说、数说、诉说、陈诉、陈述、详说、细说、传达1、传话、转述、转达、转告、复述1、告诉、禀告、正告、嘱咐、叮咛、叮嘱、吩咐、交代1、交代2、插话（插嘴）、打岔、搭讪、搭茬、搭腔、多嘴、抢嘴1、谈1、谈话、交谈、会谈、对话2、谈心、倾吐、倾诉、畅谈、倾谈、纵谈、长谈、深谈、详谈、闲谈、说话2、聊天、谈天、神聊、攀谈、闲扯、拉扯6、胡扯、请求1、恳请、要求1、恳求、求告、哀求、哀告、祈求、乞求、呼吁、吁请、应允、应许、应承、应诺、承诺、允许、允诺、许诺、准许、容许1、许可、默许、同意、拒绝、回绝、驳回、推谢、辞谢、谢绝、婉谢、质疑、质询、问难、询问、咨询、征询、探问、打听、探询、探听、套问、寻问、刺探、打探、了解2、问、询问、征询、探问、打听、发问、自问

---

① 董大年、曹永兴等编著：《现代汉语分类大词典》，上海辞书出版社2007年版，第508页。

② 括号中的词是《现汉》中与括号前的词完全等义的词，后同。

1、反问（反诘）、质问、责问、诘问＜书＞、查问、查询、盘问、盘诘、追问、逼问、回答、回话、答话、答复、回复1、回应、答应1、对答、应答、应声、讨论、议论、谈论、审议、评论1、评议、评判、评定、评价、评说、评断、评介、品评、褒贬1、褒贬2、说明1、申述、申说、申明、重申、表白、自白、解释2、解说、阐释、阐明、阐述、辩论、争论、争辩、争议、争执、争持、理论2、论难、论战、论争、嚼舌2、抬杠1、辩解、辩白、分辩、辩护1、陈辩、答辩、抗辩、申辩、声辩、诡辩2、反驳、驳斥、驳难、回嘴、还嘴、顶撞、顶嘴、辩驳、辩难、商量、商谈、商讨、商酌、商榷、商议、商计、面议、面商、磋商、筹商、相商、婉商、会商、商洽、面洽、会谈、谈判、协商、协议1、同意、赞成、赞同、承认、公认、认可、认同、附和、否认、抵赖、狡赖、反对、抗议、劝告、劝导、劝勉、劝诫、劝阻、劝说、劝诱、奉劝、规劝、敦劝、忠告、进言、谏诤〈书〉、说服、游说、劝解、开导、开解、劝慰、告诫、警戒1、批评、指摘、贬责、褒贬、非难、攻击2、责备、责难、斥责、呵斥、苛责、痛责、贬斥2、痛斥、训斥、指斥、申斥（申饬）、责怪、非议、抢白、数说2、数落1、自责、声讨、申讨、问罪、认错、道歉、致歉、赔话、赔罪、谢罪、请罪、称赞、赞许、赞美、表扬、赞叹、叹赏、盛赞、称道、夸奖、夸2、夸赞、颂扬、赞扬、称颂、赞颂、歌唱2、讥讽、讥诮、讥笑、讥刺、讥嘲、嘲笑、嘲讽、嘲弄、取笑、讪笑、嗤笑、耻笑、揶揄〈书〉、奚落、挖苦、污蔑1、诬蔑、诬赖、诋毁、诽谤、毁谤、中伤、造谣、召唤、呼唤、招呼1、叫2、唤醒1、号召、透露、透风3、透漏、泄露、泄漏2、走漏、发表1、宣布、宣告、宣示、宣明、宣言2、宣称、声称、声言、扬言、声明1、通知1、通报、知会、知照、关照3、发誓、宣誓、起誓、赌咒、说谎、圆谎、撒谎、扯谎、吵闹、闹哄1〈方〉、骂、责骂、辱骂、谩骂、漫骂、笑骂、臭骂、咒骂、叫骂、唾骂、诟骂、叱骂（斥骂）、骂街、诅咒、争吵、吵2、吵嘴、拌嘴、争嘴2、斗嘴、口角、吵架、扯皮。

一方面我们参考词典释义及其例句，另一方面还要审查词典释义及其例句，对与语感有差异的释义进行修正，而且给定的释义都需要配以一定的例句，因为任何词义的形成都是特定用法在词义中的投射和沉淀。

三、语料及术语符号说明

（一）语料说明

1. 《维基词典》（在线中文词典）：http：//www.wiktionary.org//zh-hans。

2. 北京大学汉语语言学研究中心现代汉语语料库检索系统（CCL）：http：//ccl.pku.edu.cn：8080/ccl_corpus。

3. 国家语委现代汉语通用平衡语料库：www.cncorpus.org.。

4. 百度搜索：www.baidu.com。

5. 谷歌搜索：www.google.com.hk。

6. 内省语料。

（二）术语符号说明：

→　　　信息单向传递

⟷　　　信息互向传递（主事和客事之间）

×　　　动词性结构或句子有歧义、不成立或语义不足

?　　　动词性结构或句子有疑问

√　　　动词性结构或句子成立

∧　　　同时具有

∨　　　或者具有（两者及以上只能取一）

/　　　或者具有（两者及以上可任取一）

|　　　分隔符（词与词之间，词义示例之间）

第一章

言说动词同位词群的建构

第一节 同位词群建构的理论基础

本书的研究主要以萧国政先生的"词群－词位变体"理论[①]以及"语义基元结构"的相关理念作为理论基础。

一、"词群－词位变体"理论

（一）理论的提出

目前现有的词汇语义网一般处在语言知识数据化的转化水平，一部分相当于机读词汇语义或词汇语法词典，另一部分系统结构一般止于所谓概念树形结构的"知识本体"，系统内容过于单一，知识节点颗粒过大，跟丰富的语言实际距离较远。这样的词汇语义网络不能完全满足人们的使用需求，自身结构的不甚严谨和语义颗粒度粗糙等不足都呼唤建构更科学、更有效的词汇语义网络模式。鉴于这样的发展形势，从2004年起，以萧国政教授为首的武汉大学语言与信息研究中心师生们卧薪尝胆，开始了"基于概念特征属性的汉语词网建构"的艰苦研究及其指向语言处理的理论探索，"词群－词位变体"理论就是在实践研究中探索出的主要理论成果之一。

[①] 萧国政：《动词"打"本义的结构描写及其同义词群建构——一种人机共享的"词群－词位变体"研究初探》，《中文计算技术与语言问题研究——第七届中文信息处理国际会议论文集》，电子工业出版社2007年版，第1页。

（二）理论的内涵

"词群－词位变体"理论的核心思想是：一种语言的词汇语义系统是由基点词位（本体）及其变体构成的同义词群的集合。具体来说，又可分为词群理论、词位及词位变体理论。

1. 词群理论

"词群－词位变体"理论所要构建的词汇语义系统是词群聚合的体现，"词群"是指围绕相同义素所形成的词的集合。在词群中，词的概念义是词群的纲，它是把所有属于同一概念范畴的词统合在一起的根本依据；而词的同一概念义在词汇系统中又往往表现出不同的词语形式，这些不同形式的词语因具有词群的群义特征而相互联系，同时又因具有独特的个性义而相互区别。以词义为纲、以词形为目的词群体系具有严密的系统性。

词群是用类及类的结构来表现词义的，"无类不成群，无类不可比"是前提。也就是说词群应划分成不同的类，这些不同的类别之间相互对立，但又相互统一，即所有的类别组合起来即为词群系统，而为了研究、认知等需求又把词群系统分割成相对独立而又互相联系的类别。类与类之间的联系和区别正是研究的重心。

除此之外，需要注意的是，因词群是在词的概念义基础上建立的，一个表相同意义的概念可以用不同的词来表示，同一个词也有可能具有多个义项来表示多个不同的概念，也就是说概念与概念的对应词从映射的角度来说并非是一一投射的关系，而词群与词群之间是相互区别的，也就是说每个词群内部的各个词从理论上来说都不应该再属于其他词群，即便是词形完全相同，但义所指不同，就应归入不同的词群，比如多义词的每个义项就对应不同的词义，应该分属不同的词群。

2. 词位及词位变体理论

"词位"是指词的某个基本意义与特定的语音形式（或文字形式）的结合，是"按词义一个一个的义项建立的""类同音位"[①]。词有形式和意义两

[①] 萧国政：《动词"打"本义的结构描写及其同义词群建构——一种人机共享的"词群－词位变体"研究初探》，《中文计算技术与语言问题研究——第七届中文信息处理国际会议论文集》，电子工业出版社 2007 年版，第 5 页。

个部分，因此词位也是由形位和义位构成。在一种语言中，尤其是汉语这种不存在词汇屈折变化的语言，汉语的语法成分与词性并无严格的对应关系，那么同样的一个义位就往往会有多个词语表现形式，也就是说有多个汉语词位的形位变体，这些形位变体构成该词位的同义集合（词群），该词群中的每个词都是这个集合的形位变体。比如"有不知道或不明白的事情或道理请人解答"是词的一个义位，其在汉语里的词形有"问""请问""询问""质问"等一系列对应词形，这些都是该义位的形位变体，这些变体构成的集合，就简称为同义集合或同位词群。

在人们认知事物时，一般会存在认知原型，认知的原型事物在词汇系统中就构成了基元词，这些基元词所在的位置就是基本词位，基本词位所包含的概念要素往往就是最具概括性、最典型的义素的排列组合及其逻辑表述，我们称之为"主干义素"，其他的词汇都是以这些基元词为依托，通过对概念在不同维度上属性取值的变化而形成的变体，这些变体所在的位置，我们称之为"非基本词位"，也就是说非基本词位是在主干义素上添加或改变部分义素成分而形成的，基本词位和非基本词位共同构成同位词群。

根据基本词位与非基本词位之间的联系，从逻辑的角度来看，又可分为"三种关系、四个方阵"，即"同位关系、上下位关系、邻位关系"及关系中词位及其变体所处的"同位""上位""下位""邻位"四个位置。用图 1-1

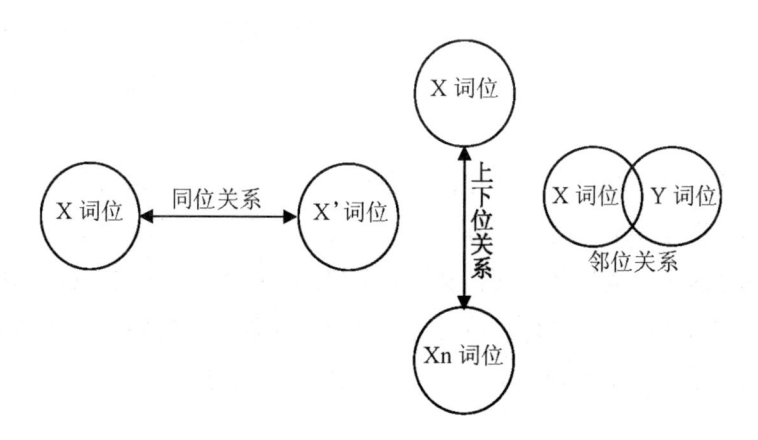

图 1-1 词位关系图

可表示如下①：

"词群－词位变体"理论，以意义为基点聚合词形，用变体思维方式揭示和解释词形和词义间的种种联系，不仅为词汇语义系统的建构提供途径、方法和依据，而且为人类认知的概念聚类和概念延伸提供语言学的支撑。

二、"语义基元结构"理念

（一）理念的提出

语义基元结构是概念结构（Stucture of Conceptual Primitives）在语言上的投射，语义基元（Semantic Primitives）是概念的构成要素和成分在语言中的显现，语义基元是构成语义基元结构的组成部分，两者之间的关系犹如化学元素和分子结构式、生物基因（DNA）与基因组一样。简而言之，人们对词语的理解就是对词义所表达的概念的理解，计算机对词语语义的计算即是对词义概念的计算。语义基元结构的研究，是把概念的整体朦胧理解，推向构成成分及其结构精确把握，并且唯有结构及构成成分的解析和换算，才能较为科学地揭示概念的构成及语义义项的构成原理及内在关系。

（二）语义基元结构研究的对象及描写方式

语义基元结构研究的对象是词群及组成词群的词位，包括对基本词位和每个变体词位的描写。

基于"词群－词位变体"理论研究的词群既包括同义词群也包括同类词群，对词群的语义基元结构描写就是先在"类"的层面上进行的，每个同类词群又可以划分为若干次同义词词群（同位词群），次词群又是由不同的变体词位对应的同义词的集合。

对属于词群中的每一个词位，我们都采取归纳和演绎相结合的方法来描写，描写顺序是先描写同类词词群义，找到一个适合这个集合的群基元结构，这个结构是这个"类"的群属性义征的全部体现；然后再描写次同位词群义，找出这个集合的群基元结构；最后再依次描写次同位词群中每个变体词位的基元结构，找出最小区别性义征差异。在语义基元结构中，语义基元的表现

---

① 其中 X' 代表与 X 词有词语形式或意义上的相同相似；Xn 代表是包含于 X 词类下的；Y 是与 X 有语义联系但又包含其他核心属性或基本要素，地位相当。

形式既可以是词，也可以是非词，如语素或短语，对它的选取要求是：词义单一浅显、使用频率高、意义明确有概括性，并在基元结构中用"＋"来连接。

这样产生的语义结构是直接指向对意义的认知和词义运用的现实的，是人们的思维对概念所描述对象的处理。对象不同，其意义也会不同。

与此同时，这些词义的集合也应与语法的集合形成相互映射关系。一般来说，语言学家研究某语言的语义结构，主要是区分不同意义的种类和分析语义结构的特征，但是语法作为对概念结构的证据方面的讨论，既涉及语义结构的形式，也涉及语义结构和句法的关系，而投射规则是语义结构和句法结构之间的映现。因而概念结构、语义结构、语法结构三者是息息相关的，用图1－2表示为：

概念结构 ⟷ 语义结构 ⟷ 句法结构

图1－2

"对自然语言的理解，事实上是对语义的理解，它离不开句法分析这一手段。""句子的语义句式研究具有重要的理论意义和实际价值。在交给电子计算机有关汉语的信息时，一般要交给它相辅相成的两种形式，一是带有各种语义特征的词汇，二是语义句式。只有这样，电子计算机才能生成并理解正确的句子。"[①]

因此有条件的情况下，就应该不仅能分析出语义基元结构，而且还能用句法结构来检验语义结构的正确性与否或加以完善补充，使语义基元精确化。

---

① 钟守满：《英汉言语行为动词语义认知结构研究》，中国科学技术大学出版社2008年版，第126页，第160页。

第二节 言说动词同位词群的构成

一、言说动词概念语义及"说"

（一）关于言说动词

动词的研究是现代汉语词汇研究中的重点，早在20世纪的时候，语言学大家胡裕树、范晓就明确谈道："动词研究是汉语语法研究中的第一号重要课题，也是语法研究中最复杂的问题。"① 因为动词比其他次类的内部更为复杂，并且动词在句法结构中活动能力最强，能与大部分次类发生结合关系；句型丰富。动词本身存在着语义复杂性和组配关系复杂性的特点，言说动词作为动词下位的一个次范畴，这些普遍性特征自然也存在于言说动词之中。

而我们又知道，言语活动是人们在社会当中传递和交换信息的主要手段之一，同时也是人们表达感情意图的重要方式之一。承载信息和感情的言说动词成为语言中相当活跃的部分，在不同的场合和条件下会表现出复杂多变的语义和语法形式。剖析言说动词不能单单从传统的语言学角度进行，还要结合人类社会学、心理学、认知学等学科进行多角度地综合研究。

（二）言说动词的概念语义

要研究言说动词系统内的各个言说动词的具体语义，首先应该明确言说动词的概念语义，这一点从言说动词的定义可以较好地反映出来。

在导言中我们提到不少国内学者都对言说动词有过一系列的研究，尽管语言学界对"什么是言说动词"还没有一个统一的定义，但已有的定义至少可以帮助我们比较分析并找到言说概念的内涵。截至目前，这些定义大致可分为五种：

1. 用简单的言说动词实例，给人感性的认识：如刘大为说道："另一类动词如'告诉''提醒''宣称''说''通知'等，它们在语义上都指向一

---

① 胡裕树、范晓：《动词研究》，河南大学出版社1995年版，第1页。

个口语的或书面语的言说过程。……这类动词就是言说动词。"①

2. 借用传统的语文词典释义模式，以解释词语本身意义并附带词语举例的形式来表达，如陈昌来指出言说动词是"表示'言说'意义的动词，如'告诉、打听'等"②。

3. 在其他相关研究中涉及言说动词而对其做的解释，定义性不强，如邵敬敏说："'番'与'通'语义相近……主要适用于言说动词，如议论、汇报、介绍、报告，或者跟言说有关的动词，如调查、研究、表演、重复。"③

4. 只是选取了言说动词语义场中的上位词（典型代表词）为研究对象并对其下定义，并非针对全部言说动词，如汪维辉谈道："现代汉语各地方言里最常用的有'说''讲''话'三个，而普通话口语里实际只有一个'说'。我们把相当于普通话中语义为'用言语表达意思'的'说'的词统称为'说类词'，它是言说语义场中最核心的一个小类。"④

5. 对言说动词进行专门研究时各学者依据自己的理解所下的定义，内容相对全面准确，如钟守满的定义为："言语行为动词是说话人通过言语表达意图和态度即'以言行事'的动词，属于开口说话、同时给人解释或向人寻求解释、给别人建议或请求别人的建议、对他人批评、警告、威胁等这样一些范畴。"⑤ 蔡俊杰定义为："现代汉语言说类动词是现代汉语中通过主体的言说活动来'以言行事'，表示陈述或表达意图和态度的动词。"⑥

由上述五种定义我们可以看出，尽管定义的形式各不相同，但无一例外都指出了言说动词区别于其他动词（如"打、拍、推"等手部动作动词或"看、瞅、瞧"等眼部动作动词）最根本之处：[＋言语性]，即反映言语性的动作行为的动词就是"言说动词"，这是言说动词的概念语义内涵，也是我

---

① 刘大为：《句嵌式递归与动词的控制功能》，《语言研究》2002年第4期，第19页。
② 陈昌来：《现代汉语动词的句法语义属性研究》，上海学林出版社2002年版，第59页。
③ 邵敬敏：《动量词的语义分析及其与动词的选择关系》，《中国语文》1996年第2期，第103页。
④ 汪维辉：《汉语"说类词"的历时演变与共时分布》，《中国语文》2003年第4期，第329页。
⑤ 钟守满：《英汉言语行为动词语义认知结构研究》，中国科学技术大学出版社2008年版，第14页。
⑥ 蔡俊杰：《现代汉语言说类动词考察》，上海师范大学2008年硕士学位论文，第12页。

们划定言语动词范畴及研究对象的最基本依据。

（三）概念语义的对应起点词——"说"

言说动词概念语义表明其根本性质是言语性的动作行为，即人的一种社会性质的活动——言语活动。人的言语活动就是为了表达某种意思，这种意思是通过言语内容这个载体形式来实现的，言语内容就是我们俗称的"话"①，换言之，"用话来表达某种意思"即为言语性的动作行为，也就是言说动词的概念的本质，这与"说"的词典定义（《现代汉语词典》第5版，2005，以下简称《现汉》）恰好不谋而合：

【说】①用话来表达意思。

同时这个相同的概念解释在《现代汉语动词大词典》（1994）、《国际标准汉字大字典》（1998）、《汉语动词用法词典》（2005）、《现代汉语分类大词典》（2007）等多部权威词典中均有出现，这说明从认知的角度来看，人们都相当认同"说"是能够代表言说动作行为的典型词。

再者，除了词典释义以外，通过真实的语料实例我们也可以验证"说"是言说动词同类词群的代表，即因"说"的意义具有最具概括性、最普遍的特点而最具有高度的可替换性，无论何种句子语境下的言说动词（非"说"这种词语形式）都可以用"说"附加一定的限制条件来进行替换。我们从《现汉》中随机挑选10个义项词，通过它们在真实语料（CCL语料库）中的使用情况来进行验证：

a. 后劲不足的皇家马德里队在西甲联赛进入尾声之时遭遇三连败，队中的头号射手巴西人罗纳尔多<u>发话</u>："皇马的球迷绝对有权嘲笑球队。"

【替换句】后劲不足的皇家马德里队在西甲联赛进入尾声之时遭遇三连败，队中的头号射手巴西人罗纳尔多（<u>说</u>）："皇马的球迷绝对有权嘲笑球队。"

b. 你知道，我在这里没有<u>详谈</u>具体问题，是因为我觉得我们现在必须拿出坚定的决心和超人的能力来执行这项作战计划。

【替换句】你知道，我在这里没有（<u>仔细地说</u>）具体问题，是因为我觉

---

① "话"严格意义上来说是两种表现形式：一是指说出来的能够表达思想的声音，二是指把这种声音记录下来的文字，本文只讨论第一种表现形式。

得我们现在必须拿出坚定的决心和超人的能力来执行这项作战计划

c. 接着，温家宝又详细询问了刘树珍的身体和生活情况。

【替换句】接着，温家宝又详细（请刘树珍说）了刘树珍的身体和生活情况。

d. 剧院门口人山人海，人声鼎沸，有人高举手臂，声嘶力竭地喊叫，到处闪动着红袖章。

【替换句】剧院门口人山人海，人声鼎沸，有人高举手臂，声嘶力竭地（大声地说），到处闪动着红袖章。

e. 室内的气氛顿时紧张起来，众人从未看到过我如此责骂部属，吓得连大气都不敢出。

【替换句】室内的气氛顿时紧张起来，众人从未看到过我如此（严厉地说）部属，吓得连大气都不敢出。

f. 请特使转告布什总统，在东方的中国有一位退休老人，关心着中美关系的改善和发展。

【替换句】请特使（将这样的话说给）布什总统，在东方的中国有一位退休老人，关心着中美关系的改善和发展。

g. 临走时赵雅芝把她的手机号给了我，又要了我的手机号，一再叮嘱我要"常联系"，没事就到她那儿玩。

【替换句】临走时赵雅芝把她的手机号给了我，又要了我的手机号，一再（反复、关切地说）我要"常联系"，没事就到她那儿玩。

h. 说起为什么能频频得奖，杨培东解释道："这是因为我们在半导体纳米线方面做了始创研究，尤其是在光发射和能量转换方面。

【替换句】说起为什么能频频得奖，杨培东（说得奖原因、理由）道："这是因为我们在半导体纳米线方面做了始创研究，尤其是在光发射和能量转换方面。

i. 然后，在班会上，在一些集体场合下，多次表扬这位同学为集体办好事的事迹，使他渐渐地改正了错误，重新赢得同学们的信任。

【替换句】然后，在班会上，在一些集体场合下，多次（公开地、肯定地说）这位同学为集体办好事的事迹，使他渐渐地改正了错误，重新赢得同学们的信任。

j. 合作化时期，西铺村 23 户贫农组成的合作社只有"三条驴腿"，有人<u>讥讽</u>他们是"穷棒子"。

【替换句】合作化时期，西铺村 23 户贫农组成的合作社只有"三条驴腿"，有人（<u>用尖酸刻薄的话说</u>）他们是"穷棒子"。

由此可见，"说"应该是可以代表言说动词概念，以及囊括和将所有言说动词凝聚在同一类集合下的典型词，我们称之为概念语义的对应起点词，也是我们研究言说动词同位词群的起点词，而"说+（一定条件）"构成的词就是对"说"概念的延伸和扩展，它们共同组成言说动词系统。

二、三大同位词群的构成及群位关系

（一）三大同位词群的构成

言说动词同位词群的建构是建立在认知起点词和核心词——"说"的意义基础之上的，所以言说动词同位词群就是"说"的同位词群。

依据言说概念语义的本质"言语性"及我们的观察理解，可将言说动词分为三类：一般言说动词（记为"说1"）、性质言说动词（记为"说2"）及方式言说动词（记为"说3"）。

1. 一般言说动词同位词群

一般言说动词（"说1"）是指表述一般言语动作行为的动词，它舍弃了言语动作行为的性质及表现方式（即"如何言"），只凸显动作行为本身及其相关方面，即说话这种动作行为。典型的代表词就是"说"本身。例如：

a. V：说！

b. VV 看：说说看！

c. V 一 V：说一说。

d. V 不 V：说不说？

e. V 一下：说一下。

f. V 吧：说吧！

这些都是描述说话这种动作行为，无论它是单独出现还是重叠出现，或是带否定副词、数量结构、语气词等附加成分，都是"说1"词义本身而不再显示其他，语义基元结构式表示为：

说1：[动作/行为+发声/讲（话）+主事（人）]

语义内容从右到左解读为：主事（人）发声或讲话的动作行为即为"说1"。

在"说1"的语义基元结构上再凸显说话这种动作行为的相关方面，即［说1＋书面语］［说1＋开始/发端］［说1＋出现频率］［说1＋声音强度］，这样由"说1"的语体变体、过程变体、频率变体和音强变体共同构成"说1"的同位词群，详见本书第二章。

2. 性质言说动词同位词群

性质言说动词（"说2"）具有某种性质的"说1"，体现了说话动作行为的各种性质，言说动词类别及具体词形表现发达，是言说动词极为丰富的一大类系统。

经过归纳总结，我们找出组成该系统的10大类性质变体形式，分别为：传息变体、内容变体、祈行变体、祈言变体、回馈变体、观点变体、情感变体、论述变体、量度变体和受损变体。每一类性质变体形式下又按照凸显的义征不同细分为更小的次类词群，例如"祈行变体－使令类"又按照祈使的目的不同分为"请求类""劝告类""召唤类""命令类""警告类"5小类；"祈言变体－询疑类"又按照"祈"的言语内容不同分为"一般问类""慰问类""打听类"和"盘问类"4小类；"受损变体－嘲诬类"又按受损程度的不同分为"嘲笑类"和"诬蔑类"2小类等等，这样的次类共计28个；而每一个次类中又存在类似"说"作用的典型词，这也是我们每一小类命名的由来，如"请求类词群"就是以"请求"为典型代表词的一类词群，"请求"就是词群义，其他词都具有与"请求"相关的、同时在群义基础上凸显其他区别性义征或改变某些语义基元范畴的个性义。详见第三章。

3. 方式言说动词同位词群

方式言说动词（"说3"）是具有某种方式的"说1"，突出体现了采取某种方式方法来进行说话动作的行为即"如何言"，并且这种方式语义特征是必不可少的。

经过归纳总结，我们找出组成该系统的3大类方式变体形式，分别为：(1) 交互变体，包括"交谈类""讨论类""商量类""辩论类""争吵类"5个小类，都是凸显了说话动作行为的相互性方式；(2) 介入变体，包括"插话类""搭腔类"2个小类，都凸显了说话动作行为的干涉或加入方式；(3)

29

策略变体，包括"宣布类""引用类""转述类"3小类，分别凸显了说话动作行为采用的正式策略、借用策略及间接策略；同时，"说3"类同位词群的每一个次类中也存在类似"说"作用的典型词，我们也按照同样的方法用典型词来为次类命名，即诸如"交谈类"就是以"交谈"为典型代表词的一类词群，"交谈"就是词群义，其他词都具有与"交谈"相关的、同时在群义基础上凸显其他区别性义征或改变某些语义基元范畴的个性义。详见第四章。

（二）"说1""说2""说3"的群位关系

完整的现代汉语的言说动词语义概念系统包括三大部分：一般言说动作行为"说1"的同位词群、性质言说动作行为"说2"的同位词群及方式言说动作"说3"的同位词群。

一般言说动词"说1"的同位词群是并列式同位词群，即"说1"词群中的变体都是"说"的是同位变体；性质言说动词"说2"、方式言说动词"说3"的同位词群是包含式同位词群，即"说2""说3"是"说1"的下位变体，"说1"与"说2""说3"是父子关系，同时"说2"和"说3"之间是姐妹关系。用图1-3可表示为：

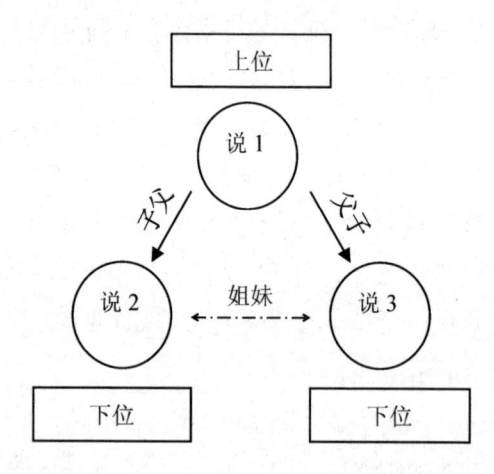

图1-3 "说1""说2""说3"群位关系图

"说1""说2""说3"之间的关系还可表示为下式：

$$\begin{cases} 说2 = 说1 + X \\ 说3 = 说1 + Y \end{cases}$$

其中，X取值为性质，Y取值为方式，即

$$\begin{cases} 说2 = 说1 + [性质\ m]（m = 各种性质）\\ 说3 = 说1 + [方式\ n]（n = 各种方式）\end{cases}$$

以上是"说1""说2""说3"的语义结构关系运算原理表达式。

用"说1""说2""说3"这三类就可以概括和表述汉语言说动词整个语义系统构成。

三、语义交叉变体的提出

词从语义构成上来讲,一般处于两种状况中:一是具有语义相关性,二是具有语义无关性。语义相关的关系即同义关系、反义关系、上下义关系、整体-部分关系等;语义无关的关系就是没有以上这些逻辑关系的关系。就词的群体来讲,也具有同词与词相同的关系类型。萧国政先生的"词群-词位变体"理论是从词群(synset)的角度建立了词的关系模型,例如他在对动词"打"的本义及词群义的构成中是这样表述三种词的关系的:

(一)同位关系词群

同位变体,记作:打$_{10)X}$,如"击"就是"打1"同一层级上的同义词,"打1"的同位书面变体。比较:打头部——击头部 | 打落——击落。

那么"击"与"打"就是同位关系。

(二)上下位关系词群

下位变体.记作:打$_{1m)x,m}$是基本义素的标号,且 m〉0。如"踢""杀"就是"打1"第二、三两个基本义素的变体——同义词。

"踢"是用脚或物来打人,"杀"是对象为敌人的群体、个人或和自然天敌,两者都是不同形式的"打",与"打1"是上下位关系。

(三)邻位关系词群

邻位变体,记作:$_{Lx}$打$_1$,如近义词"打架""打斗""斗殴"等,就是/打1/词位同一层级上的邻居,与"打1"是邻位关系。①

其中"邻位"关系因为受到篇幅或时间关系的限制,萧国政先生并没有

---

① 萧国政:《动词"打"本义的结构描写及其同义词群建构——一种人机共享的"词群-词位变体"研究初探》,《中文计算技术与语言问题研究——第七届中文信息处理国际会议论文集》,电子工业出版社2007年版,第5页。

进一步展开说明。

在对言说动词同位词群进行研究时，我们对以上三种关系进行了重新地梳理并作了进一步思考：

① 同位关系

对于言说动词词群来说，是指与起点词"说"有完全相同的语义结构，逻辑关系也完全相同的词，只是语义结构中的相关方面有所不同。例如"说"与"唠"：

"说"是表示发声、讲话的动作行为，只是这种动作行为本身，语义基元结构式表示为：[动作/行为 + 发声/讲（话）+ 主事]，语义内容从右到左解读为：主事发声或说话的动作行为即为"说"；而"唠"也是表示发声、讲话的动作行为，其语义基元结构式还是 [动作/行为 + 发声/讲（话）+ 主事]，只是它一般用于方言当中，凸显 [+方言] 这个说话动作行为的相关方面，因此"唠"与"说"是同位关系，"唠"是"说"的同位方言变体。也就是说在同一词群中，"说"与"唠"是等同关系的两个并列个体，用图1-4表示为：

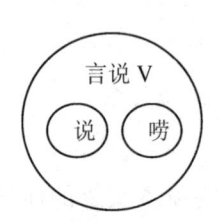

图1-4 同位关系

② 上下位关系

对于言说动词词群来说，是指与起点词"说"的语义结构有联系，但是往往是在"说"词位上添加或改变部分语义基元而成，语义结构之间是包含关系。例如"称赞"与"盛赞"：

"称赞"是"说"的性质变体之一，即"观点变体"中的"称赞类"。"称赞"语义基元结构式为：[动作/行为 + 表示喜爱 + 人/事物优点/行为 + 评价 + 正面/肯定]，语义内容从右到左重新解读为：正面肯定地评价人、事物的优点或行为以表示喜爱的动作行为即为"称赞"。这是这次词群的群义，即上位概念义；而"盛赞"是指大大地称赞、极力地赞扬，较之"称赞"的程度值更高，因此我们可以说"盛赞"是"（盛的）赞"，"称赞"为主，"盛赞"为从，两者是主从关系、包含关系，即"盛赞"是"称赞"的下位变体之一，"称赞"与"盛赞"是上下位关系。也就是说在同一词群中，"称赞"与"盛赞"是包含关系的两个个体，用图1-5表示为：

图1-5　上下位关系

③邻位关系

对于言说动词词群来说，邻位关系是指与起点词"说"的语义结构有联系的、两个词位的并列加合关系。词位与词位之间有语义上的交叉，交叉的语义又组成新的言说动词，新的言说动词既具有X语义，又具有Y语义。X、Y可能是属于"说1""说2""说3"类的言说动词语义，这种言说动词内部的词位的并列加合，我们称之为"类邻位"；X、Y也可能是部分不属于"说1""说2""说3"类的非言说动词语义，是言说动词与部分外部词位的并列加合，我们称之为"外邻位"。这种词位与词位的交叉形成的新的语义又不完全等同于简单的X与Y语义的相加，而是有大于组合的含义"Z"，即"Z = X + Y"。例如：

【答辩】答复别人的指责、控告、问难，为自己的行为或论点辩护。

从词典义可知，"答辩≠答复""答辩≠辩护"，"答辩"是"答复"和"辩护"语义的结合，用表达式表示为：

答辩：［＝答复］　＋［＝辩护］
Z　　　　＝X　　　＋Y

缺少了X、Y两者中任何一个则"答辩"的概念语义就不完整。而且"答辩"义也不是先"答复"后"辩护"，而是两个言语动作行为的糅合，"答中有辩""以辩作答"，这才是"答辩"的真正个性义。用图1-6可表示为：

图 1-6　邻位关系

类似"答辩"这种交叉语义是在邻位关系上生发出来的，我们称之为"语义交叉变体"。

言说动词同位词群包括一般性表言说的动词、带性质的言说动词及带方式的言说动词三种，这就是前述的三大同位词群。而对于整个言说动词系统来说，还有为数不少的一群不属于前三大同位词群中的邻位关系动词，也只有建立了语义交叉变体的概念才能解释和解释像这一类词的内部语义构成及相互关系，才能给它们以准确客观的阐述和定位。

第二章

一般言说动词"说1"的基元结构及同位词群

第一节 一般言说动词"说1"的意义

"说1"是表述一般言语动作行为的动词,它舍弃了言语动作行为的性质及表现方式(即"如何言"),只凸显动作行为本身及其相关方面,即说话这种动作行为。例如:

a. V:说!
b. VV 看:说说看!
c. V 一 V:说一说。
d. V 不 V:说不说?
e. V 一下:说一下。
f. V 吧:说吧!

这些都是描述说话这种动作行为,无论它是单独出现还是重叠出现,或是带否定副词、数量结构、语气词等附加成分,都是"说1"词义本身而不再显示其他,语义基元结构式表示为:

说1:[动作/行为 + 发声/讲(话) + 主事]

语义内容从右到左解读为:主事发声或讲话的动作行为即为"说1"。

一、"说1"的同位变体

"说1"的同位变体是与"说1"有相同的语义基元结构式、只存在形体差异或色彩差异的变体,即形位变体和色彩变体。

在词典中①，用"说1"及其义项义来作为释义内容的还有：说话1、讲1、讲话1、谈1、言2、道1、唠（lào），共8个。词典释义如下：

【讲】　①说。

【说话】　①用语言表达意思。

【讲话】　①说话；发言。

【谈】　①说话或讨论。

【言】　②说。

【道】　①说。

【唠】　lào〈方〉说；谈。

按照词典义我们提取语义要素并表达成结构式为：

讲1：　[＝说1]　"X：[＝Y]"表示 X 的语义基元结构式等同于 Y，X、Y 为不同的词语形式，以下同理。

说话1：　[＝说1]

讲话1：　[＝说1] ∨ [＝发言]

谈1：　[＝说1] ∨ [＝讨论]

言2：　[＝说1]

道1：　[＝说1]

唠：　[＝说1]（方）

看一下它们在相同句法环境下是否能与"说1"相替换，如表2-1②：

表2-1　"讲1"与"说1"关系

	说1	讲1	说话1	讲话1	谈1	言2	道1	唠
V。	＋	＋	＋	＋	＋	－	－	－
VV 看。	＋	－	－	－	＋	－	－	?
V一V。	＋	－	－	－	＋	－	－	＋
V不V?	＋	＋	＋	＋	＋	－	－	?

---

① 本书所用词典释义以《现代汉语词典》（第五版，商务印书馆，2005）为主，若未特意标注，则均来源于《现汉》，文中它处不再赘述。

② 其中"＋"代表可以完全替换，"－"代表不可以替换，"?"代表存疑。

续表

	说1	讲1	说话1	讲话1	谈1	言2	道1	唠
V一下。	+	−	−	−	+	−	−	?
V吧！	+	+	+	−	+	−	−	?

由表2−1可知，"讲1"与"说1"在大多数情况下都可以互换且释义完全相同；"说话1""讲话1"虽然因包含义素"话"而一般单独成句，不可带宾或带其他补语成分如"看（语缀）""一下（数量短语）"等，但与"讲1"一样，因含有其他义项义而与"说1"分布于不同的句法层面，如：

a. 这个问题有点意思，你<u>讲讲</u>看（讲一讲/讲一下）你的答案。（义同"讲解"）

b. 要把事情做好，不然人家可要<u>说话</u>了。（义同"指责/非议"）

c. 领导在台上<u>讲话</u>，时不时博得底下群众的阵阵掌声。（义同"发言"）

因此"讲1""说话1""讲话1"均是"说1"句法形位变体。

"谈1"则较为特殊，从表2−1中可以看出它与"说1""讲1"出现的句法环境完全等同，看似应为"说1"的同位变体之一，但实则不是，这里的"说话"之义已经是为了交流信息、思想而说话，不是强调动作本身，而是着眼于言语内容和言语目的，应属于"交谈类"；而包含其中的"讨论"之义更是"说话"的一种高级形式，而且是为了交换彼此意见、看法而说话，因此也属于"说3"类的"以言行事"范畴，因此，"谈"不是"说"的同位变体，而是下位变体之一。

"言"和"道"在表2−1中任何情况下都不能与"说1"相替换，最重要的原因就是我们选取的是现代汉语句法语境，而作为古语词的它们自然不能进入，只能在近现代汉语中作为语素出现在其他词中，如"握手言和、预言""说道、提道"等，除此之外与"说"的义项义完全等同，可以作为"说"的古语变体。如：

d. 刘邦<u>言</u>："公知其一，未知其二。夫运筹帷幄之中，决胜千里之外。"[①]

[①] 语料来源：北京大学汉语语言学研究中心现代汉语语料库检索系统（CCL）：http：//ccl．pku．edu．cn：8080/ccl_corpus，若未特意标注，例句则均来源于CCL，文中它处不再赘述。

e. 岳飞悲愤而道："十年之力，废于一旦。"

"唠"（lào）是"说"的方言变体，早些时候多出现在北方方言当中，如：

f. 他那儿往那儿八仙桌儿那儿一坐，给你唠上了。①

g. 回到家里，妈妈照例在饭桌上唠，我只是低头扒饭，根本不去听。②

而后虽慢慢进入普通话及白话文著作之中，但还未完全达到与"说1"有完全相同用法的地步，因而有些带宾语或带其他补语成分的句子成立度较低。

综上所述，处在"说1"词群最上层的词位除了"说"以外，还有其句法形位变体"说话""讲""讲话"，古语变体"言""道"和方言变体的"唠"。可分别标为：

"说1）0"：说［动作/行为 + 发声/讲（话）+ 主事］

句法形位变体：

"说1）1"：说话［动作/行为 + 发声/讲（话）+ 主事 + 句法形位］
　　　　　讲　［动作/行为 + 发声/说（话）+ 主事 + 句法形位］
　　　　　讲话［动作/行为 + 发声/说（话）+ 主事 + 句法形位］

古语变体：

"说1）2"：言　［动作/行为 + 发声/讲（话）+ 主事 + 古语］
　　　　　道　［动作/行为 + 发声/讲（话）+ 主事 + 古语］

方言变体：

"说1）3"：唠　［动作/行为 + 发声/讲（话）+ 主事 + 方言］

"说1"同位变体关系示意图（图2-1）如下：

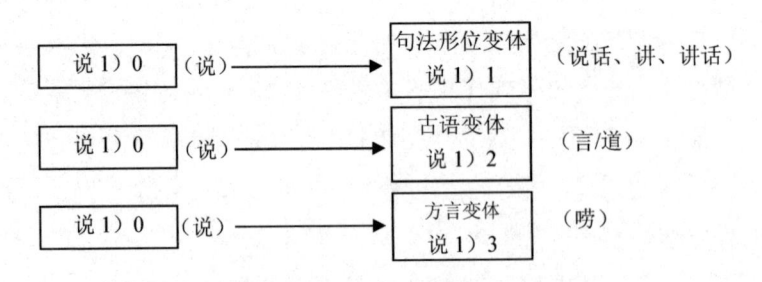

图2-1　"说1"同位变体关系

---

① 沙超群，《1982年北京话调查资料》
② 刘心武，《白牙》

二、"说1"的下位变体

"说1"的下位变体是在"说1"语义基元结构式上再凸显说话这种动作行为的相关方面,即[说1+动作/行为相关方面]。按照方面的不同表现为下述四种形式:

1. 凸显"说1"书面语形式的

如:他把这件事的经过<u>叙述</u>了一遍。[说1+书面语]

2. 凸显"说1"的开始、发端

如:沉默了许久,她终于<u>开口</u>了。[说1+开始/发端]

3. 凸显"说1"的出现次数(专指多次)

如:从我读书、认字的那一天起,妈妈便年复一年地<u>唠叨</u>。
[说1+反复/多次]

4. 凸显"说1"的声音、音强大小

如:a. 田汉急得直跺脚,用力掰铁门,大声<u>叫喊</u>。[说1+大声]

b. "这位记者同志来采访你。"夫人在他耳边小声<u>低语</u>。[说1+小声]

用图(图2-2)表示为:

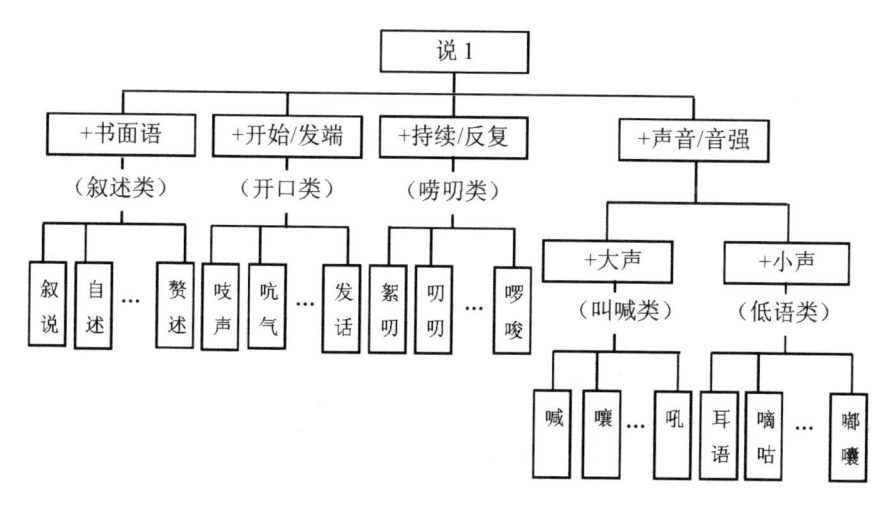

图2-2 "说1"的四种表现形式

因此由这五个方面与"说1"的共性(发声/说话)共同构成了它的五种同位词群,即:叙述类同位词群、开口类同位词群、唠叨类同位词群、叫喊类同位词群和低语类同位词群。

第二节　"说1"的语体变体
——叙述类词群及基元结构

一、叙述类言说动词的意义

叙述类言说动词是以原型词——"叙述"为代表的一系列同义词的集合。它是"说1"的书面语体表现形式，一般常见于陈述句型中。"叙述"的词典释义为：

【叙述】把事情的前后经过记载下来或说出来：~了事情的经过。

依据词典释义提取的语义要素为：［＋事情经过］［＋说］，结构表达式为：［动作/行为＋事情经过＋说］，语义内容从右到左解读为：说事情经过的动作行为即为"叙述"。

但我们发现由词典义提取的［＋事情经过］要素并不是必要、唯一的，而是开放性的，如：

a. 家住台北的黄妈妈气愤地对新华社记者<u>叙述</u>了近日她被"电话诈骗"的经过。

b. 在溃退中沿途狼狈情况及破坏惠通桥时的<u>惨状</u>，我将在另文<u>叙述</u>。

c. 王安忆用文学的语言<u>叙述</u>着她对香港的真切感受。

例a"说"的内容是"经过"因而符合词典释义，但例b"说"的内容是"惨状"，例c"说"的内容是"感受"，都与"经过"无关，只是"叙述"常用于描写事情的经过或人的经历，因而给人以误导、错觉，认为"叙述"的义域①搭配对象必定是"经过/经历"，实则它只是"说1"的书面语形式而已。因此叙述类言说动词的主要语义特征应是［＋书面语］，其语义基元结构表达式为：

叙述：［动作/行为＋说1＋书面语］

---

① 本书的"义域"是指词语义位的使用范围，张志毅认为义域"是义位的意义范围和使用范围，胡悸认为"义域是一个义位所涵盖的范围"。

语义内容从右到左重新解读为：书面语形式的"说1"的动作/行为即为"叙述"。

属于此类的言说动词有：叙述、叙说、讲述、表述、自述1、追述、追叙1、口述、数说1、诉说、陈诉、陈述，共12个①。

二、"叙述"的同位变体

"叙述"的同位变体都是与其有相同的语义基元结构式、只词语表现形态不同的一系列动词，一般含有"叙"或"述"其中的一个义素，有：叙说、讲述、表述，共3个。词典释义如下：

【叙说】叙述。

【讲述】把事情或道理讲出来。

【表述】叙述；说明。

按照词典义我们提取语义要素并表达成结构式，分别为：

叙说：［＝叙述］

讲述：［动作/行为＋事情/道理＋说］

表述：［＝叙述］∨［＝说明］

看似这些结构式各不相同，但它们在相同句法环境中却均可互相替换，如：

a. 他<u>叙述</u>了事情的经过。

b. 他<u>叙说</u>了事情的经过。

c. 他<u>讲述</u>了事情的经过。

d. 他<u>表述</u>了事情的经过。

由a-d四例，我们可知，词典义中的"讲述"提取的语义要素［＋事情/道理］不完全准确，与"叙述"的词典义一样义域过窄。

而"表述"则含有"说1"意义之外的其他内涵，即凸显行为动作的性质的"说明"，如：

e. 这个问题你没有<u>表述清楚</u>。

---

① 与"叙述"义相关的诸如"述说"是"讲述和说明"的结合体，属于语义交叉变体类型，详见第五章相应部分。

例 e 是"说"问题并说"清楚",这是解说类言说动词"说明"的变体形式,因此应单独为其立一义位并排除在叙述类言说动词之外①,即:

【表述】①叙述。
②说明。

综上可知,"叙述"及其 3 个形位变体"叙说""讲述"和"表述 1"的语义基元结构式同为:

叙述 | 叙说 | 讲述 | 表述 [动作 + 发声/讲话 + 主事 + 书面语]

五者的关系图(图 2-3)可表示为:

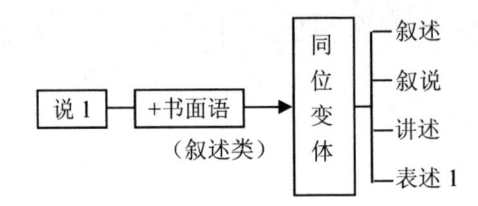

图 2-3 "叙述"的同位变体关系图

三、"叙述"的下位变体

"叙述"的下位变体是在"叙述"语义基元结构式上再凸显其他语义特征属性(附属义征)的一系列动词,有:自述 1、追述、追叙 1、口述、数说 1、诉说、陈诉、陈述,共 8 个。按照附属义征的所指不同,又分为三小类:

(一)"叙述"的方法、手段不同的自身变体同义词

1. 强调用口头的方法来"叙述":口述

如:他先打好腹稿,然后艰难地发出模糊的喉音"嗯嗯、喔喔",一个字一个字地口述,由秘书、妻子和护士记录整理。

语义基元结构式为:[动作 + 发声/讲话 + 口头式 + 主事 + 书面语]

2. 用有条理的方法来"叙述":陈述

---

① 在词典编纂中,由于词典编纂者的知识结构不同、历史原因或词义随时代而变化发展等因素导致有些词的义项义出现义域过宽或过窄的现象,应该据语言事实判断语义距离,以接近人的真实语感而加以归并或分解。本文涉及的言说动词范畴中有一部分词存在同样的现象,因篇幅限制不再演示义项分解、归并的过程,一律以作者的重新阐释义为准。

如："告状"的双方各自 陈述 自己的理由，一条理由记一颗豆，豆多的一方算是胜诉。

语义基元结构式为：［动作＋发声/讲话＋条理式＋主事＋书面语］

3. 用列举的方法来"叙述"：数说1

如：黄达掏出了小本子，把他得到的数目一一地数说了一遍。

语义基元结构式为：［动作＋发声/讲话＋列举式＋主事＋书面语］

(二) 带"叙述"动作行为发出者情感的变体同义词

这类只有一个：诉说。

如：a. 他在信里诉说着对地质工作的热爱。

　　b. 曾经扬名国际网坛的智利名将马·里奥斯日前向当地报界敞开心扉，诉说他婚姻破裂后的痛苦。

语义基元结构式为：［动作＋发声/讲话＋带感情的＋主事＋书面语］

(三) "叙述"内容所指范畴不同的变体同义词

1. 内容所指为自己的：自述

如：他 自述 家世，但前后矛盾，漏洞百出。

语义基元结构式为：［动作＋自己的＋发声/讲(话) ＋主事＋书面语］

2. 内容所指为过去的：追述、追叙1

如：a. 王大爷向孩子们追述往日的欢乐情景。

　　b. 胡雪岩了解她的心情，跟她先谈罗四姐的近况，慢慢地追叙旧事，这才使得罗大娘的心定了下来。

语义基元结构式为：［动作＋过去的＋发声/讲(话) ＋主事＋书面语］

3. 内容为特指的痛苦、委屈：陈诉

如：他们有什么委屈都去向李四妈陈诉，李四妈便马上督促李四爷去帮忙，而且李四妈的同情的眼泪是既真诚而又丰富的。

语义基元结构式为：［动作＋痛苦/委屈＋发声/讲(话) ＋主事＋书面语］

下位变体关系图（图2-4）可表示为：

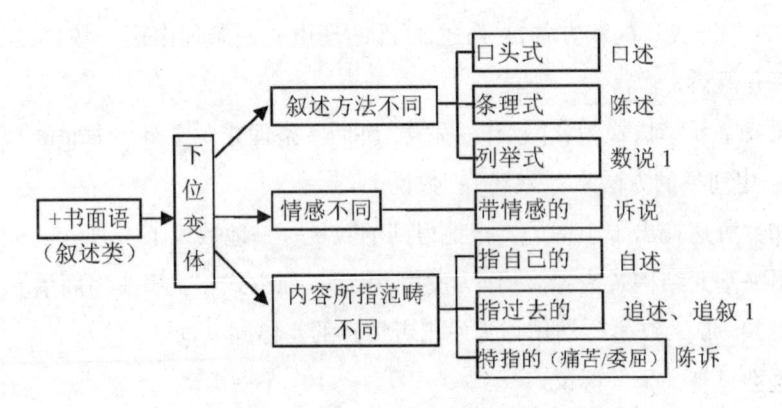

```
                            ┌─口头式── 口述
              ┌─叙述方法不同─┼─条理式── 陈述
              │             └─列举式── 数说1
┌+书面语┐ 下位│
│(叙述类)├─变体┼─情感不同───── 带情感的── 诉说
└───────┘     │             ┌─指自己的── 自述
              └─内容所指范畴─┼─指过去的── 追述、追叙1
                   不同      └─特指的(痛苦/委屈)── 陈诉
```

图2-4 "叙述"的下位变体关系图

第三节 "说1"的过程变体
——开口类词群及基元结构

一、开口类言说动词的意义

开口类言说动词是以原型词——"开口"为代表的一系列同义词的集合。它凸显"说1"这个动作行为完成过程中的开始和发端,是通过声音的从无到有来反映的。"开口"的词典释义为:

【开口】①张开嘴说话:没等我~,他就抢先替我说了。
　　　　②开刃儿。

义项②不属于动词范畴,首先应该排除;依据义项①提取的语义要素为:[+张嘴][+说话],结构表达式为:[动作/行为+说话+张嘴],语义内容从右到左解读为:张嘴说话的动作/行为即为"开口"。词典释义与语言的实际使用是基本一致的,需要强调的有二:一是"开始/发端"才是说话动作行为的相关特征,"张嘴"只是动作行为开始、发端的外在表现形态;二是侧重表现开始进行说话这种动作行为的同时也往往关注说话发出的声音(包括音强、音色等),如:

a. 她<u>开口</u>讲话,声音洪亮,但大方有礼:"我叫詹妮芙,来为您装修电话。"

b. 谢云是四川来的，一口浓重的四川口音，只要他开口说话，就会让我想起陈毅元帅，感觉很是亲切。

例 a 中"开口"则听出"声音宏亮"（音强），例 b 中"开口"则听出"四川口音"（音色），这是"张嘴说话"与"声音"在句法环境中的呼应，也正是因为如此，"开口"才会有如"作声""吭声"等含有"声"语素的同义词（下文另行说明）。因此开口类言说动词的主要语义特征应是［＋开始］［发声/说话］其语义基元结构表达式为：

开口 1：［动作/行为 ＋ 说 1 ＋ 开始］

语义内容从右到左重新解读为：开始说 1 的动作/行为即为"开口 1"。

属于此类的言说动词有：开口 1、发话、作声、吱声、吭声、吭气、失声，共 7 个。

二、"开口 1"的同位变体

"开口 1"的同位变体都是与其有相同的语义基元结构式、只词语表现形态不同的一系列动词，有：作声、发话 2，共 2 个。词典释义如下：

【作声】（～儿）发出声音，指说话、咳嗽等：大家别～，注意听他讲。

【发话】②气冲冲地说出话。

按照词典义我们提取两个词的语义要素并表达成结构式，分别为：

做声：［动作/行为 ＋ 发声（说话/咳嗽）］

发话 2：［动作/行为 ＋ 说话 ＋ 生气］

看似两者的结构表达式与"开口"不甚相同，但它们在相同的句法环境中是可以互相替换的，如：

a. 你不开口我就当你同意了。

b. 你不作声我就当你同意了。

c. 你不发话我就当你同意了。

由 c－d 三例，我们可以看出，其实"开口 1""作声""发话"分别凸显的是说话动作行为实现的某一个点，三者连续起来可以构成整个"说 1"：从"口—声—话"，好似慢镜头一样，用图（图 2－5）表示：

虽然完整的说话动作行为是个连续的过程，但是是瞬间完成的，我们完全可以将"开口 1""作声""发话 2"看成三个点的重合，即三者都是表示

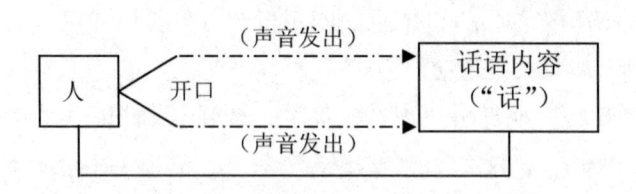

图 2-5　完整的说话动作行为（说1）

说话、发声的开始或开端的动作行为；再者，原本词典释义中的"发话"强调一定带有"生气"的情感和态度，这与实际的语用并不符，它可以是不带任何的情感色彩的中性表现，如：

　　d. 张思之请她坐下后，她并不抢先<u>发话</u>，而是在等待。

　　e. 昏暗中，就听章老太太<u>发话</u>道："懋李，我这还有瓶仁丹，给她们娘俩含着，也是作孽呵，晕车这么厉害。"

　　f. "不过，我的小宝贝……"爸爸开始<u>发话</u>了。但是他没有再说下去，因为正在这时候信筒咚的响了一声。

所以"做声"和"发话2"应该看作"开口"的形位变体，三者有相同的语义基元结构式即：

　　开口1｜做声｜发话2［动作/行为+发声/说话+开始］。

三者的关系图（图2-6）可表示为：

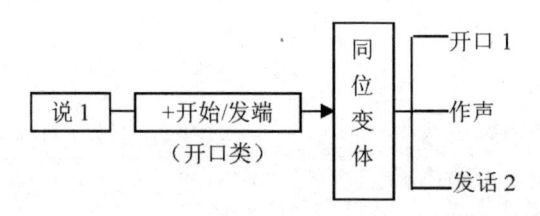

图 2-6　"开口"的同位变体关系图

二、"开口1"的下位变体

"开口"的下位变体是在"开口"语义基元结构式上再凸显其他附属义征的一系列动词，有：吱声、吭声、吭气、失声，共4个。按照附属义征的所指不同，又分为两小类：

（一）带"开口1"动作行为发出者主观态度的变体同义词

1. 发出者态度是非主动的：吱声、吭声

如：a. 她就坐在那里，也不吱声，也不知道她是不是明白了我讲的意思。

b. 他就是在外面受了苦、受了累也从来不吭声。

语义基元结构式为：〔动作/行为 + 发声/说话 + 非主动（态度）〕

2. 发出者态度是否定的、拒绝的：吭气

如：任凭大家怎么劝，也不管你的火力有多猛，他就是不吭气。

语义基元结构式为：〔动作/行为 + 发声/说话 + 否定/拒绝（态度）〕

（二）带"开口1"动作行为发出者不自主或不可控情绪的变体同义词

这类只有一个：失声。

如：汪精卫将画展开一看，见是唐伯虎作的《金山胜迹图》，不禁失声尖叫："此乃千古真迹，稀世珍宝也！"

语义基元结构式为：〔动作/行为 + 发声/说话 + 非自主/不可控（情绪）〕

下位变体关系图（图2-7）可表示为：

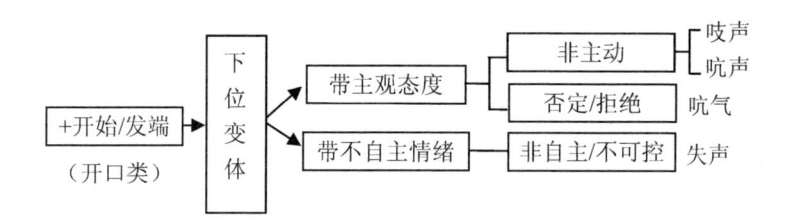

图2-7 "开口1"的下位变体关系图

第四节 "说1"的频率变体
——唠叨类词群及基元结构

一、唠叨类言说动词的意义

唠叨类言说动词是以原型词——"唠叨"为代表的一系列同义词的集合。它凸显完成"说1"这个动作行为的频率，或持续或反复。"唠叨"的词典释义为：

【唠叨】说起来没完没了；絮叨：唠唠叨叨|~半天。

依据词典释义，我们可以提取出"唠叨"的语义要素有：[+说话][+持续不停（没完没了）]，其结构表达式可表示为：[动作/行为+说话+持续不停]，语义内容从右到左解读为：持续不停地说话的动作行为即为"唠叨"。

但我们观察发现，"唠叨"表示的"持续不停地说话"会有两种细微的语义差异，表现在语义基元本身的侧重点上：一种是侧重时间长度即"说话"这个动作行为较长时间地持续、保持，但说的内容不一定具有重复性；另一种侧重说话次数即"说话"这个动作行为在一段时间内①多次反复出现，且内容可能保持一致性，如：

a. 车像小蚂蚁似的，在茫无际涯的草原上移动着，赶车的老姬头嘴里不停地唠叨："哎呀，这儿不穿皮裤、皮袄可不行。最冷的天，尿尿一出来就成冰柱！牧民多经冻哇，鼻子、耳朵可照样给冻掉。尤其是白毛风，好家伙，昏天暗日，伸出大鞭杆都看不见……"

b. 从我读书、认字的那一天起，妈妈便年复一年地唠叨，内容无非是弃一切娱乐专心学习，我躲藏过、哭闹过，有时我想我只有永远离开才能解脱。

例 a 中"老姬头"一路上持续不停地"说话"，且话语内容表现出内容的不重样；例 b 中"妈妈"年复一年地"说话"，说的都是相同的大义即"让我放弃一切娱乐专心学习"。

因此，"唠叨"的义项义应该可以重新阐释为：

【唠叨】①持续不停地说不同的话。
　　　　②反复、多次地说相同的话。

相应的，它的语义基元结构式有两个：

唠叨1：[动作/行为+说1（不同话）+持续/不间断]

唠叨2：[动作/行为+说1（相同话）+反复/多次]

语义内容从右到左重新解读为：持续不间断地"说1"不同话的动作行为即为"唠叨1"；反复多次地"说1"相同话的动作/行为即为"唠叨2"。

属于此类的言说动词有：唠叨、叨叨、絮叨、啰唆、饶舌，共5个。

---

① "一段时间"是具有模糊性质的，可以是相对比较长的时间比如几年、几月，也可以相对短的时间比如几分钟或几秒钟，但都区别于"时点"即瞬时的时间。

二、"唠叨"的同位变体

"唠叨"的同位变体都是与其有相同的语义基元结构式、只词语表现形态不同的一系列动词,有:叨叨、絮叨、啰唆、饶舌,共4个。词典释义如下:

【叨叨】没完没了地说;唠叨。

【絮叨】形容说话啰唆;来回地说。

【啰唆】①(言语)繁复。

【饶舌】唠叨;多嘴。

按照词典义我们提取语义要素并表达成结构式,分别为:

叨叨:[＝唠叨1]

絮叨:[＝唠叨2]

啰唆:[＝唠叨1/唠叨2]① ∧ [＋言语多而复杂]

饶舌:[＝唠叨1/唠叨2] ∨ [多嘴]

相比而言,除了"饶舌"另外含有的义项义"多嘴"须剔除并划归与"说3"类(插话类)之外,我们考察发现这四个词都能既表示"唠叨1"又表示"唠叨2",即与"唠叨"的义位有相同的句法使用范畴,如:

(一)叨叨

a. 她嘴上虽然一个劲叨叨:"你咋就能肯定我儿找不下对象?我儿要找下对象看你咋说?我儿一定能找到对象的。"可到底让说中了心病,心口疼又犯了。(持续不停地说不同的但相关的话)

b. 蓦地,她恍恍惚惚地好像听到,有谁正在一旁也和自己一起这样叨叨着:我不生孩子!我不生孩子!……顿时,她觉着有股热乎乎的暖流在胸口儿涌动了,眼睛里一下子便涌满了热泪。(反复、多次说相同的话)

(二)絮叨

c. 一路上,张敏絮叨个不停:"大学生了,学会照顾自己,晚上睡觉要盖好被子,注意不要受凉;好好念书,别顾虑家,家中有我呢;多写信,缺钱缺物早招呼……"(持续不停地说不同的话)

---

① 这里表明是"唠叨1"义项义还是"唠叨2"义项义暂时不能由词典义明确推出,下同。

d. 一进门老奶奶还坐在门槛上絮叨："没良心的，又走了！又走了！"（反复、多次说相同的话）

（三）啰唆

e. 他在世时，嘴巴整天啰唆不停，说我们这也不对，那也不好。现在他死了，我们可以自由了，今后没有人能管束我了。（持续不停地说不同的话）

f. 每次打电话的时候，妈妈都要啰唆说上一句："好好学英语啊！"（反复、多次说相同的话）

（四）饶舌

g. 我真不明白她那天为何如此饶舌，如此刨根问底。（持续不停地说不同的话）

h. 对这个问题我已经解释很多次了，再问也是一样的答案，不想多饶舌了。（反复、多次说相同的话）

由以上每个词对应的例子可见，"叨叨、絮叨、啰唆、饶舌"都可以既表示"持续不停地说不同的话"又可表示"反复、多次说相同的话"，所以这四个词都是"唠叨"的形位变体，它们有相同的语义基元结构式，表示为：

唠叨1｜叨叨1｜絮叨1｜啰唆1｜饶舌1：［动作/行为＋说（不同话）＋持续/不间断］

唠叨2｜叨叨2｜絮叨2｜啰唆2｜饶舌2：［动作/行为＋说（相同话）＋反复/多次］

五者的关系图（图2-8）可表示为：

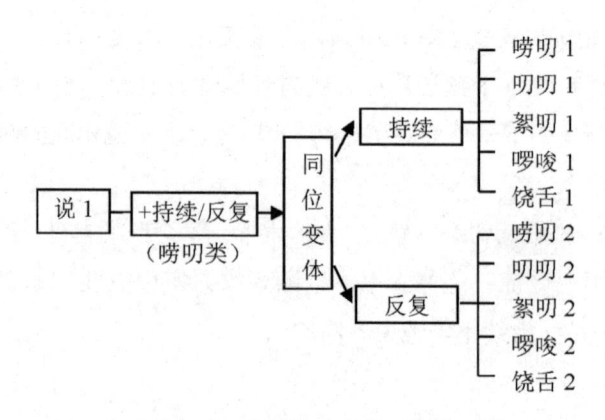

图2-8 "唠叨"的同位变体关系图

三、"唠叨"的下位变体

"唠叨"没有其他的下位变体。

第五节 "说1"的音强变体
——叫喊、低语类词群及基元结构

一、强音叫喊类词群及基元结构

（一）叫喊类言说动词的意义

叫喊类言说动词是以原型词——"叫"为代表的一系列同义词的集合。它凸显"说1"这个动作行为涉及的声音的强度，即较之一般人的正常说话音量偏高且强度值逐渐增加。"叫"的词典释义为：

【叫】①人或动物的发音器官发出较大的声音，表示某种情绪、感觉或欲望。

②招呼；呼唤。

③告诉某些人员（多为服务行业）送来所需要的东西。

④（名称）是；称为。

⑤〈方〉雄性的（某些家畜和家禽）。

由词典释义可以看出，义项义④属于动词范围但非言说动词，义项义⑤属名词范畴且与言说无关，应当首先剔除这两项；其他三个义项义虽然符合言说动词的基本义征，但是分别属于"喊叫类""招呼类"和"告诉类"三个不同的次范畴，因此只能取义项①为本类的研究对象。

依据词典释义①，"叫"的语义要素提取为：[+（人或动物）发音器官][+发声][+音强1（较大）]这里用强度值来表现声音的递增性，以"叫"所描述的强度值为"1"，记作[音强1]的话，那么：

和"叫"相比，强度几乎相当的为"1"，记作[音强1]

和"叫"相比，强度较高、较大的为"1+"，记作[音强1+]

和"叫"相比，强度更高、更大的为"1++"，记作[音强1++]

和"叫"相比，强度极高、极大的为"1+++"，记作[音强1+++][+

情绪/感觉/欲望]，结构式为：[动作/行为＋表示情绪/感觉/欲望＋发声＋（人或动物）发音器官＋音强1]，语义内容从右到左解读为：音强值的、人或动物发音器官发声来表示情绪、感觉、欲望的动作行为即为"叫"。

但我们发现词典释义应该分得更细致一些：首先是要区别人与动物的发声的不同，人叫是高于一般音量的，动物叫则只是其生理的一种反应；其次是要明确情绪、感觉、欲望的来源者是人而非动物；再次要强调人内部的情绪、感觉、欲望是通过"叫"这个外在的动作行为来表现出来的，它们并非"叫"这个词义内涵所必须附有的。如：

a. 当掐到痛处时，病人不由得叫了一声："啊……"

b. 听说我已经到了北京，她在电话里惊喜地叫了起来："你是不是来北京出差的？男友阿南是否也一起来了？"

c. 公鸡"咕—咕—咕"地叫过三遍了，眼看天就要亮了。

d. 有一只看上去像首领的乌鸦站在死乌鸦旁边，呱呱地叫个不停，似乎在悲鸣。

e. 他的内心很苦，他多想大声叫出来发泄一下，也许这样人会好受很多。

例 a、b 是人叫，例 c、d 是动物叫，人叫会反映某种感觉或带有某种感情如"痛""惊喜"，动物叫只是纯粹地发声如"咕咕""呱呱"，即便是像例 d 中将乌鸦的叫声看成"似乎在悲鸣"，那也是人将自己的感受赋予动物，是拟人手法的表现；例 e 就是人所要"发泄"的内心的痛苦情绪是由"（大声）叫"这个动作体现出来，"叫"本身不带任何情绪。

还有一种比喻用法，如：

f. 汽笛连声叫着，两只接两只的驳船被推轮推向这张大嘴。

"汽笛"是模拟人或动物的发声，自身也不带任何的情绪或感觉。

因此"叫"的义项义应重新阐释为：

【叫】①人发出较大的声音，可表示某种情绪、感觉或欲望。

②动物的发音器官发出声音：鸡～｜蛤蟆～｜蝈蝈～

③比喻用法，常形容某种事物模拟人或动物的发声：汽笛连声～。

那么，叫喊类言说动词的主要语义特征应该是［＋大声］，语义基元结构表达式为：

叫：[动作/行为＋说1＋大声（音强值1）＋人]

语义内容从右到左重新解读为：人大声（音强值为1）地"说1"的动作行为即为"叫"。

属于此类的言说动词有：叫、喊、喊叫、叫唤、呼喊、欢呼、呐喊、喝、吆喝、呼喝、叱喝、叱呵、嚷1、叫嚷、吵嚷、喧嚷、叫嚣、吼2、吼叫、咆哮，共20个。

（二）"叫"的同位变体

"叫"的同位变体都是与其有相同的语义基元结构式、词语表现形态不同的一系列动词，一般包含"叫"这个义素，有：喊叫、喊、叫唤1，共3个。词典释义如下：

【喊叫】大声叫。

【喊】①大声叫。

②叫（人）：你去~他一声。

③〈方〉称呼：论辈分他要~我姨妈。

【叫唤】①大声叫。

②（动物）叫：牲口~｜小鸟儿在树上叽叽喳喳地~。

按照词典义我们提取语义要素并表达成结构式，分别为：

喊叫：［动作/行为＋叫＋大声］

喊1：［动作/行为＋叫＋大声］

喊2：［＝召唤］

喊3：［＝称呼］

叫唤1：［动作/行为＋叫＋大声＋人］

叫唤2：［叫＋大声＋动物］

看似三者与"叫"的结构式存在一定差异，但它们能在相同句法环境下均可相互替换，如：

a. "别那么大声<u>叫</u>，让别人听见就不好了！"他不耐烦地说。

b. "别那么大声<u>喊</u>，让别人听见就不好了！"他不耐烦地说。

c. "别那么大声<u>喊叫</u>，让别人听见就不好了"他不耐烦地说。

d. "别那么大声<u>叫唤</u>，让别人听见就不好了"他不耐烦地说。

虽然在实际语言使用中，"喊"还有"喊2"的"称呼"义及"喊3"的"召唤"义，如：

e. 按辈分她得喊我小姨。
f. 我妈喊我回家吃饭。

但这些都不是为了凸显"说1"本身的动作行为，而是为了强调某种性质或功能的"说2"，即"称谓他人"或"使他人来/响应"，故仅"喊1"单纯表示发出较大声音的说话行为，"喊2"和"喊3"应该排除在叫喊类之外，词典释义分立三个义项的处理也较为妥当。

"叫唤2"与之前对"叫"的义项的分析中关于动物叫声的情况相一致，也应该排除在此类言说动词之外。

所以"喊1""喊叫"和"叫唤1"都可以看作"叫"的形位变体，三者有相同的语义基元结构式即：

叫｜喊1｜喊叫｜叫唤1［动作/行为＋说话/发声＋大声（音强值1）＋人］

四者的关系图（图2–9）可表示为：

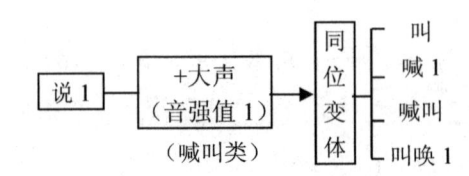

图2–9 "叫"的同位变体关系图

（三）"叫"的下位变体

"叫"的下位变体是在"叫"语义基元结构式上再凸显其他附属义征的一系列动词，有：呼喊、呐喊、欢呼、喝、呼喝、叱喝、叱呵、吆喝；嚷1、叫嚷、吵嚷、喧嚷、叫嚣；吼、吼叫、咆哮，共16个。按照附属义征所指的不同，又分为三大类："呼、喝"类、"嚷"类和"吼"类。

1. "呼、喝"类

"呼"的本义是"吐气"，与"吸"相对，如《说文解字》中说："呼，外息也。"后来逐渐生发出"大声喊叫"之义并广泛用之：

"呼，唤也。"（宋陈彭年等，《广韵》）

"忽一人大呼：'火起！'夫起大呼，妇亦起大呼。两儿齐哭。"（清林嗣环，《口技》，《虞初新志》）

<<< 第二章 一般言说动词"说1"的基元结构及同位词群

在现代汉语中"呼"虽只作为语素存在于其他词中比如"呼喊""呼叫",但它表示"大声"的义征并没有发生任何改变,而直至今天还有"大呼小叫"的词也证明了"呼"的音量值较之"叫"应该更高一些。

"喝"的词典释义为:"大声喊叫",沿用了古语之义(《集韵》:何葛切,音曷。呼也。),虽然"喝"与"叫"的音量值大小并没有直接的语言形式来反映,但古语中的有些词如"呼来喝去""呼么喝六"等能从一个侧面表明"呼"与"喝"的音量值大致相当,所以我们可以推导一个简单公式为:

∵ 呼$_{〈呼喊〉}$(音强值)＞叫(音强值)

呼$_{〈呼喊〉}$(音强值)≈喝(音强值)

∴ 喝(音强值)＞叫(音强值)

另外"喝"在语义侧重上还偏指短促的声音,这是它区别于"呼"的地方,如:

a. 面对舍不得家园而哭哭泣泣的老伴,他拿出战争年代的果敢与刚强,大喝道:"搬!"

b. "住嘴!"田卫东喝住了田卫明,突然回过头来问边上那个叫"杨子"的大汉:"杨哥,章台银行系统里有熟人吗?"

言语内容的简短性如例 a 的"搬!"、例 b 的"住嘴"恰恰就是"喝"的义征[＋短促]的最好反映。

因此"呼$_{〈呼喊〉}$"和"喝"的语义基元结构式分别记为:

呼$_{〈呼喊〉}$〔动作/行为＋叫＋大声(音强值1＋)＋人〕

喝　　〔动作/行为＋叫＋大声(音强值1＋)∧短促＋人〕

两者的语义内容从右到左分别解读为:人大声(音强值1＋)叫的动作行为即为"呼";人发出大(音强值1＋)且短促叫声的动作行为即为"喝"。

确定了音量值再来看这一类中其他成员的附属义征差异,可分为两类:

(1) 带"呼喊"动作发出者情绪的变体同义词:

①情绪为积极昂扬的:呐喊

如:看台对面,来自家乡云南的400人参观团用昆明话呐喊助威:"钟焕娣,加油!"

语义基元结构式为:〔动作/行为＋叫＋大声(音强值1＋)＋情绪积极/

55

昂扬+人]

②情绪专指为欢乐、高兴的：欢呼

如：人们振臂欢呼，互相拥抱，庆祝胜利的到来。

语义基元结构式为：[动作/行为+叫+大声（音强值1+）+情绪欢乐/高兴+人]

(2) 带"喝"动作发出者情绪的变体同义词

①情绪为敌意或不满的：呼喝

如：前台的接待小姐不但没有笑容为旅客办理手续，反而恶言相向地向他们呼喝，要旅客自己在登记册上签名，然后把房间的钥匙，随手掷在柜台上。

语义基元结构式为：[动作/行为+叫+大声（音强值1+）∧短促+情绪敌意/不满+人]

②情绪为生气、愤怒的：叱喝、叱呵

如：a. 人们齐声叱喝——"放屁！对坏蛋，不讲情面！"

　　b. 当他跑到家中将看到的那些告诉父亲时，父亲却挥手给了他一个耳光，叱呵道："不许胡说。"

语义基元结构式为：[动作/行为+叫+大声（音强值1+）∧短促+情绪生气/愤怒+人]

(3) 凸显"叫"的声音大且拖长的变体同义词

这一类只有一个：吆喝。严格意义上说，"吆喝"中的"喝"的"短促义"已经剥落消失，"吆"义素才含有"大声喊叫"之义，但因这两个义素只有结合起来才能作为词而单独使用，故归于"呼、喝"类来讨论。

如：他在那里卖力地吆喝着："新鲜黄瓜啦——，顶花带刺的，快来买啊！"

语义基元结构式为：[动作/行为+叫+大声（音强值1+）∧拖长+人]

2. "嚷"类

"嚷"和"叫嚷"的词典释义为：

【嚷】①喊叫。

【叫嚷】喊叫。

依据词典释义，"嚷"和"叫嚷"的语义基元结构式与"喊叫"同，应为"叫"的同位变体，但我们观察"嚷"和"叫嚷"还具有"叫"所没有的其他义征，即"嚷"凸显动作行为发出者的情绪，并非一般的"叫"。如：

a. 丁言乐的儿子丁杰，手里掂着把菜刀，在门外一直嚷/叫嚷着要丁作明"滚出来"。

b. 笔者目睹营业员上前劝阻一名叼着烟的"爷"："先生，请不要在此抽烟。"他竟瞪大眼嚷/叫嚷："大爷想抽就抽！关你屁事！"

因带有情绪，所以"嚷"声从语感上较之"叫"则音量值更高，记为"强度值1^{++}"。

那么，"嚷｜叫嚷"的语义基元结构式应为：

嚷｜叫嚷［动作/行为＋叫＋大声（音强值1^{++}）＋情绪激动＋人］

语义内容从右到左解读为：人情绪激动地大声（音强值1^{++}）叫的动作行为即为"嚷｜叫嚷"。

（1）凸显动作行为发出者数量多且声音杂乱的变体同义词：吵嚷、喧嚷

如：a. 人们一边吵嚷着推搡着，一边像鳗鱼一样侧着身子钻进门去。

b. 众人喧嚷着，摔掉衣裳，把尘土扬向空中。

语义基元结构式为：［动作/行为＋叫＋大声（音强值1^{++}）∧杂乱＋情绪激动＋多人］

（2）凸显动作行为发出者放肆态度的变体同义词：叫嚣

如：歹徒顿时一愣，当他发现是两名赤手空拳的巡逻武警时，叫嚣着："当兵的，少管闲事，要不然老子连你也一块捅了！"

语义基元结构式为：［动作/行为＋叫＋大声（音强值1^{++}）＋态度放肆＋情绪激动＋人］

3. "吼"类

"吼"和"吼叫"的词典释义为：

【吼】②发怒或情绪激动时大声叫喊。

【吼叫】大声叫；吼。

由词典释义我们可以知道，"吼"和"吼叫"更加凸显"叫"的动作行为发出者过于愤怒或激动的情绪，这与语言使用事实相符，如：

a. 张春桥的这一番自我表白的怨言激怒了坐在一旁的王洪文，他凶狠地吼道："廖初江是坏人，应该揪出来！"

b. 卡尔波里经常在赛场里像一头狮子一样对着自己的队员吼叫。

也正是因为情绪的极端化使得"吼"声较之"叫"声在音量值上达到最高的级别，记为"音强值1^{+++}"。那么"吼"与"吼叫"的语义基元结构式为：

吼｜吼叫 [动作/行为＋叫＋大声（音强值1^{+++}）＋情绪激愤＋人]

语义内容从右到左解读为：人因情绪激愤而格外大声（音强值1^{+++}）的叫的动作行为即为"吼/吼叫"。

除此之外，还有比"吼、吼叫"的音强值更高的是"咆哮"，其词典释义为：

【咆哮】②形容水流的奔腾轰鸣，也形容人的暴怒喊叫。

意思是"咆哮"是人在异常的、极端的盛怒之下发出的叫声，如：

c. "我看他是有娘养没娘教！"父亲咆哮着，疯狂地挥舞着巴掌，"他屁股发痒了！"

因此它的语义基元结构式为：[动作/行为＋叫＋大声（音强值1^{+++}）＋情绪极端激愤＋人]

由以上分析可得"叫"的下位变体关系图（图2-10）为：

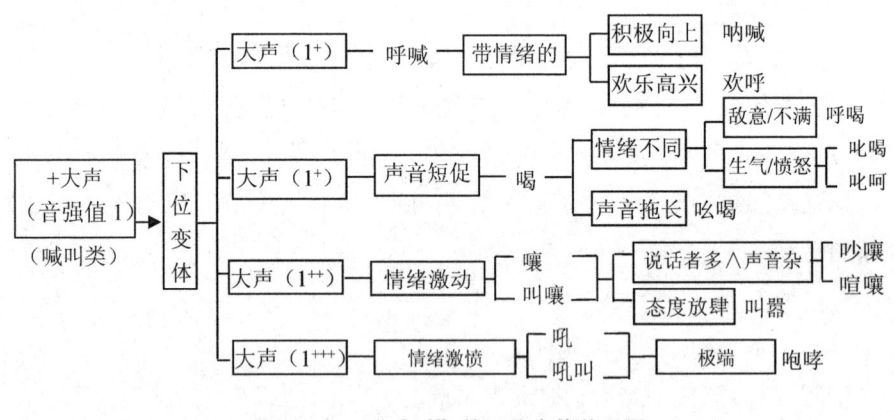

图2-10 "喊叫"的下位变体关系图

二、弱音低语类词群及基元结构

（一）低语类言说动词的意义

低语类言说动词是以原型词——"低语"为代表的一系列同义词的集合。

它也是凸显"说1"这个动作行为涉及的声音的强度,是即较之一般人的正常说话音量偏低、偏弱的程度值。"低语"的词典释义为:

【低语】低声说话:～密谈|悄声～|他对老王～了几句心里话。

根据词典释义,"低语"的语义要素提取为:［＋低声］［＋说话］,其结构式为:［动作/行为＋说话＋低声］,语义内容从右到左解读为:低声说话的动作行为即为"低语"。这个释义是比较恰当的,也与语言事实相吻合,如:

a. 谈起云南之行和纠纷之由,刘晓庆时而高声,时而低语,把她记住的事实真相一一加以详述。

b. 在停了电的一刹那,餐馆的顾客都停止了聊天,有人小声低语:"发生了什么事?"

例 a 中"低语"与"高声"相对,例 b 中"低语"与"小声"相连,都可以反映出"低语"的主要义征是［＋声音低/小/弱］的本质。

所以我们可以确定"低语"的语义基元结构式为:

低语:［动作/行为＋说1＋低声］

语义内容从右到左重新解读为:低声地"说1"的动作/行为即为"低语"。

属于此类的言说动词有:低语、耳语、唧哝、嘀咕、哼唧、咕叽、咕哝、嘟囔,共8个。

(二)"低语"的同位变体

"低语"没有其他的同位变体。

(三)"低语"的下位变体

"低语"的下位变体都是在"低语"语义基元结构式上另外凸显其他附属义征的一系列动词,有:耳语、唧哝、哼唧、嘀咕、咕叽、咕哝、嘟囔,共7个。按照"低语"方式的不同,又分为四小类变体同义词:

1. 贴近他人耳边而"低语"的:耳语

如:言罢,毛泽东对周恩来耳语几句,便宣布散会。

语义基元结构式为:［动作/行为＋说话＋低声＋贴耳］

2. 自己对自己(自式)"低语":

(1)强调自己说给自己听的"低语":咕叽1

如:他一边想心事,一边咕叽。

语义基元结构式为：[动作/行为 + 说话 + 低声 + 自己]

（2）带不满情绪的自式"低语"：咕哝

如：他一边推车一边咕哝骂道："娘的，这是人过的日子？"

语义基元结构式为：[动作/行为 + 说话 + 不满情绪 + 低声 + 自己]

（3）暗自、带疑问情绪的自式"低语"：嘀咕

如："他会不会不高兴？"记者暗自嘀咕。

语义基元结构式为：[动作/行为 + 说话 + 疑问情绪 + 低声 + 自己]

（4）连续不断地自式"低语"：嘟囔

如：但告诉我这个结果后，他似是自言又似是发誓地嘟囔了一句："我得抓紧干，抓紧干。"

语义基元结构式为：[动作/行为 + 说话 + 连续/持续 + 低声 + 自己]

3. 断断续续式地"低语"：哼唧

如：李崇伤了腰，元融别了腿胫，都躺在地上哼唧叫疼。

语义基元结构式为：[动作/行为 + 说话 + 断续式 + 低声]

4. 交谈式的"低语"：咕叽2、唧哝

如：他们俩交头接耳地咕叽/唧哝了半天了。

下位变体关系图（图2-11）可表示为：

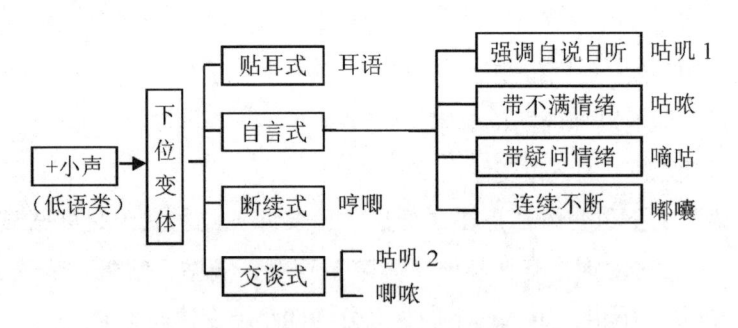

图2-11 "低语"的下位变体关系图

第六节 "说1"类语义基元结构及词群概览

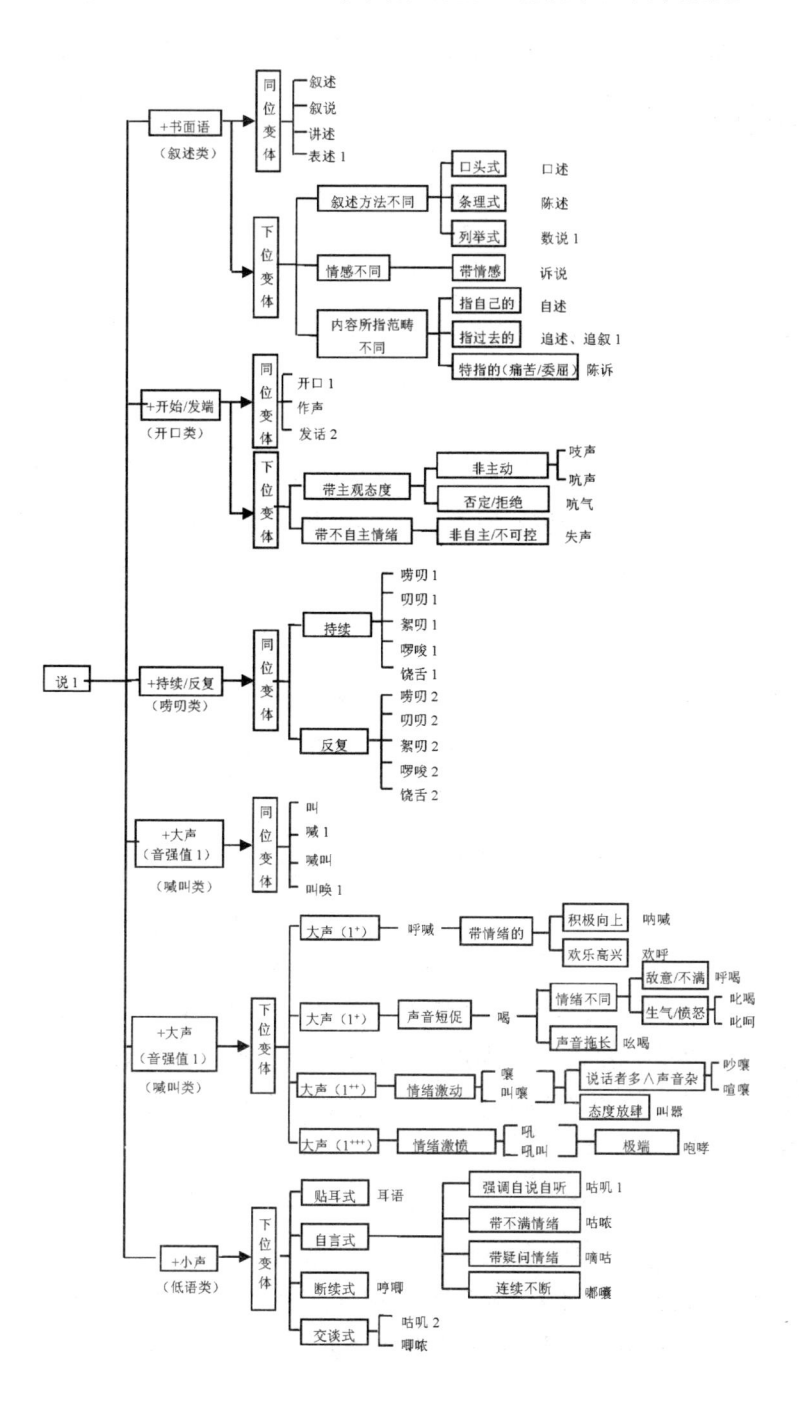

说1
- +书面语（叙述类）
  - 同位变体：叙述、叙说、讲述、表述1
  - 下位变体
    - 叙述方法不同
      - 口头式 → 口述
      - 条理式 → 陈述
      - 列举式 → 数说1
    - 情感不同
      - 带情感 → 诉说
    - 内容所指范畴不同
      - 指自己的 → 自述
      - 指过去的 → 追述、追叙1
      - 特指的（痛苦/委屈）→ 陈诉
- +开始/发端（开口类）
  - 同位变体：开口1、作声、发话2
  - 下位变体
    - 带主观态度
      - 非主动 → 吱声、吭声
      - 否定/拒绝 → 吭气
    - 带不自主情绪
      - 非自主/不可控 → 失声
- +持续/反复（唠叨类）
  - 同位变体
    - 持续：唠叨1、叨叨1、絮叨1、啰唆1、饶舌1
    - 反复：唠叨2、叨叨2、絮叨2、啰唆2、饶舌2
- +大声（音强值1）（喊叫类）
  - 同位变体：叫、喊1、喊叫、喊唤1
- +大声（音强值1）（喊叫类）
  - 下位变体
    - 大声（1⁺）呼喊
      - 带情绪的
        - 积极向上 → 呐喊
        - 欢乐高兴 → 欢呼
    - 大声（1⁺）声音短促 喝
      - 情绪不同
        - 敌意/不满 → 呼喝
        - 生气/愤怒 → 叱喝、叱呵
      - 声音拖长 → 吆喝
    - 大声（1⁺⁺）情绪激动 嚷、叫嚷
      - 说话者多∧声音杂 → 吵嚷、喧嚷
      - 态度放肆 → 叫嚣
    - 大声（1⁺⁺⁺）情绪激愤 吼、吼叫
      - 极端 → 咆哮
- +小声（低语类）
  - 下位变体
    - 贴耳式 → 耳语
    - 自言式
      - 强调自说自听 → 咕叽1
      - 带不满情绪 → 咕哝
      - 带疑问情绪 → 嘀咕
      - 连续不断 → 嘟囔
    - 断续式 → 哼唧
    - 交谈式 → 咕叽2、嘀咕

第三章

性质言语动词"说2"的基元结构及同位词群

性质言说动词("说2")具有某种性质的"说1",体现了说话动作行为的各种性质,言说动词类别及具体词形表现发达,是言说动词极为丰富的一大类系统。

依据性质表现的不同可分为10大类变体形式,分别为:传息变体、内容变体、祈行变体、祈言变体、回馈变体、观点变体、情感变体、论述变体、量度变体和受损变体。

第一节 "说2"的传息变体
——告知类词群及基元结构

告知类词群是一类意在传递主事的意图、消息、意思给客事并使之明了(清楚地知道)或接受的言语行为动词,它不同于"说1"的最重要的区别在于它的"传息性"上,而不再简单地表现说话、发声的动作行为本身。对于整个"传息"事件、过程来说,它的特点在于:一是"说2"的对象一般有固定性、针对性;二是说话后客事由"未知"到"知"的信息量变化,主事传递的是新信息,当客事知道后,新信息变成两者共知的旧信息。用图3-1表示为:

那么,告知类词群就是完成这一信息传递事件、过程的联系标志词的集合,这是它们区别于其他性质言说动词的关键。

按照语义内容的不同又可将告知类词群分为两类:一是一般告知行为的告诉类;二是侧重说话动作行为违约性的透露类。

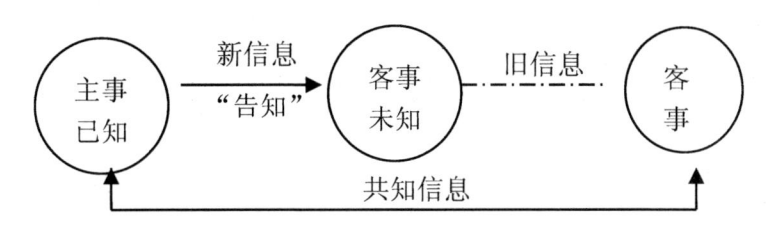

```
主事        新信息       客事        旧信息      客
已知   ——"告知"——→  未知  - - - - - -   事
 ↑                                          ↑
 └──────────────共知信息──────────────────┘
```

图3-1 "传息"事件 示意图

一、告诉类词群及基元结构

（一）告诉类言说动词的意义

告诉类言说动词是以原型词——"告诉"为代表的一系列同义词的集合。它是"说2"的传息表现形式之一，传递的信息内容是开放性的。"告诉"的词典释义为：

【告诉】说给人，使人知道：请你~他，今天晚上七点钟开会。

若依据词典释义，"告诉"的语义要素提取为：[＋说话（消息/意思）][＋使知道]，结构式为：[动作/行为＋使知道＋说话（消息/意思）]，语义内容从右到左解读为：说（消息、意思）使人知道的动作行为即为"告诉"。词典释义的内容比较准确，与语言事实也很吻合，如：

a. 他用标准的男中音告诉所有人员各负其责，一切险情都由他来处置。

b. 半年后，亚铭告诉她一个好消息，有一部青春偶像剧的导演找到他，说是让他去试镜。

例 a 中主事"他"把要"各负其责""险情由他处理"的意思传递给客事"所有人员"，传递后意思共知；例 b 是主事"亚铭"把"试镜"的"好消息"传递给客事"她"，传递后消息共知。

为了使语义基元结构式表示得更明晰准确，我们用"←"来表示单向传递，那么"告诉"的语义基元结构式重新表示为：

告诉：[动作/行为＋使＿知道＋客事←消息/意思＋说1]

语义内容从右到左重新解读为：说消息、意思（传递）给客事使之知道的动作行为即为"告诉"。

另外需要注意的是，因为受时间、地点等因素影响，会让同样是"告诉"

的言语动作行为呈现出两种方式：一种是主事当面直接告诉客事消息、意思等，记为 A→B，如禀告、嘱咐等；另一种是主事不能或无须直接告诉客事消息、意思等，由他人代为告诉，记为 A→A′→B，如转告、传达等。例如：

  c. 小王向领导<u>禀告</u>了工程的进度。   （当面直接"告诉"）
  d. 妈妈<u>嘱咐</u>我一个人在外注意安全。 （当面直接"告诉"）
  e. 你放心走吧，我一定将你的意思<u>转告</u>给他。（非当面/间接"告诉"）
  f. 这是领导的指示，你务必<u>传达</u>到各级部门。（非当面/间接"告诉"）

  例 c 中"小王"当面直接"告诉""领导"；例 d 中"妈妈"当面直接"告诉""我"；例 e 中"你"非当面直接"告诉""他"，是通过"我"来间接"告诉"的，例 f 中"领导"非当面直接"告诉""各级部门"，是通过听话人（"你"）来间接"告诉"的。

  因此我们把前一种形式的告诉类词群称为"直接传递类"，属于这类的言说动词有：禀告、正告、嘱咐、叮咛、叮嘱、吩咐、交代2、通知、通报4、知会、知照、关照3、倾吐、倾诉，共14个；后一种形式则称为"间接传递类"，属于这类的言说动词有：传达1、传话、转达、转告，共4个，它们共同构成告诉类言说动词的下位变体，在语义基元结构中，由于"直接传递"是隐性的，因而不需要在结构式中表现出来；"间接传递"是显性的，所以要单独标注为一个语义基元。

  （二）"告诉"的下位变体

  "告诉"的下位变体都是在"告诉"的语义基元结构式上另外再凸显其他附属义征的一系列动词。按照附属义征所指的不同，又可分为三小类：

  1. "告诉"的对象不同的变体同义词

  （1）下级对上级或晚辈对长辈的：禀告、通报4

  如：a. 此事待我向家母<u>禀告</u>之后再定。

    b. "请等一下，我去<u>通报</u>董事长一声。"秘书说道。

  语义基元结构式为：〔动作/行为 + 使_ 知道 + 上级/长辈←消息/意思 + 说1 + 下级/晚辈〕

  （2）上级对下级或长辈对晚辈：嘱咐、叮咛、吩咐、交代2

  ①带关切情感的：嘱咐、叮咛

  如：a. 邓颖超还再三<u>嘱咐</u>孙中山的孙女孙穗芳要努力继承祖父、祖母振兴中华的遗志，为祖国和平统一大业多做贡献。

b. 他娘千叮咛万嘱咐，叫他去看看老康同志。

语义基元结构式为：[动作/行为 + 使_ 知道 + 下级/晚辈←意思 + 说1 + 关切 + 上级/长辈]

②带命令口气的：吩咐1、交代2

如：他一再吩咐1/交代我们要注意房子的工程质量，不然那可是性命攸关的事。

语义基元结构式为：[动作/行为 + 使_ 知道 + 下级/晚辈←意思 + 说1 + 命令口气 + 上级/长辈]

2. 带"告诉"动作行为发出者态度的变体同义词

这类只有一个：正告1①。

如：他通过当时在沪的妻子正告那些熟知的中间人。

语义基元结构式为：[动作/行为 + 使_ 知道 + 客事←消息/意思 + 说1 + 态度严正/严肃]

3. "告诉"的方式不同的变体同义词

（1）正式或书面形式的"告诉"：通知

如：a. 她怀孕了，于是她正式通知父母，要摆酒结婚，要按仪式举行婚礼。

b. 候选人的提名在授奖年的 2 月 1 日前以书面形式通知有关委员会。

语义基元结构式为：[动作/行为 + 使_ 知道 + 客事←消息/意思 + 说1 + 正式/书面形式]

（2）非正式或口头形式的"告诉"：知会、知照、关照3

如：a. 你先去知会他一声，我随后就到。

b. 曼倩记起自己蓬头黄脸，满身油味，绝对见不得生人，懊悔没早知照老妈子一声。

c. 记得关照食堂一声，给开会的人留饭。

语义基元结构式为：[动作/行为 + 使_ 知道 + 客事←消息/意思 + 说1 + 非正式/口头形式]

---

① "正告"的另一义项义为"警告"的下位变体，详见第三节第五部分。

(3) 间接方式的"告诉"：传达1、传话、转达、转告

如：a. 伊万诺夫没有透露美方是何时何地以何种方式向俄方<u>传达</u>这一信息的。

b. 汉文帝只好命令侍从拿出皇帝的符节，派人给周亚夫<u>传话</u>："我要进营来劳军。"

c. "总理请我们一定<u>转达</u>他对你们一家的新年心意！"

d. 李昌达拜托何夫人<u>转告</u>何阳，务必回个话。

语义基元结构式为：［动作/行为 + 使_ 知道 + 客事←消息/意思 + 说1 + 间接方式］

4. "告诉"的言语内容范围缩小的变体同义词：由开放性消息转为心里话

这类有：倾诉、倾吐。

如：由于她特别细心、温柔，女曲姑娘们有什么话，都愿意向她<u>倾诉/倾吐</u>。

语义基元结构式为：［动作/行为 + 使_ 知道 + 客事←心里话 + 说1］

下位变体关系图（图3-2）可表示为：

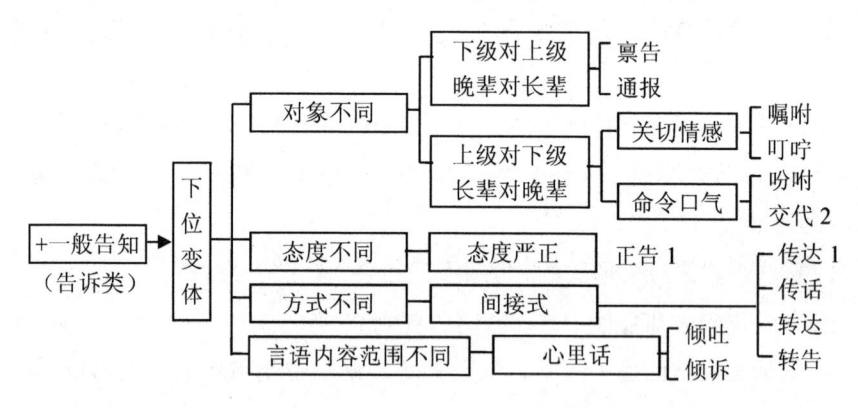

图3-2 "告诉"的下位变体关系图

二、透露类词群及基元结构

（一）透露类言说动词的意义

透露类言说动词是以原型词——"透露"为代表的一系列同义词的集合。

它是"说2"的另一传息表现形式,侧重说话者违背说话动作行为的规约性。"透露"的词典释义为:

【透露】泄露或显露(消息、意思等):~风声 | 真相~出来了。

依据词典释义,我们可以提取出"透露"的语义要素有:[+消息/意思][+显露/泄露],其结构表达式可表示为:[动作/行为+消息/意思+显露/泄露],语义内容从右到左解读为:显露、泄露消息或意思的动作行为即为"透露"。

词典的释义相对概括,作为一个被解释的概念来说这样的处理是妥当的。但我们也应该注意到,在实际语料的运用中,"透露"所带的"违约性"特征可表现为三种情况:

1. 不该说而"说2"

如:他埋怨我不该把小王辞职的事情透露给他(小王)的女朋友,以免她担心。

2. 提早、提前"说2"

如:后来那记者碰见我说:"马指导,咱们是老熟人,你早知道有破纪录的实力,怎么不提前透露点风声?"

3. "说2"给不该知道的对象

如:你若将此事对他人透露半点风声,不管你躲到哪里,我都可以拿你的人头是问!

因此说,透露类言说动词的主要语义特征应是:[+违约性],其语义基元结构表达式为:

透露:[动作/行为+说1+违约性]

属于这类的言说动词有:透露、透漏、透风3、泄露,共4个。

(二)"透露"的同位变体

"透露"的同位变体都是与其有着相同的语义基元结构式、只词语形式表现不同的一系列动词,都包含"透"这样的语素,有:透漏、透风3,共2个。它们的词典释义分别为:

【透漏】透露;泄露。

【透风3】③透露风声。

按照词典义我们提取语义要素并表达成结构式,分别为:

透漏：[=透露]

透风3：[动作/行为+风声+显露/泄露]

看似"透风"的结构式与"透露""透漏"有所不同，但它们三者在相同句法环境中均可相互替换，如：

a. 一位俄政府官员曾私下向西方记者<u>透露</u>，俄罗斯黑手党的犯罪手段变化多端。

b. 一位俄政府官员曾私下向西方记者<u>透漏</u>，俄罗斯黑手党的犯罪手段变化多端。

c. 一位俄政府官员曾私下向西方记者<u>透风</u>，俄罗斯黑手党的犯罪手段变化多端。

"风声"是指传播出来的消息，若不为第三者所知地告诉则即为"透风"，如果是故意散布让很多人知道则为"放风"或"放话"，故"透风"就是指泄露消息、意思。

综上所述，"透露"及其2个形位变体"透漏""透风3"的语义基元结构式同为：

透露｜透漏｜透风3［动作/行为+消息/意思+告诉+<u>违约性（不该/提早）</u>］

三者的关系图（图3-3）可表示为：

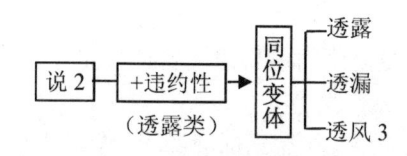

图3-3 "透露"的同位变体关系图

（三）"透露"的下位变体

"透露"的下位变体是对"透露"语义基元结构式中的某个或某些语义基元加以改变如缩小范围的动词形式。变体形式只有一个：泄露。其词典释义为：

【泄露】不应该让人知道的事情让人知道了。

若依据词典释义，"泄露"的语义基元提取并表达成结构式为：

泄露：[动作/行为+不该知道的事情+告诉]

这与语言事实相符，"泄露"的言语内容往往涉及隐秘的事情或机密的事物，即"不该让人知道"，如：

a. 以色列政府否认曾泄露与利比亚的秘密会谈情况。
b. 巴基斯坦"核弹之父"承认泄露了核秘密。

因此，"泄露"主要强调"消息、意思"的范围缩小至"秘密/机密的事或事物"的程度，故其语义基元结构式为：

泄露[动作/行为+秘密/机密的事（事物）+告诉+违约性（不该/提早）]

下位变体关系图（图3-4）表示为：

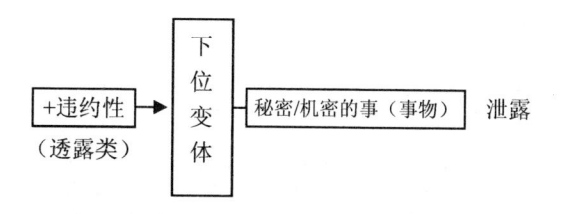

图3-4 "透露"的下位变体关系图

第二节 "说2"的内容变体
——誓谎类词群及基元结构

誓谎类词群是一类真正的"以言行事"的言说动词，它不同于"说1"的最重要的区别就在于它的"言"（言语内容）的差异上：当凸显真实性质的言语内容时即为"发誓类"言说动词；当凸显不实的、虚假性的言语内容时即为"谎言类"言说动词，两者的内容性质虽截然相反，但力求达到的意图或效果则"殊途同归"——都是让他人相信且不怀疑。

一、誓言类词群及基元结构

（一）誓言类言说动词的意义

誓言类言说动词是以原型词——"发誓"为代表的一系列同义词的集合。

它是"说2"的内容变体的表现形式之一,侧重说话者言语内容的"真实可信性",表现手段是"誓言"即决心或保证。"誓言"的词典释义为:

【发誓】庄严地说出表示决心的话或对某事提出保证:指天~│~要为烈士报仇。

若依据词典释义,"发誓"的语义要素提取为:[+庄严][+说(话)][+决心][+保证],结构式为:[动作/行为+决心/保证+说(话)+庄严],语义内容从右到左解读为:庄严地说(决心或保证)的话的动作行为即为"发誓"。

但我们观察发现词典义中提取的[+庄严]要素并不十分确切,值得斟酌,如:

a. 当他听说又要将他退回去时,急忙找到教练,几乎以下跪的姿势发誓:"我死也要死在举重台上。"

b. 不过我并不满足这种生活,我对自己发誓,只要攒下够上电影学院的费用,我就离开这家骗子公司,从此洗心革面,做一个有良知的人。

c. 她飞快地说:"不不!没有阴影!我们之间没有阴影!我再也不提他了,我发誓 不提了,你原谅我……"

例 a 中"他"发誓"不回去",态度坚定,甚至表明"死也要死在举重台上";例 b 中"我"发誓"只要攒够费用"就一定"洗心革面,做有良知的人",也是态度坚决、坚定;例 c 中"她"发誓"不提他"并且一再重复否定,也是态度坚决坚定的表现,三者都与"态度庄严"根本毫无关系。当然,凡是庄严地"发誓"一定也都是能体现出说话者坚决、坚定的态度的,如:

d. 贝尔格拉诺将军高举国旗,与士兵们一起发誓:"我们一定要打败国内外敌人,为逝去的人报仇!"

因此,发誓类言说动词的主要语义特征是[+坚决/坚定]及[+誓言(决心/保证)],其语义基元结构式重新表示为:

发誓:[动作/行为+决心/保证+说1(话)+坚决/坚定]

语义内容从右到左重新解读为:坚决、坚定地说(决心或保证)的话的动作行为即为"发誓"。

属于这类的言说动词有:发誓、起誓、宣誓,共3个。

（二）"发誓"的同位变体

"发誓"的同位变体是与其有着相同的语义基元结构式、只词语形式表现不同的动词，也包含"誓"这样的语素，只有1个：起誓。它的词典释义为：

【起誓】发誓；宣誓：对天～。

按照词典义提取其语义要素并表达成结构式为：

起誓：[＝发誓] ∨ [＝宣誓]

词典义的释义本身并没有问题，问题在于不应该将"发誓"与"宣誓"作为一个义项义同放在"起誓"这个词条之下，因为"发誓"与"宣誓"并不处在同一层级，"宣誓"是"发誓"的下位变体。具体表现在："起誓"与"发誓"在相同语境下能互换；"宣誓"与"发誓"在相同语境下不能互换，如：

a.（1）"如果萧少爷你肯当着菩萨起誓，什么话只摆在肚子里；我就说给你听。"（√）

（2）"如果萧少爷你肯当着菩萨发誓，什么话只摆在肚子里；我就说给你听。（√）

（3）"如果萧少爷你肯当着菩萨宣誓，什么话只摆在肚子里；我就说给你听。"（×）

b.（1）王子向公主起誓，要以纯真的爱情战胜魔法，让公主恢复人形。（√）

（2）王子向公主发誓，要以纯真的爱情战胜魔法，让公主恢复人形。（√）

（3）王子向公主宣誓，要以纯真的爱情战胜魔法，让公主恢复人形。（×）

c.（1）他转身抱起相框道："爸，我在妈妈的像前起誓，一定要帮你完成这个心愿。"（√）

（2）他转身抱起相框道："爸，我在妈妈的像前发誓，一定要帮你完成这个心愿。"（√）

（3）他转身抱起相框道："爸，我在妈妈的像前宣誓，一定要帮你完成这个心愿。"（×）

而词典义中将"宣誓"放入"起誓"的义项义中对其进行解释，也不是完全没有道理，因为有时候用"宣誓"的地方也可以用"对…发誓/起誓"来替代，如：

d. 面对国旗和《宪法》120 名学生组成的方阵庄严宣誓。

改为：120 名学生组成的方阵对国旗和《宪法》发誓/起誓。

e. 起义士兵情绪大振，他们对天宣誓，定要和英军决一死战。

改为：起义士兵情绪大振，他们对天发誓/起誓，定要和英军决一死战。

因此，这种"宣誓"是"起誓"的一种，强调"庄严"，但"庄严"并不是"宣誓"的唯一区别性义征，它还有其他必须同时存在的附属义征即"有条件的起誓"才是"宣誓"，"条件性"体现在两个方面：一是前提条件往往是担任任务或参加组织、仪式等，体现正式性，不是任何情况下都可以"宣誓"；二是面对对象往往是群体或能见证的人物、事物（如上帝、菩萨、天等），体现公开性，并不是只对某一个人或两个人。这点从"宣誓"的词典释义及语言事实运用中都可以清楚地体现出来。

"宣誓"词典释义为：

【宣誓】担任某个任务或参加某个组织时，在一定的仪式下当众说出表示决心的话：~就职｜举手~。

"宣誓"的语用实例为：

f. 韩国新任外交通商部长官潘基文 17 日在首尔宣誓就职，接替 15 日引咎辞职的前外长尹永宽。

g. 韩山童、刘福通见时机已经成熟，便在河北永年县白鹿庄聚众 3000 人，杀白马黑牛宣誓，准备起义。

例 f 中是潘基文担任"部长"职务，正式、公开地表明"就职上任"，面对的是韩国民众；例 g 中是韩山童、刘福通，正式地"杀白马黑牛"，公开地对"3000 人"表明要"准备起义"。

因此，"宣誓"是正式公开地、庄重庄严地起誓/发誓，它的语义基元结构式表示为：

宣誓：[动作/行为 + 起誓/发誓 + 正式/公开∧庄重/庄严]

相应的，"起誓"的义项应该重新分割阐释为：

【起誓】①发誓。

②宣誓。

"起誓1"与"发誓"为同位变体,"起誓2"与"宣誓"同为"发誓"的下位变体。

发誓类言说动词同位变体关系图(图3-5)表示为:

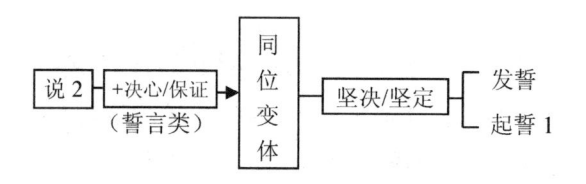

说2 +决心/保证(誓言类) → 同位变体 → 坚决/坚定 → 发誓 起誓1

图3-5 "发誓"的同位变体关系图

(三)"发誓"的下位变体

"发誓"的下位变体是指在"发誓"语义基元结构式上凸显其他附属义征的动词,有:宣誓、起誓2,共2个。

因在讲"发誓"的同位变体时已将两词的释义情况进行了分析,故不再赘述。

那么发誓类言说动词下位变体关系图(图3-6)表示为:

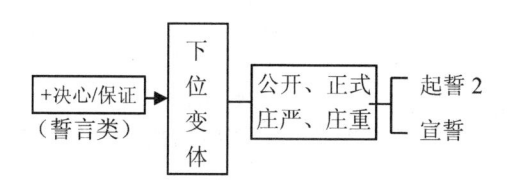

+决心/保证(誓言类) → 下位变体 → 公开、正式 庄严、庄重 → 起誓2 宣誓

图3-6 "发誓"的下位变体关系图

二、谎言类词群及基元结构

谎言类言说动词是以原型词——"说谎"为代表的一系列同义词的集合。它是"说2"的内容变体的另一表现形式,侧重说话者言语内容的"虚假性",表现手段是"谎言"即不真实的话。"说谎"的词典释义为:

【说谎】有意说不真实的话。

若依据词典释义,"说谎"的语义要素提取为[+有意][+说(话)][+不真实],结构式为:[动作/行为+不真实+说(话)],语义内容从右到左解读为:说(不真实的)话的动作行为即为"说谎"。词典的释义是比较

73

妥帖的，与语言事实也相吻合，如：

a. 为了他，她不惜说谎，不惜骗人，不惜做任何她从未做过的事。

b. 坦尼斯搔搔胡子，看着眼前的人，他确定他在说谎，但坦尼斯完全迷惑了。

由于"说谎"的目的性很明确即为了达到骗人或迷惑人，最终让他人深信不疑的地步，所以是"故意而为之"。因此谎言类言说动词的主要语义特征应是［＋故意］［＋谎话（虚假/不实的话）］，语义基元结构表达式为：

说谎：［动作/行为 + 虚假/不真实 + 说2（话）+ 故意］

语义内容从右到左重新解读为：故意说（虚假、不真实的）话的动作行为即为"说谎"。

属于这类的言说动词有：说谎、撒谎、扯谎、打谎、圆谎，共5个。

(一)"说谎"的同位变体

"说谎"的同位变体都是与其有相同的语义基元结构式、只词语形式表现不同的一系列动词，有：撒谎、扯谎、打谎，共3个。词典释义如下：

【撒谎】说谎。

【扯谎】说谎。

【打谎】〈方〉撒谎。

按照词典义我们提取语义要素并表达成结构式，分别为：

撒谎：［＝说谎］

扯谎：［＝说谎］

打谎：［＝撒谎］（方）

看一下它们能否与"说谎"在相同句法环境中相互替换，如：

a. 他经常说谎骗爸妈的钱。(√)

b. 他经常撒谎骗爸妈的钱。(√)

c. 他经常扯谎骗爸妈的钱。(√)

d. 他经常打谎骗爸妈的钱。(？)

例a–c可以表明"撒谎"与"说谎"是完全可以与"说谎"相代替的，是"说谎"的形位变体，而例d的"打谎"替代"说谎"稍有些牵强，这与它的方言性有很大关系，说明它还未完全进入普通话词汇系统，因此它只能算是"说谎"的方言变体。

综上可知,"说谎"及其2个形位变体、1个方言变体的语义基元结构式分别为:

说谎｜撒谎｜扯谎［动作/行为+虚假/不真实+说（话）+故意］

打谎［动作/行为+虚假/不真实+说（话）+故意+方言］

四者的关系图（图3-7）可表示为:

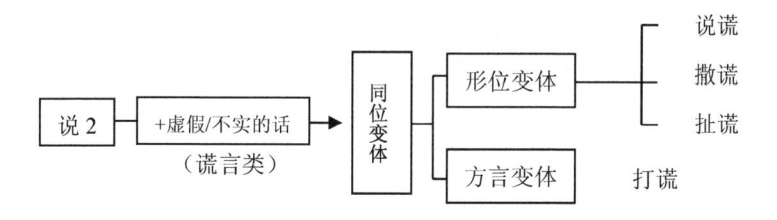

图3-7 "说谎"的同位变体关系图

（二）"说谎"的下位变体

"说谎"的下位变体是在"说谎"义上另外凸显其他附属义征的动词,只有一个:圆谎。其词典释义为:

【圆谎】弥补谎话中的漏洞:他想~,可越说漏洞越多。

例如:你必须记得什么时候、对谁、说过什么谎言,还要随时找对策圆谎,一不小心说漏了嘴,便会让人捉住马脚,严重的话,还落个名誉扫地。

从词典释义及语用实例中我们可以看出,"圆谎"同样是用不实的语言来欺瞒他人,但它与"说谎"的区别在于:它指用不真实的话来弥补或验证谎言,以达到继续欺瞒的目的,即说谎具有针对性——弥补、验证原来的谎言,因此它凸显说话者的明确意图,其语义基元结构式可表示为:

圆谎［动作/行为+弥补/验证原谎言+虚假/不真实+说（话）+故意］

语义内容从右到左解读为:故意说虚假、不实的话来弥补、验证原有谎言的动作行为即为"圆谎"。

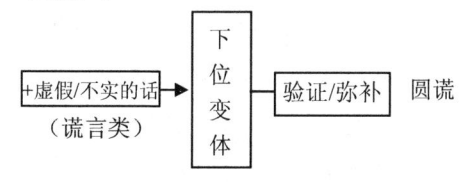

图3-8 "说谎"的下位变体关系图

下位变体关系图（图3-8）可表示为：

第三节 "说2"的祈行变体
——使令类词群及基元结构

使令类词群是一类意在通过主事的言语来影响客事，力图使客事做或不做某事的目的，它不同于"说1"的最重要的区别在于它的"使役性"上，即一种表达祈使行为的"说2"。又因为祈使的目的不同，同时"使役性"也有强制和非强制、中性之分，所以具体可以分为五类，如下（表3-1）所示：

表3-1 使令类词群次类

语义分类项目	词语举例
请求类	请求、请、要求、恳求、恳请……
劝告类	劝告、规劝、劝导、劝解、劝慰……
召唤类	召唤、呼唤、招呼1、叫2、唤醒……
命令类	命令1、吩咐1、催1、使唤……
警告类	警告、告诫、申饬、警戒1……

下面将一一阐述分析。

一、请求类词群及基元结构

请求类言说动词是以原型词——"请求"为代表的一系列同义词的集合。它是"说2"的祈行变体的表现形式之一，侧重要求或者希望别人做或者不做自己希望的事。"请求"的词典释义为：

【请求】说明要求，希望得到满足。~援助|他~上级给他最艰巨的任务。

若依据词典释义，"请求"的语义要素提取为：[＋说明] [＋要求] [＋希望满足]，结构式为：[动作/行为＋希望满足＋说明要求]，语义内容从右到左解读为：说明要求希望满足的动作行为即为"请求"。

但我们观察发现由词典释义提取的 [＋说明（要求）] 要素还不够准确：

一则"说明"是指解释明白或证明之义,"说明要求"并无祈使性;二则"要求"的提出往往应该是委婉或客气的,这从其义素"请"和"求"的义项义中也可以得到部分的验证:

【请3】敬辞,用于希望对方做某事。

【求3】恳请,乞助。

所以我们有必要再仔细考察和推敲其释义的准确性。看一下该词的真实语例:

a. 出狱的第二天,他就打电报给中共中央,请求重新加入中国共产党,很快就得到批准。

b. 引起世界关注的巴基斯坦"核弹之父"卡迪尔·汗4日下午在巴基斯坦国家电视台发表电视讲话时宣布对核泄密事件负全责,并就此向巴基斯坦全国人民道歉,请求巴基斯坦人民原谅。

c. 甘罗听说这事后,请求吕不韦让他去说服张唐。

由例a–c可以看出,"请求"的内容与其说是一种要求,还不如说是"意愿"更为贴切,如例a希望"重新加入中国共产党",例b希望"巴人民原谅"他,例c希望由他去"说服张唐",都是想征得被请求人的许可、同意而去做某事,因此请求类言说动词的主要语义特征应是[＋提出意愿]和[＋希望满足/实现],语义基元结构式重新表达为:

请求:[动作/行为＋希望满足/实现＋意愿＋说1(话)]

语义内容从右到左解读为:说1话(意愿)、希望满足或实现的动作行为即为"请求"。

属于此类的言说动词有:请求、请1、求1、要求、恳求、恳请、央求、求告、央告、乞求、祈求、哀求、哀告、呼吁、吁请、吁求,共16个。

(一)"请求"的同位变体

"请求"的同位变体都是与其有相同的语义基元结构式、只词语形式表现不同的一系列动词,有:请1、求1,共2个。词典释义如下:

【请】①请求。

【求】①请求。

依据词典义我们提取语义要素并表达成结构式,分别为:

请:[＝请求]

求：[=请求]

由词典释义及结构式都可以看出"请1""求1"与"请求"并无任何差别，而且它们也确实能在相同句法环境中互相替换，如：

a. 我<u>请求</u>小王帮我个忙。

b. 我<u>请</u>小王帮我个忙。

c. 我<u>求</u>小王帮我个忙。

因此，"请1""求1"是"请求"的形位变体，它们的语义基元结构式同为：

请求|请1|求1［动作/行为＋希望满足/实现＋意愿＋说1（话）］

三者的关系图（图3-9）可表示为：

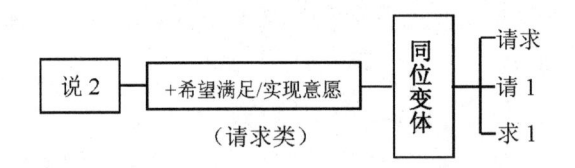

图3-9 "请求"的同位变体关系图

(二)"请求"的下位变体

"请求"的下位变体是在"请求"义上另外凸显其他附属义征或改变语义基元范围的一系列动词，有：要求、恳求、恳请、央求、求告、央告、乞求、祈求、哀求、哀告、呼吁、吁请、吁求，共13个。按照附属义征的所指不同主要是方式与态度的不同，又分为三小类：

1. 态度真诚、恳切的：恳请、恳求、央求

如：a. 参议院议长谢辛、政府首相洪森和他本人将要求前往北京觐见国王，<u>恳请/恳求</u>他不要退位。

b. 我再三<u>央求</u>，他才答应试试看。

语义基元结构式为：［动作/行为＋希望满足/实现＋提出意愿＋态度恳切］

(1) 在"恳求"义上再凸显方式属性［＋呼喊］的：吁请、吁求、呼吁

如：我们有必要<u>吁请/吁求/呼吁</u>社会各界都来关心和赞助高校历史系的建设。

语义基元结构式为：[动作/行为+希望满足/实现+提出意愿+呼喊方式+态度恳切]

（2）在"恳求"义上再凸显言语内容属性[+提出希望]的：祈求

如：人们抬着猪羊到祠庙中祭祖，祈求人畜平安。

2. 态度谦卑的：乞求

如：侵华日军总司令冈村宁次大将的副总参谋长今井武夫少将，飞抵湖南芷江，向中国政府乞求投降。

语义基元结构式为：[动作/行为+希望满足/实现+意愿+说1（话）+态度谦卑]

（1）在"乞求"义上再凸显语气属性[+悲哀]的：哀求

如：两名说英语的外国人死前哭喊着哀求绑匪不要杀他们。

语义基元结构式为：[动作/行为+希望满足/实现+意愿+说1（话）+语气悲哀+态度谦卑]

（2）在"乞求"义上再凸显言语内容属性[+帮助/宽恕]的：央告、求告

如：a. 在同去的人一再央告下，医生才动手给高占祥治疗。

b. 班主任又冒盛夏酷暑，一次次去房管部门，为小杨的住房奔走求告，到底感动了房管所的工作人员，破例给小杨分配了一个朝南的小间。

语义基元结构式为：[动作/行为+希望帮助/宽恕+意愿+说1（话）+语气悲哀+态度谦卑]

（3）在"求告"义上再凸显情感属性[+痛苦]的：哀告

如："别打，别，我不要带瓜子了！"那姑娘慌了，可怜巴巴地哀告起来。

语义基元结构式为：[动作/行为+希望帮助/宽恕+意愿+说1（话）+语气悲哀+态度谦卑+情感痛苦]

3. 态度较坚定的：要求

如：贺龙了解到党中央坚决搞武装斗争，走武装夺取权的道路后，主动要求到湘鄂川黔一带搞武装暴动。

语义基元结构式为：[动作/行为+希望满足/实现+意愿+说1（话）+态度坚定]

下位变体关系图（图3-10）可表示为：

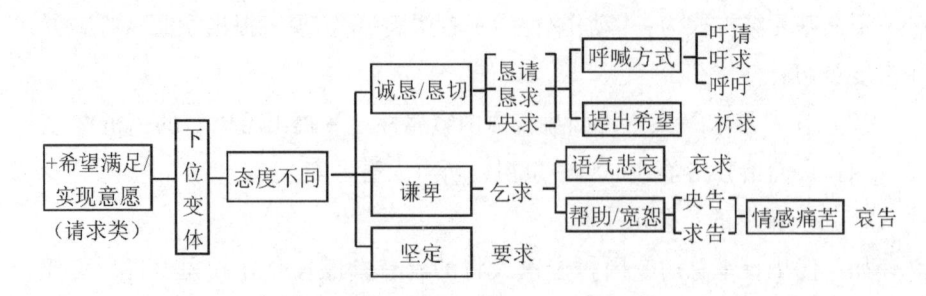

图 3-10　"请求"下位变体关系图

二、劝告类词群及基元结构

劝告类言说动词是以原型词——"劝告"为代表的一系列同义词的集合。它是"说2"的祈行变体的另一表现形式，侧重要求或者希望别人做正确的事、改正不对的行为。"劝告"的词典释义为：

【劝告】①拿道理说服人，使人改正错误或接受意见：再三~。

若依据词典释义，"劝告"的语义要素可提取为：[+说（话）] [+道理] [+使改正错误/接受意见]，其结构式为：[动作/行为+使改正错误/接受意见+道理+说（话）]，语义内容从右到左解读为：说（道理）使改正错误或接受意见的动作行为即为"劝告"。

但我们观察发现词典义中提取的[+道理]要素并不是十分准确，如果换成"情理"则更贴近语言事实，如：

a. 气象部门提醒市民注意防范泥石流和塌方事故，并<u>劝告</u>到山地野营的市民尽快撤离到安全地带。（使接受意见）

b. 但在这段前往波特兰的路上，她扭伤了脚踝，但她还是坚持训练。医生<u>劝告</u>她必须立刻中止跑步，否则会造成永久伤害。（使改正错误）

c. 小说的女主人翁爱迪丝·霍普是个作家，朋友<u>劝告</u>她到瑞士的一个湖边旅社去度假，为的是换换环境，摆脱她生活中一段不愉快的经历。（使接受意见）

d. （妻子）安娜哀求、<u>劝告</u>他不要赌下去，可是陀氏无法摆脱嗜赌的冲动，又走进赌场，两三个小时后，就把那笔钱输掉了，只好再典当衣物。（使改正错误）

例 a 和例 b 中主事分别是专业部门——"气象部门"和专业人士——

"医生",他们所说的也就是专业的意见、道理,话语内容是客观事实、科学规律,理由充分、可信;例c、d主事不是非专业的人,而是"朋友"或"妻子",她们的话自然就不是什么客观事实或科学规律,但是是对客事包含感情的、关切的话语内容,属人之常情,因此"劝告"的内容应该是"事情的一般道理"与"人之常情"的结合即"情理"①。那么,劝告类言说动词的主要语义特征应是[＋情理][＋使改正错误/接受意见],语义基元结构式重新表达为:

劝告1:[动作/行为＋使改正错误/接受意见＋情理＋说1(话)]

语义内容从右到左解读为:说1(情理)使改正错误或接受意见的动作行为即为"劝告"。

属于此类的言说动词有:劝1、劝告1、劝阻、劝说、奉劝、规劝、敦劝、忠告1、进言、谏诤〈书〉、说服、游说、劝解、开解、劝慰,共15个。

(一)"劝告"的同位变体

"劝告"的同位变体都是与其有相同的语义基元结构式、只词语形式表现不同的动词,有:劝1、劝说,共2个。词典释义如下:

【劝】①拿道理说服人,使人听从。

【劝说】劝人做某种事情或使对某种事情表示同意。

"劝说"释义中使人"做某事或表示同意"都是"使人听从"的意思,按照词典义我们提取两者语义要素并表达成结构式为:

劝1:[动作/行为＋使听从＋道理＋说1(话)]

劝说:[＝劝1]

除了语义要素"道理"应该同理换成"情理"之外,"使听从"的语义要素也同样包含于"使改正错误/接受意见"的语义要素中,并且"劝1""劝说"与"劝告1"在相同句法环境下也可互相替换,例如:

a. 文官武将都表示反对,连他的弟弟苻融和他宠爱的张夫人都<u>劝告/劝/劝说</u>他不要出兵。(用"人之情"使接受"不出兵"的意见)

b. 但在这段前往波特兰的路上,她扭伤了脚踝,但她还是坚持训练。医

---

① 《现代汉语词典》(第5版)中对"情理"的释义为:人的常情和事情的一般道理:不近~|~难容|话很合乎~。

生劝告/劝/劝说她必须立刻中止跑步，否则会造成永久伤害。（用专业意见、道理使改正"继续跑步训练"的错误）

因此，"劝1""劝说"是"劝告1"的形位变体，与"劝告"的语义基元结构式同为：

劝告｜劝1｜劝说［动作/行为 + 使改正错误/接受意见 + 情理 + 说1（话）］

同位变体关系图（图3–11）可表示为：

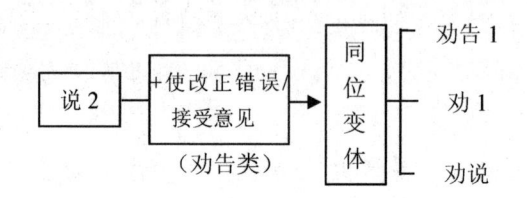

图3–11 "劝告"的同位变体关系图

（二）"劝告"的下位变体

"劝告"的下位变体是在"劝告"义上另外凸显其他附属义征或改变语义基元范围的一系列动词，有：劝阻、规劝、奉劝、敦劝、忠告1、进言、谏诤（书）、说服、游说、劝解、开解、劝慰，共12个①。按照附属义征的所指不同，又分为五小类：

1. 带"劝告"动作行为发出者态度的变体同义词

（1）态度是郑重的：规劝

如：在会上，她历数赌博给国家、社会、家庭、个人造成的危害，耐心规劝赌博者，用政策感化、温暖、开导他们的心灵。

语义基元结构式为：［动作/行为 + 使改正错误/接受意见 + 情理 + 说1（话）+ 态度郑重］

（2）态度是诚恳的：敦劝、忠告1

如：a. 吴晗非常敬仰沈从文，关心他的政治生命，曾多次敦劝沈从文参加民盟组织，但都被沈婉言谢绝了。

---

① 与"劝告"义相关的诸如"劝诫""劝诱"等是"劝说和警告""劝说和诱惑"的结合体，属于语义交叉变体类型，详见第六章相应部分。

b. 尽管中国技术人员一再忠告，外商还是采用不适当的施工方法导致了塌方事件。

语义基元结构式为：［动作/行为 + 使改正错误/接受意见 + 情理 + 说1（话） + 态度诚恳］

2. 带"劝告"动作行为发出者语气、口吻的变体同义词：

这类只有一个：奉劝，即恭敬而客气地劝告。

如：我们要奉劝这些组织者，办事还是依法办才比较稳妥。

语义基元结构式为：［动作/行为 + 使改正错误/接受意见 + 情理 + 说1（话） + 恭敬∧客气］

3. "劝告"动作行为的意图范围缩小的变体同义词

（1）意图阻止别人做某事的：劝阻

如：当公共场所真的出现一名抽烟者时，周围大多数人一般都不会主动劝阻。

语义基元结构式为：［动作/行为 + 使停止做某事 + 情理 + 说1（话）］

（2）意图解开他人心结、烦恼、忧愁的：劝解、开解

如：a. 2003年12月17日，在女警官们的多次劝解下，徐国华的儿子放下了心头的疙瘩，带着女朋友到监狱来探望父亲。

b. 我固然不须他做伴，我有的烦忧亦非他的能力所能开解。

语义基元结构式为：［动作/行为 + 解开心结/烦忧 + 情理 + 说1（话）］

（3）意图安慰他人（痛苦、不安等）的：劝慰

如：我给他发去一封语重心长的信，劝慰他不论遇到什么困难也要振作起来。

语义基元结构式为：［动作/行为 + 安慰鼓励 + 情理 + 说1（话）］

（4）意图让他人信服的：说服

如：只是这么几句话，没有理论和事实依据根本说服不了人。

语义基元结构式为：［动作/行为 + 使信服 + 情理 + 说1（话）］

4. 体现"劝告"的对象不同的变体同义词：

这一类有两个：进言、谏诤，后者是前者的书面语形式，都是下级或晚辈对上级或长辈进行"劝告"。

如：a. 据说，有专家已向政府进言，希望政府好好抓住这个机会，向公

众表明自己抑制通货膨胀的决心。

b. 儒家认为，父母有过应当<u>谏诤</u>，但要注意态度，不可强违父母之意。

语义基元结构式为：［动作/行为＋使改正错误/接受意见＋客事（上级/长辈）＋情理＋说1（话）＋主事（下级/晚辈）］

5. 体现"劝告"动作行为发出者方式的变体同义词：

只有一个：游说，即四处、到处地去"劝说"。

如：沙龙为拆除犹太人定居点计划四处<u>游说</u>。

语义基元结构式为：［动作/行为＋使改正错误/接受意见＋情理＋说1（话）＋四处/到处］

下位变体关系图（图3－12）可表示为：

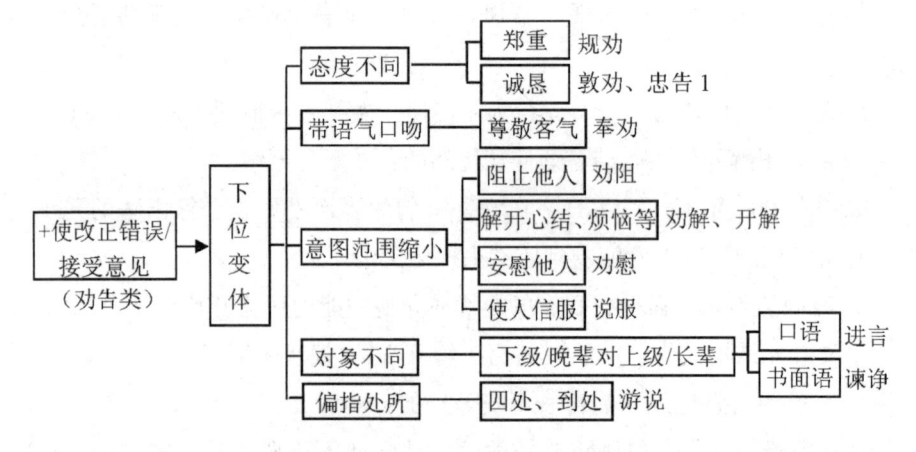

```
                        ┌─ 郑重      规劝
            ┌─ 态度不同 ─┤
            │           └─ 诚恳      敦劝、忠告1
            │
            ├─ 带语气口吻 ─ 尊敬客气   奉劝
            │
+使改正错误/  │           ┌─ 阻止他人      劝阻
接受意见  ─ 下位 ┤        ├─ 解开心结、烦恼等  劝解、开解
（劝告类）  变体 ├─ 意图范围缩小 ┤
            │           ├─ 安慰他人      劝慰
            │           └─ 使人信服      说服
            │                              ┌─ 口语    进言
            ├─ 对象不同 ─ 下级/晚辈对上级/长辈 ┤
            │                              └─ 书面语  谏诤
            └─ 偏指处所 ─ 四处、到处    游说
```

图3－12　"劝告"下位变体关系图

三、召唤类词群及基元结构

召唤类言说动词是以原型词——"召唤"为代表的一系列同义词的集合。它是"说2"的祈行变体的另一表现形式，侧重通过言语来叫人来或有所响应。"召唤"的词典释义为：

【召唤】叫人到来（多用于抽象方面）。

若依据词典释义，"召唤"的语义要素提取为：［＋说1话（叫）］［＋使人来］［＋抽象］，结构式为：［动作/行为＋使人来＋说1话（叫）＋多抽象］，语义内容从右到左解读为：多抽象上的、说1话〈叫〉人来的动作行为

84

即为"召唤"。

在第二章第五节中我们已经分析过"叫"是"大声地说"即"说1话"的自身变体形式，语言事实中也有例子表明是通过叫声来达到让人来的目的的，如：

a. 罗浩露出满脸的痛苦和绝望！突然，他不顾一切地抬高声音召唤："来，来！"

b. 这时，小个子军官大声地吼叫起来，城下的弓箭手听到召唤声，一齐跑上城来。

但是有时候不是用叫声而是用称呼、称谓来使人来的，试比较：

c. "哎！那个谁，你来一下！"他召唤道。

"小王，你来一下。"他召唤道。

前一句是用叫声"哎"来叫人，后一句是用称呼"小王"来叫人，两种方式均可。再者，除了真实的叫声之外，更多的是抽象意义上的"说1话（叫）"，其表现方式也是多种多样的。有的是借助工具，如电话：

d. 省长叶连松的一通电话又把他召唤到办公室来了。

有的是抽象事物本身，即本没有发声器官的事物"临时"具有了人发声、思考的功能，如祖国、组织、未来等，如：

e. 青年朋友们、同学们！二十一世纪在召唤你们，几代人梦寐以求的民族振兴的美好愿望，将通过你们这一代的继续努力奋斗得以实现。

另外，我们还可以观察出，"召唤"也并非绝对是叫人来，也可以是使人响应、顺应而做某事，比如例 e 中"世纪的召唤"是为了让我们这一代"奋斗实现民族振兴的愿望"，这与"叫人来"完全不同，当然"叫人来"也应该算是"响应"的情况之一。因此召唤类言说动词的主要语义特征是 [+使人来/响应] [+叫声/称呼]，其语义基元结构式重新表达为：

召唤1 [动作/行为 + 使人来/响应 + 叫声/称呼 + 说1（话）]_[多抽象]①

语义内容从右到左重新解读为：说1（叫声/称呼）使人来或响应的动作行为即为"召唤"。

属于此类的言说动词有：召唤、呼唤、唤、招呼1、叫2、叫3、唤醒、

---

① 这里用下标 [多抽象] 来表示该词在抽象范畴运用比较广。

号召，共7个。

（一）"召唤"的同位变体

"召唤"的同位变体都是与其有相同的语义基元结构式、只词语形式表现不同的动词，有：呼唤、唤、叫2，共3个。词典释义如下：

【呼唤】召唤。①

【唤】发出大声，使对方注意或随声而来。

【叫】②呼唤。

按照词典义我们提取语义要素并表达成结构式为：

呼唤：［=召唤］

唤：　［动作/行为＋使觉醒/注意/来＋叫（发出大声）］

叫2：　［=呼唤］

虽然"唤"的结构式与"召唤""呼唤""叫2"有点差异，但"使注意"也应属"响应"的一种，且在相同句法环境中均可互相替换，无论是抽象范畴还是非抽象范畴，如：

a. 远远的我就听见了妈妈在召唤/呼唤/唤/叫我的声音。

b. 我听见，那是祖国在召唤/呼唤/唤/叫我们归来！我们也多么希望能早点进入祖国母亲的怀抱！

因此，"呼唤""唤""叫2"作为"召唤"的形位变体，与"召唤"的语义基元结构式同为：

召唤｜呼唤｜唤｜叫2［动作/行为＋使人来/响应＋叫声/称呼＋说1（话）］[多抽象]

同位变体关系图（图3-13）可表示为：

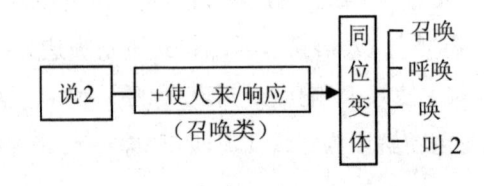

图3-13　"召唤"的同位变体关系图

---

① 该词条来源处：《现代汉语分类大词典》，上海辞书出版社2007年版，第522页。

（二）"召唤"的下位变体

"召唤"的下位变体是在"召唤"义上另外凸显其他附属义征或改变语义基元范围的一系列动词，有：招呼1、叫3、唤醒、号召，共4个。按照附属义征的所指不同，又分为两小类：

1. "召唤"动作行为的意图范围缩小的变体同义词

（1）专指让人来或使注意（"响应"的另一种）的：招呼1、叫3

如：a. 那边有人<u>招呼/叫</u>你过去呢。

b. 怎么回事？都<u>招呼/叫</u>你半天了，一点反应也没有！

语义基元结构式为：［动作/行为 + 使人来/注意 + 叫声/称呼 + 说1（话）］

（2）专指让人醒来（包括身体和思想）的：唤醒

如：a. 我再次把药汁加热，跪在床头轻轻<u>唤醒</u>了母亲，用小勺把药汁一勺一勺地送进母亲嘴里。（使身体醒来）

b. 是什么<u>唤醒</u>了农民愚昧的"自觉性"和"动力"呢？（使思想醒来）

语义基元结构式为：［动作/行为 + 使人醒来 + 叫声/称呼 + 说1（话）］

2. "召唤"动作行为的对象面扩大的变体同义词

即用于召唤群众而非个人，只有一个：号召。

如：湖北枝江白莲教首领聂杰人、张正谟等以"官逼民反"<u>号召</u>荆州地区两万民众举行起义。

语义基元结构式为：［动作/行为 + 使人（群众）来/注意 + 叫声/称呼 + 说1（话）］

下位变体关系图（图3-14）可表示为：

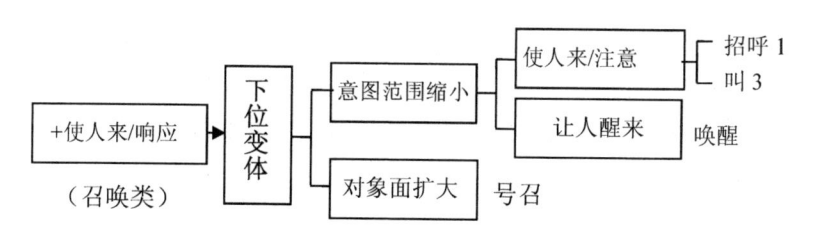

图3-14　"召唤"下位变体关系图

四、命令类词群及基元结构

命令类言说动词是以原型词——"命令"为代表的一系列同义词的集合。它是"说2"的祈行变体的另一表现形式,侧重通过强制性的言语内容使人做或不做某事。"命令"的词典释义为:

【命令】①上级对下级有所指示:连长~一排担任警戒。

若依据词典释义,"命令"的语义要素提取为:[＋主事(上级)][＋客事(下级)][＋指示],结构式为:[动作/行为＋客事(下级)＋指示＋说1(话)＋主事(上级)],语义内容从右到左解读为:主事(上级)说1(指示)给客事(下级)的动作行为即为"命令"。

但我们观察发现,"命令"的词典释义不太符合语言事实:一是主事与客事的关系并非一定是上级对下级的指示,也可以是长辈对晚辈,或是临时形成的"强迫者"与"被强迫者"的关系,如:

a. 中国父母都命令孩子放学后学这学那——音乐、绘画、跳舞。(父母与孩子的关系——长辈对晚辈有所"命令")

b. 两辆当地救护车也遭到拦截,美军士兵举枪命令司机下车,并用军犬检查救护车,随后命令司机原路返回。(士兵与司机的"临时"关系——强迫者对被强迫者有所"命令")

二是"命令"言语内容不限于"指示"①,而是开放性的,包括比如例1中的"学习音乐、绘画、舞蹈"的要求,或是例2中的"下车""原路返回"的要求等,最关键的是没有提取出"强制性"的义征,即只要主事表达强制性的要求即可谓之"命令",如:

c. 妈妈对孩子说:"不许在地上爬来爬去!"

可改为:妈妈命令孩子不要在地上爬来爬去。

d. 管理者对摘花者说:"这里禁止摘花,违者罚款100元。"

可改为:管理者命令摘花者不要摘花,否则罚款100元。

e. 他顿时愤怒了,对我说道:"今天你去也得去,不去也得去!"

---

① "指示":②上级对下级或长辈对晚辈说明处理某个问题的原则和方法;③指示下级或晚辈的话或文字。《现代汉语词典》(第五版),商务印书馆2005年版。

可改为：他愤怒地命令我无论如何今天都得去。

而这一重要义征在原词典释义中并没有很好地体现出来。那么，在"强制性的要求"之下，客事只能做或不做某事，我们可以归纳为［＋使遵从］的语义特征。

因此命令类言说动词的主要语义特征就是两个：［＋强制性要求］［＋使遵从］，其语义基元结构式重新表达为：

命令：［动作/行为＋使遵从＋强制性要求＋说1（话）］

语义内容从右到左重新解读为：说1（强制性要求）使他人遵从的动作行为即为"命令"。

属于此类的言说动词有：命令、命1、吩咐2、使唤、招呼3、催1、催促，共7个。

（一）"命令"的同位变体

"命令"的同位变体都是与其有相同的语义基元结构式、只词语形式表现不同的动词，只有1个：命1。词典释义如下：

【命】①命令；指派。

按照词典释义提取语义要素并表达成结构式为：

命1：［＝命令］∨［＝指派］

"指派"是被点名指定人选到某地做某事，实则也是"命令"的一种表现，加之"命1"与"命令"在相同句法环境下也可互相替换，如：

后来医院发来了女儿病危通知书，厂长命令/命他马上去医院。

那么，"命令"与其形位变体"命1"的语义基元结构式同为：

命令｜命1［动作/行为＋使遵从＋强制性要求＋说1（话）］

同位变体关系图（图3－15）可表示为：

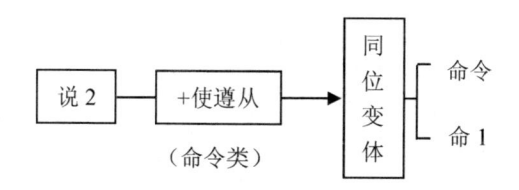

图3－15　"命令"的同位变体关系图

（二）"命令"的下位变体

"命令"的下位变体是在"命令"义上另外凸显其他附属义征或改变语义基元范围的一系列动词，有：吩咐2、使唤、招呼3、催1、催促，共5个。按照附属义征的所指不同，又分为三小类：

1. "命令"的动作行为发出的方式变体同义词

这类主要是强调借助口头形式来完成的：吩咐2、招呼3。

如：a. 我无可奈何，只得忍辱负重，一面接受了史、罗的命令，一面找戴师长<u>吩咐</u>："除先开一团外，其余等我从梅苗回来再决定行动。"

b. 毛主席<u>招呼</u>警卫兵赶紧给他准备午饭。

语义基元结构式为：[动作/行为＋使遵从＋强制性要求＋说1（话）＋口头形式]

2. "命令"的动作行为发出频率次数（多次、反复）的变体同义词

这类有：催1、催促。

如：图书馆多次来信<u>催/催促</u>他还书，否则将取消他的阅读资格。

语义基元结构式为：[动作/行为＋使遵从＋强制性要求＋说1（话）＋多次/反复]

3. "命令"的动作行为发出对象是下级、晚辈或身份卑贱的变体同义词

这类只有一个：使唤。

如：记得小的时候，婶婶或堂兄嫂嫂都习惯把我当"佣人"<u>使唤</u>，她们一洗衣裳，不是叫我抱孩子，就是让我招呼小工去担水。

语义基元结构式为：[动作/行为＋使遵从＋客事（下级/晚辈/卑微者）＋强制性要求＋说1（话）]

下位变体关系图（图3-16）可表示为：

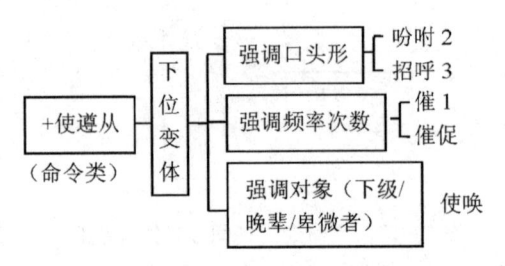

图3-16 "命令"的下位变体关系图

五、警告类词群及基元结构

警告类言说动词是以原型词——"警告"为代表的一系列同义词的集合。它是"说2"的祈行变体的另一表现形式,侧重通过言语来提醒人注意、提高警惕。"警告"的词典释义为:

【警告】①提醒,使警惕。

②对有错误或不正当行为的个人、团体、国家提出告诫,使认识所应负的责任。

"警告"的词典释义义项代表了其使用的两种情况:一是当危险或错误有快出现的迹象时,通过"警告"而使人注意、警觉,以便避免危险或错误的发生,如:

a. 扁鹊又来劝蔡桓公时,<u>警告</u>他病已入胃肠,相当危险,如果不赶快抓紧治疗则性命堪忧。

另一种情况是当他人已经犯下错误或有不当的行为后,通过"警告"使人注意、警醒,以免错误、过失等再次发生,如:

b. 盛岸派出所决定给予邓斌具结悔过处理,<u>警告</u>她以后不许再犯,邓斌作了保证回家去了。

但无论是哪种情况下,"警告"所起到的"祈使"作用都是相同的,即通过警示的话来达到提醒、注意的目的。值得一提的是,"警告""劝告""命令"在意图阻止他人做某事上都可以使用,如:

c. 她<u>警告</u>我说:"你不许再离家出走了!"(言外之意:否则我再也不理你了。)

d. 他<u>劝告</u>我说:"你别再离家出走了。"(言外之意:否则爸爸妈妈会伤心的。)

e. 他<u>命令</u>我说:"你不许再离家出走了。"(言外之意:你必须听我的。)

但比较例 c 与例 d 可以看出,"警告"与"劝告"的最大区别在于主事的态度是"严肃认真"的,语气也是"严厉"的,相应告知的内容不再是"动之以情,晓之以理",而是带命令式的、不容质疑的要求;而"警告"与"命令"的语气虽然都是强制性不容反抗的,但两者要求达到的祈使效果是完全不同的:前者是提醒不可再做,后者是完全阻止,毫无商量余地,这从例 c

和例 e 句中可以看出。

因此警告类言说动词的主要语义特征是［＋严肃/认真］［＋提醒/使注意］［＋说1（警示的话）］，其语义基元结构表达式为：

警告：［动作/行为＋提醒/使注意＋说1（警示的话）＋严肃/认真］

语义内容从右到左解读为：严肃认真地说1（警示的话）提醒、使注意的动作行为即为"警告"。

属于此类的言说动词有：警告、正告2，共2个。

（一）"警告"的同位变体

"警告"没有其他的同位变体。①

（二）"警告"的下位变体

"警告"的下位变体是在"警告"义上另外凸显其他附属义征的动词，只有1个：正告2，即凸显"警告"动作行为发出者态度的变体同义词。

如：越军气焰十分嚣张，无视我正告，挑衅行为逐步升级，并首先向我开枪。②

语义基元结构式为：［动作/行为＋提醒/使注意＋说1（警示的话）＋严肃/认真∧端正］

下位变体关系图（图3－17）：

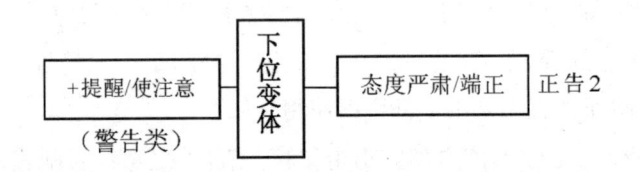

```
+提醒/使注意 ── 下位变体 ── 态度严肃/端正 ── 正告2
  （警告类）
```

图 3－17　"警告"的下位变体关系图

---

① 与"警告"义相关的诸如"警戒""告诫""申饬"等是"警告和劝诫的"结合体，属于语义交叉变体类型，详见第六章相应部分。

② 语料来源：国家语委现代汉语通用平衡语料库（www.cncorpus.org）。

第四节 "说2"的祈言变体
——询疑类词群及基元结构

询疑类词群是一类通过提问的方式,力图使客事回答出主事想要的答案、结果的一系列言说动词,它也具有"使役性":"语言中的'提问'同祈使一样也是在向对方求取,但它求取的是信息,只需要听话人语言的反馈,而'祈使'却需要听话人行为上的反馈。……简单说,前者在于'祈言',后者在于'祈行'。"[①] 也就是说与祈行变体不同的是,询疑类词群的"使役性"体现在要求或希望他人做的事不是通过肢体动作而是通过言语活动来完成反馈。依据"祈"的言语内容的不同,具体又可分为四种情况,如表3-2所示:一是内容是一般性疑问的:一般问类词群;二是内容是关于他人安好状况的:慰问类词群;三是内容是消息、情况的:打听类词群;四是内容是事实真相的:盘问类。

表3-2 语义分类及举例

语义分类项目		词语举例
一般问类	不涉及主客事关系	问1、质疑、发问、咨询1……
	主客事关系:多低对高	请问、请教、求教……
	主客事关系:多高对低	询问1、征询、咨询1……
慰问类		慰问、问2、问候、问好、探问2
探问类		打听、打探、刺探、寻问、询问2……
盘问类		盘问、查问2、问3、套问、审问……

一、一般问类词群及基元结构

(一)一般问类言说动词的意义

一般问类言说动词是以原型词——"问1"为代表的一系列同义词的集

---

① 李圃:《现代汉语功能祈使句研究》,武汉大学博士学位论文,2009年,第29页。

合。它是"说2"的祈言变体的最基本形式,侧重通过提问题的方式来求得客事的回答及解释,一般是关于事情或道理的开放性问题。"问1"的词典释义为:

【问】①有不知道或不明白的事情或道理请人解答。

若依据词典释义,"问1"的语义基元提取为:[＋不知/不明的事理][＋解答],结构式为:[动作/行为＋不知/不明的事理＋请求解答],语义内容从右到左解读为:请求解答不知道或不明的事理的动作行为即为"问1"。这与语言事实吻合,如:

a. "这道题我不知道怎么做,你能帮帮我吗?"她小心翼翼地<u>问</u>道。

b. 他一回来就<u>问</u>妈妈:"爸怎么今天没去看我踢球呢?"

例 a 是不明白"问题"因而提问请求解答,例 b 是不知道"爸爸"未去其看踢球的原因而提问请求回答,前者是不明的"理",后者是不知的"事"。

但我们也观察发现,同是表"请人解答"的含义,有些言说动词本身就会反映出必要的主客事之间关系,而且相应的"祈求获知"的言语内容也会有所限制,一般来说有两种情况:

一是主事作为"低位者"向客事"高位者"问问题,① 如:

c. 生活中时常会遇到各种困难,面对困难不要害怕,要多向父母或老师<u>请教</u>。

d. 于是他利用业余时间,研究了大量医学资料,并虚心向一位地方名医<u>请教</u>,两人合作,历经 3 年,终于研制出专治股骨头坏死的新药。

e. 诸葛亮看到刘备这样虚心<u>请教</u>,也就推心置腹地跟刘备谈了自己的看法。

在例 c 中,客事"父母/老师"是"高位者",因为他们比主事人生经验更丰富;例 d 中客事"名医"是"高位者",因为比主事"他"在医学方面懂得更多;例 e 中尽管主事"刘备"在地位上高于客事"诸葛亮",但就请教问题上"刘备"临时居于了"低位","诸葛亮"上升为"高位"。像这样的

---

① 这里的"低位""高位"是一个笼统的概念,不单指人身份、地位的高低,也指人在某一方面或某一特定时刻处于较低下或较高的位置、阶段、程度等。

言说动词还有：请问、求教、讨教等。

另一情况是主事作为高位者向客事低位者问问题，并且请求回答的是意见、建议等特指内容，如：

f. 2003 年 12 月，广州市人大举办了全国首次监督听证会，直接、公开<u>征询民意</u>，以此作为立法决策、改进政府工作的社会信息依据。

g. 耶律楚材 24 岁时出任金朝地方官，归顺蒙古汗国以后，每当有重大决策，成吉思汗都要向他<u>咨询</u>，很得成吉思汗的信任。

例 f 中主事"广州市人大"地位较之客事"民众"较高，向民众问意见则为"征询"；例 g 中主事"成吉思汗"地位高于客事"耶律楚材"，向耶律楚材问"决策意见"则为"咨询"。像这样的言说动词还有：询问 1 等。

这两种情况都表现了主事对客事的尊重，都可看作"问 1"的下位变体来进行讨论。

总之，一般问类言说动词的主要语义特征是［+求解］，语义基元结构式为：

问 1：［动作/行为 + 求解 + 问题（不知/不明的事理） + 说 1（话）］

语义内容从右到左解读为：说 1 问题（不知/不明的事理）求解的动作行为即为"问 1"。

属于此类的言说动词有：问 1、质疑、质询、质问、责问、发问、自问、反问、询问 1、征询、咨询、请问、请教、求教、讨教，共 15 个。

（二）"问 1"的同位变体

"问 1"的同位变体是与其有着相同的语义基元结构式、只词语形式表现不同的一系列动词，有：质疑、发问、询问、质询，共 4 个。词典释义为：

【质疑】提出疑问。

【发问】口头提出问题。

【询问】①提出疑问。

【质询】质疑询问。

按照词典义我们提取语义要素并表达成结构式，分别为：

质疑：［动作/行为 + 提问］

发问：［动作/行为 + 提问 + 口头］

询问 1：［= 质疑］

质询：[＝质疑]∧[＝询问]

"提问"就是提出问题求得解答，问题就是不知或不明的事情、道理等，因而"质疑""发问""询问1""质询"的内涵义与"问1"相同，只是"质疑""询问1""质询"是"问1"的书面变体，"发问"是"问1"的口语变体。即三者的语义基元结构式分别为：

质疑｜询问1｜质询［动作/行为＋求解＋问题（不知/不明的事理）＋说1（话）＋书面］

发问［动作/行为＋求解＋问题（不知/不明的事理）＋说1（话）＋口头］

同位变体关系图（图3-18）可表示为：

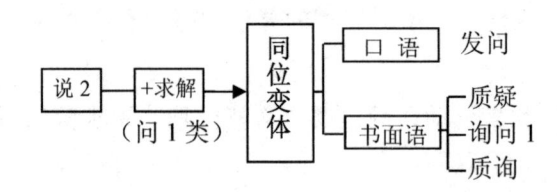

图3-18 "问1"的同位变体关系图

（三）"问1"的下位变体

"问1"的下位变体是在"问1"义上另外凸显其他附属义征或改变语义基元范围的一系列动词，有：质问、责问、自问、反问、询问2、征询、咨询、请问、请教、求教、讨教，共11个。依据分析及观察又可将其分为两类：

1. 凸显"问"的动作行为涉及的主事态度是谦逊的变体同义词

（1）主事作为"低位者"向客事"高位者"问：请问、请教、求教、讨教

如：但凡有不懂之事，都需虚心向有能力者<u>请问/请教/求教/讨教</u>。

语义基元结构式为：［动作/行为＋求解＋问题（不知/不明的事理）＋说1（话）＋谦逊＋主事（低位者）］

（2）主事作为高位者向客事低位者问：询问2、征询、咨询1

如：在反复<u>征询/询问/咨询</u>全体员工对公司的意见和建议之后，经理龚曼群果断地提出了"海纺"1991年的奋斗目标。

语义基元结构式为：［动作/行为＋求解＋问题（不知/不明的事理）＋说1（话）＋谦逊＋主事（高位者）］

2. 凸显"问"的动作行为涉及的主事情感及语气的变体同义词

这类有两个：质问、责问，表现主事负面不悦的情感和严厉的语气。

如：连山<u>责问/质问</u>他上哪儿去了？为什么不说一声呢？让人以为出了什么大事。

语义基元结构式为：［动作/行为＋求解＋问题（不知/不明的事理）＋说1（话）＋语气严厉＋态度生气］

3. "问"的动作行为的对象不同的变体同义词

（1）对象是主事自己的：自问

如：他经常说，不要问社会能为你做什么，而要<u>自问</u>你能为社会贡献什么。

语义基元结构式为：［动作/行为＋求解＋问题（不知/不明的事理）＋说1（话）＋向自己］

（2）对象是对提问者：反问

如：我等他把所有的问题都提完了，<u>反问</u>他一句："你说这些问题该怎么解决呢？"

语义基元结构式为：［动作/行为＋求解＋问题（不知/不明的事理）＋说1（话）＋向提问者］

下位变体关系图（图3-19）可表示为：

二、慰问类词群及基元结构

（一）慰问类言说动词的意义

慰问类言说动词是以原型词——"问2"为代表的一系列同义词的集合。它是"说2"的祈言变体的另一表现形式，它与"问1"的同异在于虽也通过提问题的方式来求得客事的回答及解释，但主事提问者不是真的为了从客事那里得到诸如解决方案、意见等，而是表示一种关心、关切之情。"问2"的词典释义为：

【问】②为表示关切而询问，慰问。

若依据词典释义，"问2"提取的语义要素为：［＋表关切］［＋询问］

言说词概念语义分析与挖掘 >>>

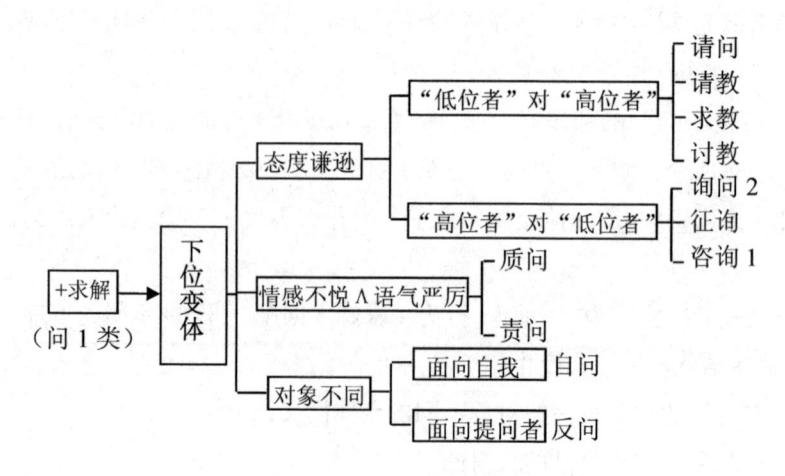

图 3-19　"问1"的下位变体关系图

[+慰问]，结构式为：[动作/行为+慰问/询问+关切]，语义内容从右到左解读为：关切询问或慰问的动作行为即为"问2"。这与事实语言相吻合，如：

总理亲切地<u>问</u>灾民的生活怎么样，有没有什么困难，并鼓励他们坚强面对，重建家园。

例句中主事"总理"关切地问客事"灾民"的生活，意在表达问候之情，而"问2"也可以用"慰问"来替换，因此"慰问"也属于此类词群，把它作为语义结构式中的语义要素并不十分妥当，慰问类言说动词的主要语义特征应是[+询问安好]，故"问2"语义基元结构式重新表达为：

问2：[动作/行为+安好+询问+关切]

语义内容从右到左解读为：关切地询问安好（问候）的动作行为即"问2"。

属于此类的言说动词有：问2、慰问、问候、问好、探问2，共5个。

（二）"问2"的同位变体

"问2"的同位变体是与其有着相同的语义基元结构式、只词语形式表现不同的一系列动词，有：慰问、问候、问好、探问2，共4个。词典释义如下：

【慰问】（用话或物品）安慰问候。

【问好】询问安好，表示关切。

98

【问候】问好。

【探问2】②探望，问候：~病友。

按照词典释义，我们可以知道四者与"问2"同表"问候"之义，在相同句法环境下也可互换，如：

得知她出车祸后，领导和同事们都组织去看她，<u>慰问/探问</u>她。

得知她出车祸后，领导和同事们都组织去看她，<u>问候她/向她问好</u>。①

综上可知，"问2"与其形位变体"慰问""问候""问好""探问2"的语义基元结构式同为：

问2｜慰问｜问候｜问好｜探问2［动作/行为＋安好＋问1/问候＋关切］

同位变体关系图（图3-20）可表示为：

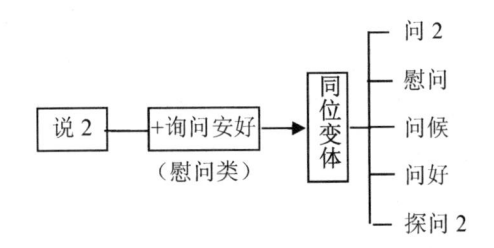

图3-20 "慰问"的同位变体关系图

（三）"问2"的下位变体

"问2"没有其他的下位变体。

三、探问类词群及基元结构

（一）探问类言说动词的意义

探问类言说动词是以原型词——"探问1"为代表的一系列同义词的集合。它是"说2"的祈言变体的另一表现形式，它与"问1"的同异在于虽也通过提问题的方式来求得客事的回答及解释，但主事提问者想要知道的不是事情或道理，而是消息、下落、情况等。"探问1"的词典释义为：

---

① 这里例句中不能完全替换是属句法结构搭配问题，不是语义本身的差异，如"向…问好"是较固定的搭配，而且"问好"是不及物动词不可接宾语"她"。下文中若有类似情况出现，不再另行注解。

【探问】①试探着询问（消息、情况、意图等）。

若依据词典释义，"探问"提取的语义要素为：[＋试探][＋询问][＋消息/情况/意图]，结构式为：[动作/行为＋消息/情况/意图＋询问＋试探]，语义内容从右到左解读为：试探方式询问消息、情况、意图的动作行为即为"探问"。

但我们观察发现"探问"可以是试探性地问，如：

a. 为防"患"于未然，学校还找人冒充检查人员<u>探问</u>学生。

也还有"寻问"之义，即边找边问，如：

b. 他四处<u>探问</u>失散多年的亲人的下落，可是一直<u>毫无结果</u>。

但无论运用何种方法、手段来问，都是对消息、情况、下落等的探查，与一般性问类词群指向完全不同。那么"探问"的语义基元结构式重新表达为：

探问1：[动作/行为＋消息/情况/意图＋询问/问1]

语义内容从右到左解读为：问1/询问消息、情况、意图的动作行为即为"探问1"。

属于此类的言说动词有：探问1、寻问、打听、打探、探询、探听、了解2、刺探、暗探2，共9个。

(二)"探问1"的同位变体

"探问1"的同位变体是与其有着相同的语义基元结构式、只词语形式表现不同的一系列动词，有：寻问、打听、打探、探询、了解2，共5个。词典释义如下：

【寻问】寻求探问。　　【打探】打听探问。

【探询】探问。　　　　【了解】②打听；调查。

【打听】探问。

那么按照词典义来提取各个词义的语义要素并表达成结构式为：

寻问：[＝探问]　　　　打探：[＝打听]∧[＝探问]

探询：[＝探问]　　　　了解：[＝打听]∨[＝调查]

打听：[＝探问]

其中，只有"了解"还涉及一个不同的语义要素"调查"，这是为了打听、探问情况而进行考察，属于方式手段的一种，实质还是为了得知确切的消息、情况等。不仅如此，这些词与"探问1"在相同句法环境下也可互换，如：

警察挨家挨户地<u>探问/寻问/打听/探询/打探/了解</u>王家辉生前的消息，包括有没有结怨的仇家等等。

那么，"探问1"及其5个形位变体"寻问""打听""探询""打探""了解2"的语义基元结构式同为：

探问1｜寻问｜打听｜探询｜打探｜了解2：［动作/行为＋消息/情况/意图＋询问/问1］

同位变体关系图（图3-21）可表示为：

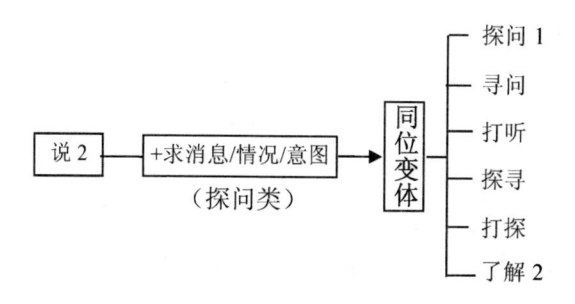

图3-21　"探问1"的同位变体关系图

（三）"探问1"的下位变体

"探问1"的下位变体是在"探问1"义上另外凸显其他附属义征的一系列动词，即"探问"的动作行为多是秘密的、暗中进行的变体同义词：刺探、暗探2，共2个。如：

a. 他几次伪装身份潜入我国就是为了<u>刺探</u>中央情报。

b. 吉隆坡之战赛前美国<u>暗探</u>中国国奥队"作战计划"，国奥队采取措施防干扰。

语义基元结构式为：［动作/行为＋消息/情况/意图＋询问/问1＋秘密/私下］

下位变体关系图（图3-22）可表示为：

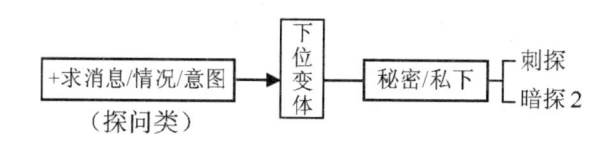

图3-22　"探问1"的下位变体关系图

四、盘问类词群及基元结构

（一）盘问类言说动词的意义

盘问类言说动词是以原型词——"盘问/查问2"为代表的一系列同义词的集合。它是"说2"的祈言变体的另一表现形式，它与前三类不同的是"问1"主事提问者是想通过提问力求得知事实或真相。"盘问"与"查问2"的词典释义分别为：

【盘问】仔细查问。

【查问】②检查盘问。

若依据词典释义，"盘问"的语义要素为：[+仔细][+查问]，而"查问2"的语义要素又为：[+检查][+盘问]，两者互训，可见两者义有相通之处，都是通过一定的手段详细地问客事，原因在于对客事对象有所怀疑或不信任，或是对调查的事情的真实性有所怀疑，想要进一步确认，如：

a. 海关查问违法嫌疑人或者询问证人，应当个别进行并告知其权利和作伪证应当承担的法律责任。

b. 在成都，他向管理者查问库存粮的存量，希望找出数字是否有虚假。

在例1中"嫌疑人"不等于真正的犯罪者，定罪之前可以怀疑，但也只能依照惯例仔细地询问，目的是查明是否真正违法；例2是主事对库存量的数字记录的真实性有所怀疑，因而向客事"管理者"仔细询问，查明虚假。这正是由于不信任或怀疑使得主事的这种询问不仅详细而且一般重复的频率也高即多反复地、持续地询问，如：

c. 先生，你不必再三盘问我，我们的背后有没有操纵指使的人。

d. 侦探，警察，还有报馆里的新闻记者，一个一个都来纠缠盘问，不放过任何一个细节。

e. 经过干警们连夜反复盘问，他终于交代了犯罪的经过。

而例句中的"盘问"都可以用"查问"来替换。

因此盘问类言说动词的主要语义特征是[+仔细/反复][+事实/真相]，语义基元结构式为：

盘问 | 查问2：[动作/行为+事实/真相+询问+仔细/反复]

语义内容从右到左解读为：仔细、反复地询问事实真相的动作行为即为

"盘问 | 查问 2"。

属于此类的言说动词有：盘问、查问 2、追问、诘问、盘诘、套问、审问、逼问，共 8 个。

（二）"盘问"的同位变体

"盘问"的同位变体是与其有着相同的语义基元结构式、只词语形式表现不同的一系列动词，只有 1 个：查问 2。在之前中已分析，不再赘述。

同位变体关系图（图 3-23）可表示为：

说 2 → +求事实/真相（盘问类）→ 同位变体 → 盘问 / 查问 2

图 3-23 "盘问"的同位变体关系图 （三）"盘问"的下位变体

"盘问"的下位变体是在"盘问"义上另外凸显其他附属义征的一系列动词，有：追问、诘问、盘诘、套问、审问、逼问，共 6 个。主要是凸显"查问"的方式手段附属义征，又可分为四类：

1. 方式手段是追根究底的：追问、诘问 1、盘诘

如：a. 知道了上家的消息警察更是不甘心，继续追问犯罪嫌疑人关于上家的真实住所。

b. 这场不同寻常的事故，引起了法国媒体一连串地诘问/盘诘，让政府有些招架不住。（书面语常用）

语义基元结构式为：[动作/行为+事实/真相+询问+仔细/反复+追根究底]

2. 方式手段是非直接的、拐弯抹角的：套问

如：老刘不想打草惊蛇，所以只是套问了一些药材来源的信息就没再说了。

语义基元结构式为：[动作/行为+事实/真相+询问+仔细/反复+非直接/曲折]

3. 方式方法是公开、正式的：审问

如：据美方官员透露，情报部门将于后日开始审问萨达姆关于伊拉克反美武装是如何组织运作的事实，并尽快为起诉萨达姆找到足够证据。

103

语义基元结构式为：［动作/行为＋事实/真相＋询问＋仔细/反复＋公开/正式］

4. 方式方法是逼迫式的：逼问

如：那时我显得很激动，一再<u>逼问</u>他为什么不结婚，后来他告诉我，他不知道他爱的那个人究竟爱不爱他。

语义基元结构成为：［动作/行为＋事实/真相＋询问＋仔细/反复＋逼迫式］

下位变体关系图（图3-24）可表示为：

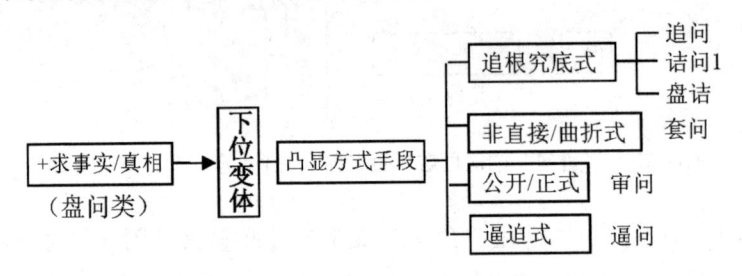

图3-24　"盘问"的下位变体关系图

第五节　"说2"的回馈变体——应答类词群及基元结构

应答类词群是一类对应"问类"及"请求类"的动作行为而做出回馈、反馈的一系列言说动词。它不同于"说2"的最重要的区别在于它的"回馈性"上，对于动作行为发出者来说不再简单地表现说话、发声本身，而是有目的、有意识地"说1"，而且具有针对性：或解开疑问、疑惑，或表达肯定、否定的意见看法等。那么按照回馈的性质我们分为三种变体的集合：一般（中性）回应类；肯定回应类；否定回应类，下分7小类。如表3-3所示：

表3-3　"应答"类词群次类

语义分类项目	词语举例
一般（中性）回应类	回答、回话、答话、回复1……

续表

语义分类项目	词语举例
肯定回应类	同意1、赞成、赞同、认可、认同……
	同意2a、准许、容许、许可……
	同意2b、应承、应允、应诺、许诺……
否定回应类	反对、抗议、否认、抵赖、狡辩
	拒绝1a、谢绝1、驳回……
	拒绝1b、谢绝2、回绝、推辞、推谢

一、一般回应类词群及基元结构

（一）一般回应类言说动词的意义

一般回应类言说动词是以原型词——"回答"为代表的一系列同义词的集合。它是"说2"的回馈变体的最基本形式，侧重通过言语对提问者进行反向的信息传递，传递的信息内容是开放性的。"回答"的词典释义为：

【回答】对问题给予解释；对要求表示意见：~不出来|满意的~。

"回答"的词典释义义项代表了其使用的两种情况：一是针对问题给予解释，或传递新信息，或在旧信息上做进一步的分析解释，如：

a. "对了，你画什么？"他和我聊了起来。"油画，写实的。"我回答。他又问了："这画的是你自己吗？""不是。"我冷冷地回答。

从例a中可以看出"回答1"是解释了"画什么"的问题，告知了新的信息"油画，写实的"；"回答2"是在"他"和"我"都知道这幅（油）画的前提下，"我"又解释了画上人物是否是自己的疑问，是对原已知信息的进一步解说。

另一种情况是针对对方的要求来表示一种意见，意见的表述内容可以多样化，但从性质上来说无外乎肯定的意见、否定的意见或中性的意见三种，如：

b. "我想和你一起去北京，行吗？"他问道。"好的，没问题。"我回答。

意为：我同意他的要求，和他一起去北京。

c. "我想和你一起去北京，行吗？"他问道。"不，不行。"我回答。

意为：我拒绝他的要求，不和他一起去北京。

d."我想和你一起去北京，行吗？"他问道。"随便。"我回答。

意为：我既不表示同意也不拒绝他的要求，和他一起去或不去北京都可以。

前两例分别对应肯定回应类及否定回应类，容后再析。例 d 则属于一般回应类，即只是对要求有所回应，完成"问-答"这个行为动作事件，使事件链完整。① 因此我们可以重新解释"回答"的释义为：

【回答】对问题或要求给予回应。

那么回答类言说动词的主要语义特征应是［+回应］，那么语义基元结构式表达为：

回答：［动作/行为+问题/要求+回应+说1（话）］

语义内容从右到左解读为：说1（话）回应问题或要求的动作行为即为"回答"。

属于此类的言说动词有：回答、回话、答话、答复、回复1、对答、应答、回应、应声，共9个。

（二）"回答"的同位变体

"回答"的同位变体是与其有着相同的语义基元结构式、只词语形式表现不同的一系列动词，有：回话、答复、回复1、答话，共4个。词典释义为：

【回话】回答别人问话。

【答复】对问题或要求给予回答。

【回复】①回答；答复（多指用书信）。

【答话】回答。

按照词典义我们提取语义要素并表达成结构式，分别为：

回话：［动作/行为+问题+回应+说1（话）］

答复：［=回答］

回复1：［=回答］∨［=答复］

答话：［=回答］

---

① "问-答"事件链不完整的情况也包括只问不答的"沉默""缄默"或问后无答的"哑口无言""语塞"等，形成事件链上的"答"环节的缺失。

其中只有"回话"的释义及结构式与"回答"稍有区别，但我们发现"回话"不仅可以用于回答问题，也可以用于答复他人的要求，如：

a. 一位领导吓得嘴唇直哆嗦，连说了两遍也没把意思说清楚。坐在旁边的沈振金慌忙<u>回话</u>说："是应答机丢失了信。"

b. "我知道，我知道。"萧家骥连声答应，"明天我给你<u>回话</u>。今天不早了，走吧！"

那么，例 a 表示直接回答别人的问题，例 b 表示答复他人的要求。

除此之外，"回话""答复""回复1""答话"与"回答"也可在相同句法环境下互相替换，如：

一些艺术家打电话联系潘亚中的律师，询问最关心的办理绿卡一事，律师<u>回话/答复/回复/回答/答话</u>说根本办不了。

综上可知，"回答"及其 4 个形位变体"回话""回复1""答复""答话"的语义基元结构式同为：

回答∣回话∣回复1∣答复∣答话［动作/行为＋问题/要求＋回应＋说1（话）］

同位变体关系图（图 3-25）可表示为：

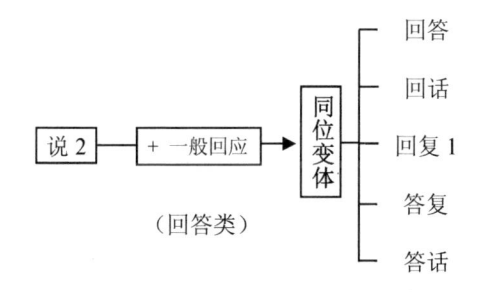

图 3-25 "回答"同位变体关系图

（三）"回答"的下位变体

"回答"的下位变体是在"回答"义上另外凸显其他附属义征或改变语义基元范围的一系列动词，有：对答、应答、回应、应声、答应1，共 5 个。根据附属义征指向不同或语义基元范围凸显的不同分为两类：

1. 强调"回答"的方式及频率的变体同义词

这类有两个：应答、对答，强调交互性、双向性的回答即 A 问 B，B 回答 A，之后 A 再问 B，B 再回答 A。

如：老师完全用英语教学，孩子也完全用英语与老师对答："今天天气怎样？图上有几个动物？其中有几个是吃草的？"

语义基元结构式为：[动作/行为 + 问题/要求 + 回应 + 说 1（话）+ 交互性]

2. 偏指用声音而非具体的话来"回答"

这类有：答应 1、回应、应声，共 3 个。

如：我都在门口喊了半天了，也没有人答应/回应/应声。

语义基元结构式为：[动作/行为 + 问题/要求 + 回应 + 说 1（发声）]

下位变体关系图（图 3-26）可表示为：

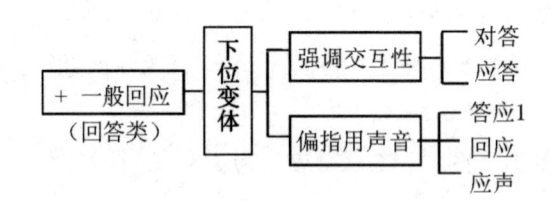

图 3-26 "回答"下位变体关系图

二、肯定回应类词群及基元结构

肯定回应类言说动词是以原型词——"同意"为代表的一系列同义词的集合。它是"说 2"的回馈变体的另一形式，侧重通过肯定的言语对提问者的问题或要求进行反向的信息传递，传递的信息内容是正面的、积极的。"同意"的词典释义为：

【同意】对某种主张表示相同的意见；赞成；准许：我的意见你～吗？｜上级会～你们的要求。

依据词典释义，"同意"的词典释义义项代表了其使用的两种情况：一是对别人的意见或所作所为表示肯定，看法一致，如：

a. 巴尔克嫩德同意温家宝对欧中关系的看法。

即主事"巴尔克嫩德"与客事"温家宝"在欧中关系上看法一致,无分歧。

另一种情况是主事答应客事的某种请求、要求等,这其中又可细分成两种:①主事答应客事去做某事;②主事答应让客事去做某事,如:

b. 他求了我半天,我到底拗不过他,<u>同意</u>到公安局给他作证。(主事"我"答应去为客事"他""作证")

c. 书记<u>同意</u>他把写字台搬走。(主事"书记"同意让客事"他""搬走写字台")

依据释义及实例分析,我们可以知道"同意"的义项义应重新阐释为两个,即:

【同意】①对某种主张或所为表示肯定。
　　　　②准许;答应实现、满足。

那么相应的语义基元结构式就有两个:

同意1:[动作/行为 + 主张/行为 + 肯定 + 说1(话)]

同意2:[动作/行为 + 请求/要求 + 肯定 + 说1(话)]

语义内容从右到左解读为:说1(话)肯定主张或所为的动作行为即为"同意1";说1(话)肯定他人请求或要求的动作/行为即为"同意2"。

属于此类的言说动词有:应允、应许、应承、承诺、允许、允诺、许诺、准许、容许1、许可、默许、同意、赞成、赞同、承认1、公认、认可、认同、附和,共19个。下按"同意"的不同义项义分别阐释。

(一)"同意1"的同位变体

"同意1"的同位变体是与其有着相同的语义基元结构式、只词语形式表现不同的一系列动词,有:赞成、赞同,共2个。词典释义为:

【赞成】①同意(别人的主张或行为)。

【赞同】赞成;同意。

按照词典义我们提取语义要素并表达成结构式,分别为:

赞成1:[= 同意1]

赞同:[= 赞成] ∨ [同意1]

由于"赞成1"与"同意1"的结构式相同,故"赞同"就与"赞成1""同意1"也一致;并且,三者在相同句法环境中可以互相替换,如:

a. 我不管你同意与否，这件事就这么决定了！
b. 我不管你赞成与否，这件事就这么决定了！
c. 我不管你赞同与否，这件事就这么决定了！

综上可知，"同意1"及其2个形位变体"赞成1""赞同"的语义基元结构式同为：

同意1｜赞成1｜赞同［动作/行为 + 主张/行为 + 肯定 + 说1（话）］

同位变体关系图（图3-27）可表示为：

说2 → +肯定主张/行为（同意1类）→ 同位变体 → 同意1 / 赞成1 / 赞同

图3-27　"同意1"的同位变体关系图

（二）"同意1"的下位变体

"同意1"的下位变体是在"同意1"义上另外凸显其他附属义征或改变语义基元范围的一系列动词，有：附和、认可、认同、承认1、公认，共5个。根据附属义征指向不同或语义基元范围凸显的不同分为三类：

1. "同意"的动作行为带贬义的变体同义词

这类只有一个：附和。

如：潘宏福生怕冯永祥提名时把他忘了，也不管他说的在理不在理，连忙附和："是，是，您可说的不是嘛！"

语义基元结构式为：［动作/行为 + 主张/行为 + 肯定 + 说1（话）+ 贬义］

2. "同意"的对象范围扩大的变体同义词

这类有三个：认可、认同、承认1，即除了对客事的行为、主张表示肯定外，还可对客事的身份、地位或既成事实等表示肯定。

如：经船管科审核盖章，以及"海缆三号"船长的签字，大家认可/认同/承认了陈镛的轮机长身份。

语义基元结构式为：［动作/行为 + 主张/行为∨身份/地位/事实 + 肯定 + 说1（话）］

3. "同意"动作行为发出者范围特定

这类只有一个：公认，表示"同意"的动作行为是群体性的、集体一致的。

如：他的刻苦精神是大家公认的。

语义基元结构式为：[动作/行为 + 主张/行为 + 肯定 + 说1（话）+ 多人]

下位变体关系图（图3-28）可表示为：

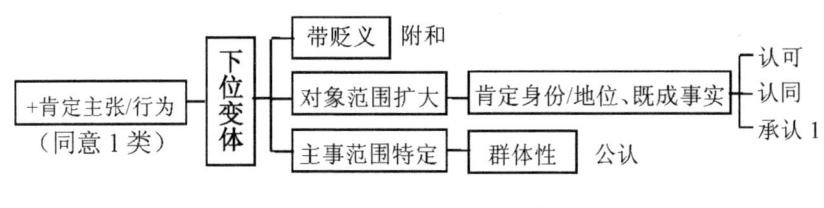

图3-28 "同意1"的下位变体关系图

（三）"同意2"的同位变体及下位变体

"同意2"按照语义要素偏指的不同分为两类：肯定请求指向客事的"同意2）1"类和肯定请求指向主事的"同意2）2"类。

1. 同意2）1类的同位变体及下位变体

同意2）1类是指同意客事去做某事，语义基元结构式可细化为：

同意2）1 [动作/行为 + 请求/要求〈客事能做某事〉+ 肯定 + 说1（话）]

语义内容从右到左解读为：说1（话）肯定〈客事能做某事〉的请求或要求的动作行为即为"同意2）1"

（1）同位变体

"同意2）1"的同位变体是与其有着相同的语义基元结构式、只词语形式表现不同的一系列动词，专指同意他人可以做某事的请求，有：准许、允许、许可、应许1、应允1、允诺1，共6个。词典释义为：

【准许】同意人的要求。

【许可】准许。

【允许】许可。

【应许】②允许。

【应允】①允许。

【允诺】①允许。

按照词典义我们提取语义要素并表达成结构式，分别为：

准许：[＝同意2]

许可：[＝准许]

允许：[＝许可]

应许2：[＝允许]

应允1：[＝应许2]

允诺1：[＝应许2]

由六者的结构式可以推出，"准许""许可""允许""应许2""应允1""允诺1"与"同意2"的结构式完全相同，且六者在相同句法环境下也可互相替换，只是"应许2""应允1""允诺1"常用于书面语中，如：

试着向老板请三天假回家，老板同意/准许/许可/允许/应许/应允/允诺了。

综上可知，"同意2)1"及其3个形位变体"准许""许可""允许"，书面语变体"应许2""应允1""允诺"的语义基元结构式分别为：

同意2)1｜准许｜许可｜允许［动作/行为＋请求/要求〈客事能做某事〉＋肯定＋说1（话）］

应许2｜应允1｜允诺1［动作/行为＋请求/要求〈客事能做某事〉＋肯定＋说1（话）＋书面语］

同位变体关系图（图3－29）可表示为：

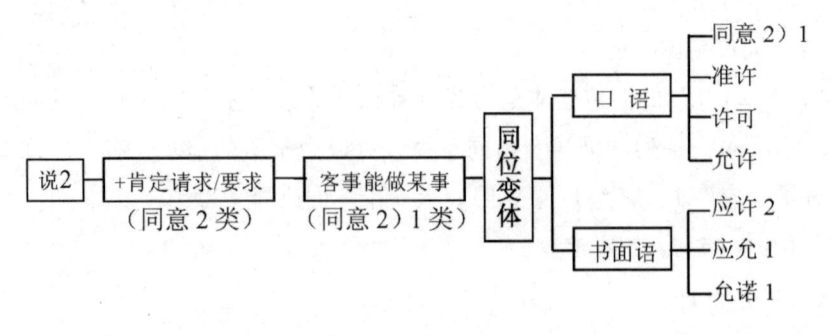

图3－29　"同意2)1"的同位变体关系图

(2) 下位变体

"同意2) 1"的下位变体是在"同意2) 1"义上另外凸显其他附属义征或改变语义基元范围的一系列动词,有:容许、默许,共2个。两者都是凸显"同意2) 1"动作行为发出者态度的附属义征:

① 态度是容忍的变体同义词:容许

如:这是我的地盘,我绝对不能容许他人来捣乱!

语义基元结构式为:[动作/行为 + (客事)请求/要求能做某事 + 肯定∧容忍 + 说1(话)]

② 态度是暗示的变体同义词:默许

如:他不说话,就是默许我这样做了。

语义基元结构式为:[动作/行为 + (客事)请求/要求能做某事 + 肯定∧暗示 + 说1(话)]

下位变体关系图(图3-30)可表示为:

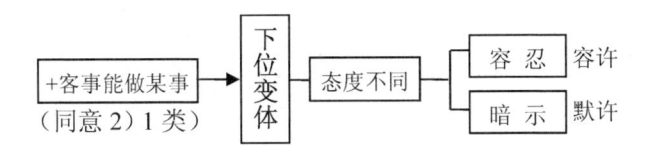

图3-30 "同意2) 1"的下位变体关系图

2. 同意2) 2类的同位变体及下位变体

同意2) 2类是指同意为客事去做某事,语义基元结构式可细化为:

同意2) 2[动作/行为 + 请求/要求〈能为客事做某事〉 + 肯定 + 说1(话)]

语义内容从右到左解读为:说1(话)肯定请求或要求〈能为客事做某事〉的动作行为即为"同意2) 2"。

(1) 同位变体

"同意2) 2"的同位变体是与其有着相同的语义基元结构式、只词语形式表现不同的一系列动词,专指同意他人可以为其做某事的请求,有:应许1、应允2、应承、允诺2,共4个。词典释义为:

【应许】①答应(做)。

【应允】②答应做。

【应承】答应（做）。

【允诺】②答应做。

不仅四者的结构式完全相同，而且在相同句法环境下可互相替换，如：

a. 他<u>应许</u>明天过来找我谈生意。

b. 他<u>应允</u>明天过来找我谈生意。

c. 他<u>应承</u>明天过来找我谈生意。

d. 他<u>允诺</u>明天过来找我谈生意。

综上可知，"同意2）2"及其4个书面语变体"应许1""应允2""应承""允诺2"的语义基元结构式同为：

同意2）2 | 应许1 | 应允2 | 应承 | 允诺2 [动作/行为 + 请求/要求〈能为客事做某事〉+ 肯定 + 说1（话）]

同位变体关系图（图3-31）可表示为：

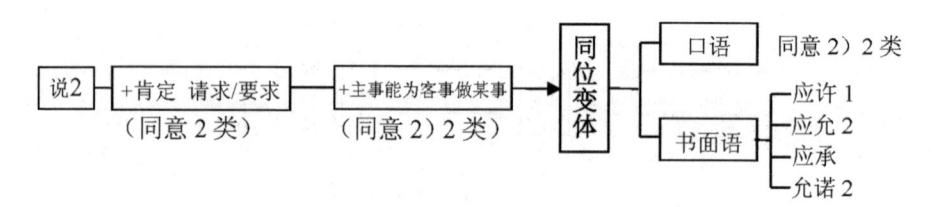

图3-31　"同意2）2"的同位变体关系图

（2）下位变体

"同意2）2"的下位变体是在"同意2）2"义上另外凸显其他附属义征或改变语义基元范围的一系列动词，有：许诺、承诺，共2个。两者都是凸显"同意2）2"动作行为发出者的言语内容偏指义征，即偏指肯定话语的一种——诺言（高度诚信的话）。如：

e. 男孩<u>许诺</u>女孩一定会爱她一辈子，永不变心。

f. 电器商场负责人<u>承诺</u>顾客7日之内不满意免费退换货。

语义基元结构式为：[动作/行为 + 请求/要求〈能为客事做某事〉+ 肯定 + 说1（诺言）]

下位变体关系图（图3-32）可表示为：

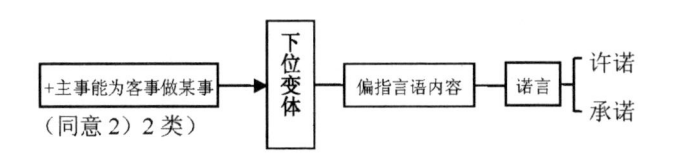

第三章 性质言语动词"说2"的基元结构及同位词群

图3-32 "同意2)2"的下位变体关系图

三、否定回应类词群及基元结构

否定回应类言说动词是以原型词——"拒绝"及"反对"为代表的一系列同义词的集合，是"说2"的回馈变体的另一形式，侧重通过否定的言语对提问者的问题或要求进行反向的信息传递，传递的信息内容是反面的、消极的。语义内容及分类都与肯定回应类言说动词恰好相对，其中，反对类言说动词与"同意1"言说动词相对应，拒绝类言说动词又分两种：拒绝1类对应同意2)1类；拒绝2类对应同意2)2类。先看原型词——"反对"及"拒绝"的词典释义：

【反对】不赞成；不同意：~侵略|~平均主义|有~的意见没有？

若依据词典释义，"反对"的语义要素提取为：[+否定][+赞成/同意]，由前述"同意1"的结构式替换语义要素中的[+赞成/同意]，则"反对"的结构式为：[动作/行为+主张/行为+否定+说1（话）]，语义内容从右到左解读为：说1（话）否定主张或所为的动作行为即为"反对"。释义及结构式与语言事实相吻合，如：

a. 在政治方面，他<u>反对</u>君主专制，<u>反对</u>"独治"思想，主张"众治"。

b. 我<u>反对</u>他做任何事情都独断独行。

例a是否定客事的主张、思想"君主专制""独治"；例b是否定客事的行为"独断独行"。

【拒绝】不接受（请求或赠礼等）：~诱惑|~贿赂|无理要求遭到~。

若依据词典释义，"拒绝"的语义要素提取为：[+否定][+接受][+请求/赠礼]，结构式为：[动作/行为+请求/赠礼+接受+否定]，语义内容从右到左解读为：否定接受请求、赠礼的动作行为即为"拒绝"。其实"让主事接受赠礼"应该也算一种请求即客事请求主事接受赠礼，那么结构式又可

115

改写为：[动作/行为+请求（含赠礼）+接受+否定]，用"同意2"的结构式替换语义要素中的[+接受]，则"拒绝"的语义基元结构表达式为：[动作/行为+请求/要求+否定+说1（话）]，语义内容从右到左解读为：说1（话）否定请求或要求的动作行为即为"拒绝"。

按照"拒绝"的言语内容偏指不同又可分为两种：一是客事不答应为主事做事的请求或接受主事的赠礼等；二是客事不答应主事去做某事（不允许主事做某事）的请求。这不仅与语言事实更为吻合，而且对应"同意2"的"同意2）1"类和"同意2）2"类。如：

c. 此前，朱德曾向陈独秀提出过入党要求，陈独秀认为他当过旧军官，断然<u>拒绝</u>，周恩来则表示愿意介绍他入党。

d. 他厚着脸皮约我去一家咖啡馆喝咖啡，我立即<u>拒绝</u>了。

例c中主事"陈独秀"不答应客事"朱德"申请"入党"请求，即主事不同意客事做某事，例d中主事"我"不答应客事"他""喝咖啡"的请求，即主事不答应去做某事；前一例与"同意2）1"类相反、相对，后一例与"同意2）2"类相反、相对。对此，我们称之为"拒绝1"类和"拒绝2"类。两者的语义基元结构式分别为：

拒绝1：[动作/行为+请求/要求（客事能做某事）+否定+说1（话）]

拒绝2：[动作/行为+请求/要求（主事能做某事或接受某物）+否定+说1（话）]

语义内容从右到左分别解读为：说1（话）否定客事能做某事的请求、要求的动作行为即为"拒绝1"；说1（话）否定主事能做某事或接受某物的请求、要求的动作行为即为"拒绝2"。

（一）"反对"的同位变体

"反对"没有其他同位变体。

（二）"反对"下位变体

"反对"的下位变体是在"反对"义上另外凸显其他附属义征或改变语义基元范围的一系列动词，有：抗议、否认、辩解、辩护、辩白、分辩、反驳、顶嘴、顶撞、回嘴、抵赖、狡赖，共12个。根据附属义征指向不同或语义基元范围凸显的不同分为两类：

1. "反对"动作行为的对象范围扩大的变体同义词

这类是"否认"为代表的一系列词,指除了对客事的行为、主张表示否定外,还可对主事的行为或既成事实(偏指客事对其的指责、责问)表示否定,如:

a. 以色列总理府 10 日发表声明,<u>否认</u>总理沙龙身边的官员曾向新闻界泄露了以色列与利比亚之间的秘密会谈内容。(主事否定客事的行为)

b. 他坚决<u>否认</u>自己有任何利用禁药提高成绩的行为。(主事否定自身的行为)

语义基元结构式为:[动作/行为 +(主事/客事)主张/行为 + 否定 + 说1(话)]

(1)陈述理由来否认的:

这类有:辩解、辩护、辩白、分辩。

a. "我绝对没做过偷鸡摸狗的事,老王家的牛丢了不关我的事!"他大声地<u>辩解/辩白/分辩</u>着。

b. 被起诉的人可以请律师为自己<u>辩护</u>,这点是毋庸置疑的。

语义基元结构式为:[动作/行为 +(主事/客事)主张/行为 + 否定 + 说1(理由)]

(2)采取对立态度来否认的:

这类有:反驳、顶嘴、回嘴、顶撞

如:a. 别人说什么他就<u>反驳</u>什么,与谁都格格不入。

b. 父母训话时,小孩子不要<u>顶嘴/回嘴/顶撞</u>,因为这是很不礼貌的。

语义基元结构式为:[动作/行为 +(主事/客事)主张/行为 + 否定 + 说1(话)+ 对立态度]

2. 带"反对"动作行为发出者态度的变体同义词

(1)若态度是强硬激烈的:抗议

如:三人大声地<u>抗议</u>着,怒斥对方这样做太卑鄙,完全是无耻的陷害。

语义基元结构式为:[动作/行为 + 主张/行为 + 否定 + 说1(话)+ 强烈]

(2)若态度是狡猾的:抵赖、狡赖

如:审查阶段,他在大量事实和证据面前仍然百般<u>抵赖/狡赖</u>,对自己写的认罪供词甚至录音录像，找出各种借口推翻。

语义基元结构式为：[动作/行为＋主张/行为＋否定＋说1（话）＋狡猾]

下位变体关系图（图3-33）可表示为：

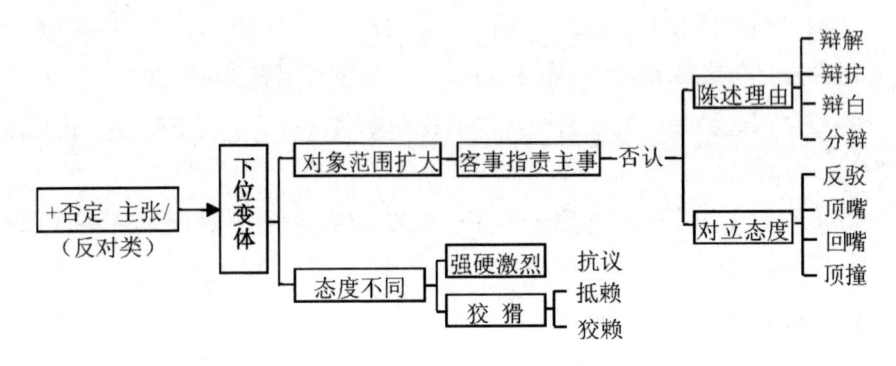

图3-33 "反对"的下位变体关系图

（三）"拒绝1"的同位变体

"拒绝1"没有其他同位变体。

（四）"拒绝1"的下位变体

"拒绝1"的下位变体是在"拒绝1"义上另外凸显其他附属义征的动词，只有1个即凸显"拒绝"动作行为发出者态度委婉的变体同义词：谢绝1。如：

看到有人用闪光灯，她忙上去制止说："对不起，这里是博物馆，谢绝拍照，请配合！"

语义基元结构式为：[动作/行为＋请求/要求（客事能做某事）＋否定＋说1（话）＋委婉]

下位变体关系图（图3-34）可表示为：

图3-34 "拒绝1"的下位变体关系图

118

(五)"拒绝2"的同位变体

"拒绝2"的同位变体是与其有着相同的语义基元结构式、只词语形式表现不同的一系列动词,专指不同意为他人做某事或不接受他人赠礼的请求,只有1个:推辞。词典释义为:

【推辞】 表示拒绝(任命、邀请、馈赠等)。①

按照词典义我们提取语义要素并表达成结构式为:

推辞:[=拒绝2]

"推辞"不仅与"拒绝2"结构式相同,且在相同句法环境下也可互相替换,如:

a. 当地官员和朝廷太尉听到华佗名声,征召他做官,华佗都拒绝了。

b. 当地官员和朝廷太尉听到华佗名声,征召他做官,华佗都推辞了。

综上可知,"拒绝2"及其1个形位变体"推辞"的语义基元结构式同为:

拒绝2|推辞[动作/行为+请求/要求(主事能做某事或接受某物)+否定+说1(话)]

同位变体关系图(图3-35)可表示为:

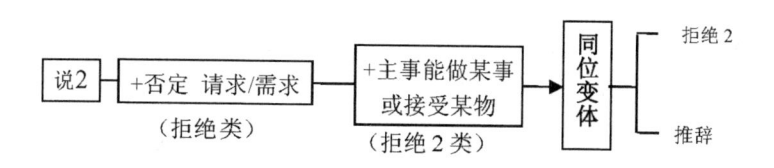

图3-35 "拒绝2"的同位变体关系图

(六)"拒绝2"的下位变体

"拒绝2"的下位变体是在"拒绝2"义上另外凸显其他附属义征的一系列动词,有:谢绝2、辞谢、推谢、婉谢,共4个,都是凸显"拒绝2"动作行为发出者的态度附属义征,即委婉、客气。如:

a. 当我们邀请她一同去北京玩时,她婉言<u>谢绝</u>了。

b. 受害者家属得知他是救人恩人时,一定要给他送来酬劳,他<u>辞谢</u>了。

---

① "任命""邀请"表示不同意为他人做某事,"馈赠"则表示不同意接受他人赠礼。

c. 当不多的一份救济款送到小艳玲的家里，这一家人先是吃惊，后是<u>推谢</u>，当他们最终收下这笔钱时，已是泪眼模糊了。

d. 不少同志建议他去疗养，可以减少些痛苦，他都一一<u>婉谢</u>了。

语义基元结构式为：［动作/行为 + 请求/要求（主事能做某事或接受某物）+ 否定 + 说1（话）+ 委婉客气］

下位变体关系图（图3-36）可表示为：

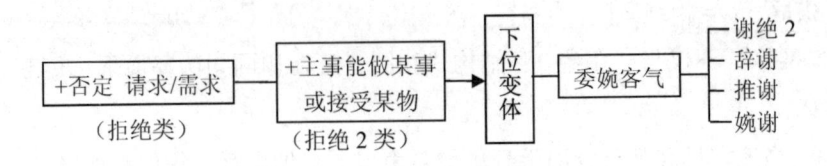

```
+否定 请求/需求  →  +主事能做某事     →  下位  →  委婉客气  →  谢绝2
 （拒绝类）         或接受某物            变体                    辞谢
                    （拒绝2类）                                  推谢
                                                                婉谢
```

图3-36 "拒绝2"的下位变体关系图

第六节 "说2"的观点变体
——评价类词群及基元结构

评价类词群是一类意在对客事（人、事物、现象及问题等）下论断或进行定性的言语行为动词，它不同于"说2"的最重要的区别在于它的"观点性"上，不再是简单地说话，而是通过有结论性、判定性的话语内容来表现主事对客事的情感、态度等。按照评说的情感倾向不同又可分为三类：一般中性评价类；褒义性评价类——称赞类；贬损性评价——指责类。

一、评价类词群及基元结构

（一）评价类言说动词的意义

评价类言说动词是以原型词——"评价1"为代表的一系列同义词的集合。它是"说2"的观点表现形式之一，一般是依据事物本身或事实依据而给予中性的判定，评价的言语内容（即观点）相对客观公正。"评价1"的词典释义为：

【评价】① 评定价值高低：～文学作品。

120

若依据词典释义,"评价"的语义要素提取为:[＋评定][＋价值],结构式为:[动作/行为＋价值＋评定＋说1(话)],语义内容从右到左解读为:说1(话)评定价值的动作行为即为"评价"。

释义与结构式与语言事实相吻合,需要指出的是语义要素[＋价值]方面可细分为两大类:一是人的价值(如品质、身份地位、职称等)及与人相关的事件价值(如功过是非等);二是事物的价值(如影响力、质量优劣等),如:

a. 爱因斯坦评价赫兹是"自牛顿以来世界上最伟大的数学物理学家"。

b. 恩格斯把达尔文学说列为19世纪自然科学三大发现之一,并恰当地评价了达尔文的伟大功绩。

c. 我们应该懂得如何去评价文学作品的审美价值。

例 a 是对客事"人(赫兹)"的身份地位做了评定,例 b 是对客事"人(达尔文)"相关的事件,主要是对其"功绩"做了评定;例 c 是对事物"文学作品"的好坏"美丑"做评价,无论是针对哪一种对象,都是要依据人、事件、事物的本身客观地下结论,而不能带"评价"者的个人喜好。"价值"的对象指向不同会影响评价类言说动词的下位变体形式。

所以,评价类言说动词的主要语义特征是[＋说1(话)][＋(人/事/物)价值],语义基元结构式重新表达为:

评价:[动作/行为＋(人/事/物)价值＋说1(话)]

语义内容从右到左重新解读为:说1(话)人、事、物的价值的动作行为即为"评价"。

属于此类的言说动词有:评价、评说1、褒贬、评定、评判,共5个。

(二)"评价"的同位变体

"评价"的同位变体是与其有着相同的语义基元结构式、只词语形式表现不同的一系列动词,有:评说1、褒贬(bāobiǎn)①。词典释义如下:

【评说】①评价。②

---

① 褒贬(bāobian)是指"批评缺点;指责",属"批责类",详见"批责类词群及基元结构"部分。

② "评说"的另一义项义"评论(批评或议论)"则为语义交叉变体类型,放入第6章进行讨论。

【褒贬】评说好坏。

按照词典义我们提取语义要素并表达成结构式，分别为：

评说1：[＝评价]

褒贬：[＝评说1]

"评说1""褒贬"与"评价"的释义及结构式形同，在相同句法环境下也可互相替换，如：

a. 武则天这一辈子的是非功过，众人<u>评价</u>不一。

b. 武则天这一辈子的是非功过，众人<u>评说</u>不一。

c. 武则天这一辈子的是非功过，众人<u>褒贬</u>不一。

因此，"评价"与其形位变体"评说1""褒贬"的语义基元结构式同为：

评价｜评说1｜褒贬[动作/行为＋（人/事/物）价值＋说1（话）]

同位变体关系图（图3-37）可表示为：

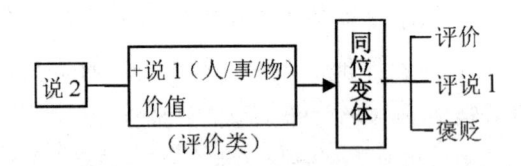

图3-37 "评价"的同位变体关系图

（三）"评价"的下位变体

"评价"没有其他下位变体。①

二、称赞类词群及基元结构

（一）称赞类言说动词的意义

称赞类言说动词是以原型词——"称赞"为代表的一系列同义词的集合。它是"说2"的另一种观点表现形式，一般是对人或事物给予褒义性的判定，指出优点长处并给出好的评价，评价的言语内容（即观点）带有主事的正面情感。"称赞"的词典释义为：

【称赞】用言语表达对人或事物的优点的喜爱：他做了好事，受到老师

---

① 与"评价"义相关的诸如"评定""评判"等是"审核和评价""判断和评价"的结合体，属于语义交叉变体类型，详见第六章相应部分。

的~。

若依据词典释义,"称赞"的语义要素提取为:[+说1话(言语表达)][+人/事物优点][+喜爱],结构式为:[动作/行为+表示喜爱+人/事物优点+说1(话)],语义内容从右到左解读为:说1(人或事物的优点)表示喜爱的动作行为即为"称赞"。

但是我们发现语义要素[+人/事物优点]并不十分准确,"优点"多指人或事物好的方面比如品性、特长、能力等,性质较为固定常见,但"称赞"还可以涉及客事(人)的正确的行为,并不一定带有长期性、固定性,甚至可以是从未有过的或一次性出现的,如:

a. 许多体育院校的教授和专家都称赞他做了一件有历史意义的大事。

b. 他走下讲坛时,各国代表争相和他握手,称赞他做了一次精彩的发言。

例a与例b都是称赞客事(人)的行为,或"有历史意义"是他人未有的,或一次性出现的"精彩的发言",这些严格意义上说都不属于人的优点,只是主事对客事的某一行为的认同,做了肯定的评价。因此,称赞类言说动词的主要语义特征是:[+正面/肯定][+评价][+人/事物的优点/行为],语义基元结构式重新表达为:

称赞:[动作/行为+表示喜爱+人/事物的优点/行为+评价+正面/肯定]

语义内容从右到左重新解读为:正面肯定地评价人、事物的优点或行为以表示喜爱的动作行为即为"称赞"。

属于此类的言说动词有:称赞、赞许、称许、夸2、赞2、夸奖、夸赞、赞美、表扬、赞扬、赞叹、叹赏、盛赞、颂扬、称颂、赞颂、歌唱2,共17个。

(二)"称赞"的同位变体

"称赞"的同位变体是与其有着相同的语义基元结构式、只词语形式表现不同的一系列动词,有:赞2、夸奖、夸2、夸赞、赞许、称许,共6个。词典释义如下:

【赞】②称赞。

【夸奖】称赞。

【夸】②夸奖。

【夸赞】夸奖。

【赞许】认为好而加以称赞。

【称许】赞许。

按照词典义我们提取语义要素并表达成结构式，分别为：

赞2：[＝称赞]

夸奖：[＝称赞]

夸2：[＝夸奖]（即[＝称赞]）

夸赞：[＝夸奖]（即[＝称赞]）

赞许：[＝称赞]①

称许：[＝赞许]（即[＝称赞]）

六者不仅语义结构式完全相同，而且在相同句法环境下也可互相替换，如：

焦裕禄一生高风亮节，鞠躬尽瘁为人民，百姓都<u>称赞/赞/夸奖/夸/夸赞/赞许/称许</u>他是个好官。

综上可知，"称赞"及其口语变体"夸2"、5个书面语变体"赞2""夸奖""夸赞""赞许""称许"的语义基元结构式分别为：

称赞｜赞2｜夸奖｜夸赞｜赞许｜称许 [动作/行为＋表示喜爱＋人/事物的优点/行为＋评价＋正面/肯定＋书面语]

夸2 [动作/行为＋表示喜爱＋人/事物的优点/行为＋评价＋正面/肯定＋口语]

同位变体关系图（图3-38）可表示为：

（三）"称赞"的下位变体

"称赞"的下位变体是在"称赞"义上另外凸显其他附属义征的一系列动词，有：赞美、表扬、赞扬、赞叹、叹赏、盛赞、颂扬、称颂、赞颂、歌唱2，共10个。依据附属义征的指向不同，分为三类：

---

① "赞许"义项义中"认为好"即"认为人或事物好"，包括人或事物的优点、人的正确行为。例如：a. 我不由地赞许道："这孩子还真是聪明懂事。" b. 他办事秉公处理，绝不徇私，值得赞许。

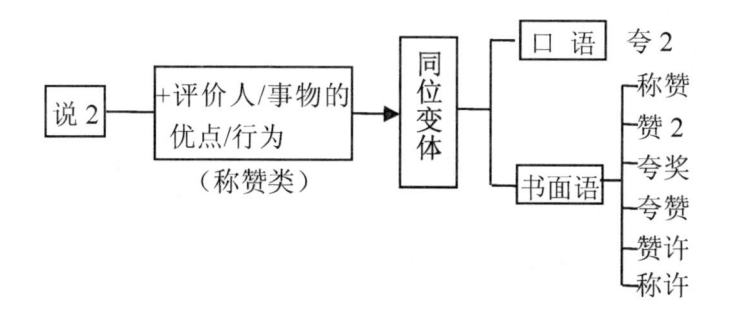

<<< 第三章 性质言语动词"说2"的基元结构及同位词群

```
说2 → +评价人/事物的优点/行为（称赞类） → 同位变体 ┬ 口语 ── 夸2
                                              │       ┬ 称赞
                                              │       ├ 赞2
                                              └ 书面语 ┼ 夸奖
                                                      ├ 夸赞
                                                      ├ 赞许
                                                      └ 称许
```

图3-38 "称赞"的同位变体关系图

1. "称赞"的程度比"称赞"① 较高的：赞美

如：我们<u>赞美</u>祖国，<u>赞美</u>幸福的生活。

语义基元结构式为：[动作/行为+表示喜爱+人/事物的优点/行为+评价+正面/肯定+高度（程度1⁺）]

（1）凸显"赞美"的方式是公开的：赞扬、表扬

如：对这样的好人好事我们要大加<u>赞扬/表扬</u>，让更多的人来学习。

语义基元结构式为：[动作/行为+表示喜爱+人/事物的优点/行为+评价+正面/肯定+公开+高度（程度1⁺）]

（2）凸显"赞美"的语气是感叹的：赞叹、叹赏

如：伊丽莎白满怀感触，无心说话，可是看到了每一处、每一角的美景，她都<u>赞叹/叹赏</u>不已。

语义基元结构式为：[动作/行为+表示喜爱+人/事物的优点/行为+评价∧感叹+正面/肯定+公开+高度（程度1⁺）]

2. "称赞"的程度比"称赞"更高的

这类只有一个：盛赞。

如：来宾们都<u>盛赞</u>这次<u>盛大演出</u>的成功。

---

① 若这里用程度值来表现肯定、正面评价的递增性，以"称赞"所描述的强度值为"1"，记作［程度1］的话，那么：
和"称赞"相比，程度较高、较大的为"1⁺"，记作［程度1⁺］
和"称赞"相比，程度更高、更大的为"1⁺⁺"，记作［程度1⁺⁺］
和"称赞"相比，程度极高、极大的为"1⁺⁺⁺"，记作［程度1⁺⁺⁺］

125

语义基元结构式为：[动作/行为+表示喜爱+人/事物的优点/行为+评价+正面/肯定+高度（程度1^{++}）]

3. "称赞"的程度与"称赞"相比极高的

这类有：颂扬、称颂、赞颂、歌唱2，指用语言文字（如诗歌）甚至歌曲记录的形式来"称赞"并广泛传播、传唱出去，将被赞扬的人或事物的优点或行为提升到最高的高度。

如："精卫填海"是古人<u>颂扬/称颂/赞颂/歌唱2</u>善良愿望和锲而不舍精神的神话故事。

语义基元结构成为：[动作/行为/表示喜爱+人/事物的优点/行为+评价+正面/肯定+高度（程度1^{+++}）]

下位变体关系图（图3-39）可表示为：

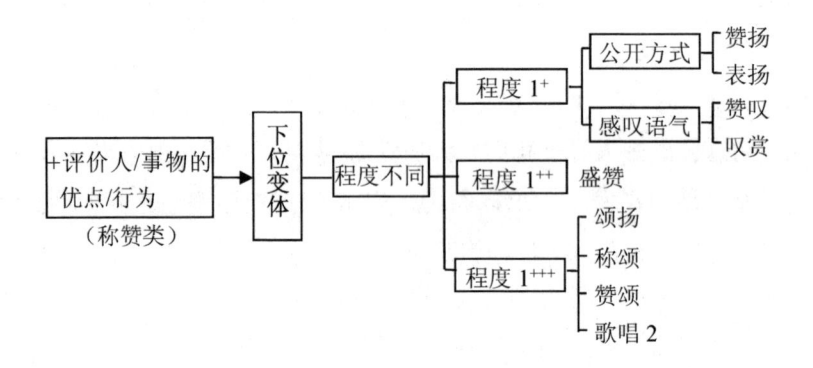

图3-39 "称赞"的下位变体关系图

三、批责类词群及基元结构

（一）批责类言说动词的意义

批责类言说动词是以原型词——"批评"为代表的一系列同义词的集合。它是"说2"的另一种观点表现形式，一般是指出人或事的缺点和错误并给予贬义的评价，评价的言语内容（即观点）带有主事的负面情感。"批评"的词典释义为：

【批评】②专指对缺点和错误提出意见：～她对顾客的傲慢态度。

若依据词典释义，"批评"的语义要素提取为：[+缺点/错误][+提意见〕，但我们观察发现［+提意见］中的"意见"本身就包含两层含义：一是表示对人或事情有一定的看法或想法，意见中性；另一层是认为人或事不对因而产生不满意的想法，意见贬性，显然后一种才符合"批评"义的内涵。我们认为对于这种义项义不是唯一的词，不宜选取为语义基元结构式的语义基元。

依据语言事实，我们可以对"批评"进行进一步的剖析：首先，"批评"是对人或事的负面的、否定的评价；其次，批评的对象是人或事物的缺点（与"优点"相对）或不足（与"长处"相对），抑或是人的不正确的行为举动、事情的不正确的地方；再次，表现了批评者对被批评者的不悦、不满之情或表示不认同。如：

a. 他什么都好，就是不爱干净，批评他许多次了，就是不见改进。

b. 政府坚持放养，新闻媒体不断引导人们爱护鸽群，谴责批评袭击鸽子的不文明行为。

c. 邓小平同志在1980年就指出："要坚决批评和纠正各种脱离群众，对群众疾苦不闻不问的错误。"

例a就是"他"有"不爱干净"的缺点因而受到主事的批评，表达了对"他"的不满之情；例b就是"新闻媒体"对人们"袭击鸽子群"的不正确行为提出批评；例c就是"邓小平"认为"脱离群众，对群众疾苦不闻不问"的行为和思想是不对的，因而表示否定和不认同。

那么，批责类言说动词的主要语义特征是：［+负面/否定］［+评价］［+人/事物的缺点/不良行为］，语义基元结构式重新表达为：

批评2［动作/行为+表示不悦/不认同+人/事物的缺点/不良行为+评价+负面/否定］

语义内容从右到左重新解读为：负面否定地评价人、事物的缺点或不良行为以表示不悦、不认同的动作行为即为"批评2"。

属于此类的言说动词有：批评2、责备、指摘、贬责、褒贬、指责、斥责、骂2、责骂、臭骂、呵斥、苛责、痛责、贬斥2、痛斥、指斥、申斥、责怪、非议、数说2、数落1、自责、声讨、申讨、问罪，共25个①。

---

① 与"批评2"义相关的诸如"非难""责难"等是"指摘和责问""指责和非难"结合体，属于语义交叉变体类型，详见第5章相应部分。

（二）"批评2"的同位变体

"批评2"的同位变体是与其有着相同的语义基元结构式、只词语形式表现不同的一系列动词，有：指摘、责备、指责、褒贬、数说2、非议，共6个。词典释义如下：

【指摘】挑出错误，加以批评。　　【褒贬】批评缺点；指责。这里的"褒贬"（bāo bian）是偏义复词，义偏指"贬"，不同于表中性评论义的"褒贬"（bāobiǎn）。

【责备】批评指摘。　　【数说】②责备。

【指责】指摘责备。　　【非议】〈书〉责备。

按照词典释义我们提取语义要素并表达成结构式，分别为：

指摘：[＋挑错]∧[＝批评2]　　褒贬：[＝批评2]∨[＝指责]

责备：[＝批评2]∧[＝指摘]　　数说2：[＝责备]

指责：[＝指摘]∧[＝责备]　　非议：[＝责备＋书面]

需要说明的是"指摘"中语义要素[＋挑错]即"指出缺点或错误"，意在强调但实则与"批评2"无异；"非议"是"批评2/责备"义的书面语表现形态，除非议、指摘、褒贬是"批评2"的书面语表现形态之外，其他的词经过推导都可以看出与"批评2"的结构式完全等同，不仅如此，这六者与"批评2"在相同句法环境下也可互换，如：

a. 希斯菲尔德在8日比赛结束后就曾对巴拉克场上的不理智行为进行了<u>批评/指摘/指责/数说/褒贬</u>。

b. 在当时，有人<u>批评</u>孔子热衷于功名利禄，是功利小人，但是孔子作《春秋》，开创了编年史的体例，这是历史一大功绩。

c. 在当时，孔子遭人<u>非议</u>"热衷于功名利禄，是功利小人"，但是孔子作《春秋》，开创了编年史的体例，这是历史一大功绩。

综上可知，"批评2"与其形位变体"指责""数说2""责备"及书面语变体"非议""指摘""褒贬"的语义基元结构式为：

批评2｜指责｜数说2｜责备［动作/行为＋表示不悦/不认同＋人/事物的缺点/不良行为＋评价＋负面/否定］

指摘｜非议｜褒贬［动作/行为＋表示不悦/不认同＋人/事物的缺点/不良行为＋评价＋负面/否定＋书面］

同位变体关系图（图3-40）可表示为：

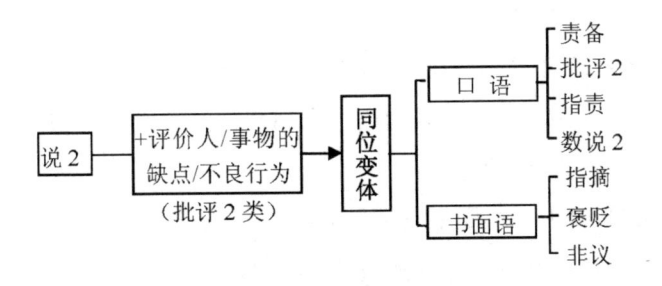

图3-40　"批评2"的同位变体关系图

（三）"批评2"的下位变体

"批评2"的下位变体是在"批评2"义上另外凸显其他附属义征或改变语义基元范围的一系列动词，有：数落1、苛责、自责、攻击2、斥责、骂2、责骂、臭骂、呵斥、苛责、痛责、贬斥2、痛斥、指斥、申斥、责怪、声讨、申讨、问罪，共19个。根据附属义征指向不同或语义基元范围凸显的不同分为五类：

1. "批评2"的方式方法是列举式的变体同义词：数落

如：大星几次想插进嘴去，但是她不由分辩地一句一句<u>数落</u>。

语义基元结构式为：［动作/行为＋表示不悦/不认同＋人/事物的缺点/不良行为＋评价＋负面/否定＋列举式］

2. 带"批评2"动作发出者情绪、态度的变体同义词：

（1）情绪是埋怨的：责怪

如：她<u>责怪</u>我没有能力赚钱养家，不能让她过上少奶奶般的生活。

语义基元结构式为：［动作/行为＋表示不悦/不认同＋人/事物的缺点/不良行为＋评价＋负面/否定＋埋怨情绪］

（2）态度过分严厉的：苛责

如：斯东先生怎么能不顾这种历史事实，用现代民主制的要求去<u>苛责</u>两千多年前的苏格拉底呢？

语义基元结构式为：［动作/行为＋表示不悦/不认同＋人/事物的缺点/不良行为＋评价＋负面/否定＋态度过严］

3. "批评2"的动作行为所指对象的范围是自己的变体同义词：自责

如：他后悔了，深深<u>自责</u>自己的罪行和过错。

语义基元结构式为：[动作/行为 + 表示不悦/不认同 + 自我的缺点/不良行为 + 评价 + 负面/否定]

4. 比"批评2"的程度较高（程度1⁺）① 的变体同义词：

是以"斥责"为代表的一系列词，指用严厉的负面评价来指出人或事物的缺点乃至罪行的动作行为。

(1) 态度严厉的"斥责"：斥责、责骂、骂2

如：a. 他因逃学缺考，父亲<u>责骂</u>/<u>骂</u>他不长进，给父母丢脸。

b. 他因逃学缺考受到了父亲的<u>斥责</u>。

语义基元结构式为：[动作/行为 + 表示不悦/不认同 + 人/事物的缺点/不良行为 + 评价 + 负面/否定 + 态度严厉 + 程度1⁺]

(2) 态度是凶狠的"斥责"：臭骂

如：刘主任大动肝火，把佟队副揪来是一顿狗血喷头的<u>臭骂</u>，让佟队副害怕不已。

语义基元结构式为：[动作/行为 + 表示不悦/不认同 + 人/事物的缺点/不良行为 + 评价 + 负面/否定 + 态度凶狠 + 程度1⁺]

(3) 凸显声音大的"斥责"：叱骂、呵斥

如：a. 我向他做忏悔，供出了我跟台达尔多的私情；他就咆哮如雷，大声<u>叱骂</u>，我现在回想起来，还觉得心惊胆战。

b. 他一天到晚老是背着手在校园里转来转去，一不高兴，就随便抓住一个男小子，扭着耳朵黑煞着脸大声<u>呵斥</u>一顿。②

语义基元结构式为：[动作/行为 + 表示不悦/不认同 + 人/事物的缺点/不良行为 + 评价 + 负面/否定 + 大声 + 程度1⁺]

(4) 凸显动作行为发出者痛切情感的"斥责"：痛责、痛斥

如：a. 面对脸色苍白的妻子，刘凤飞<u>痛责</u>自己没有尽到丈夫的责任。

---

① 若这里用程度值来表现否定、负面评价的递增性，以"批评2"所描述的强度值为"1"，记作［程度1］的话，那么：
和"批评2"相比，程度较高、较大的为"1⁺"，记作［程度1⁺］
和"批评2"相比，程度更高、更大的为"1⁺⁺"，记作［程度1⁺⁺］
和"批评2"相比，程度极高、极大的为"1⁺⁺⁺"，记作［程度1⁺⁺⁺］

② 语料来源：国家语委现代汉语通用平衡语料库（www.cncorpus.org）。

b. 开单提成、检查黑洞、药价虚高、专家走穴——政协委员痛斥医疗腐败。

语义基元结构式为：[动作/行为 + 表示不悦/不认同 + 人/事物的缺点/不良行为 + 评价 + 负面/否定 + 情感痛切 + 程度1^+]

5. 比"批评2"的程度更高（程度1^{++}）的变体同义词：

是以"申斥"为代表的一系列词，指用严正的态度来负面评价，指出人或事物缺点或荒谬言行的动作行为。

（1）态度严肃、严正的：申斥

如：在蒋介石发动"四·一二"政变后，汪精卫申斥蒋介石对待共产党人"见着就捉，捉着就杀"的残酷行径。

语义基元结构式为：[动作/行为 + 表示不悦/不认同 + 人/事物的缺点/不良行为 + 评价 + 负面/否定 + 态度严正 + 程度1^{++}]

（2）凸显"申斥"动作行为的对象是他人的荒谬的言行：谴责

如：他积极参加抗日救亡活动，强烈谴责日本帝国主义侵略中国，抨击国民党当局的不抵抗政策。

若公开、集体的谴责，则为：申讨、声讨

如：全国人民一致申讨/声讨段祺瑞政府的暴行，段祺瑞不久就被国民军赶下了台。

语义基元结构式为：[动作/行为 + 表示不悦/不认同 + 荒谬行为 + 评价 + 负面/否定 +（公开）+ 态度严正 + 程度1^{++}]

（3）凸显"申斥"动作行为的对象是他人的罪行、罪过的：问罪

如："你今天带了这把刀来做什么？来兴师问罪吗？我有罪没有？"她怒道。

语义基元结构式为：[动作/行为 + 表示不悦/不认同 + 罪行/罪过 + 评价 + 负面/否定 + 态度严正 + 程度1^{++}]

6. 与"批评2"比程度极高（程度1^{+++}）的变体同义词：

是以"贬责"为代表的一系列词，指用贬低的语言来负面评价他人或事物缺点或错误行为的动作行为。

这类有：贬责、贬斥。

如：把给上级送礼讨好处的，贬斥/贬责为"溜须拍马""势利小人"，

131

针砭得入木三分。

语义基元结构式为：[动作/行为+表示不悦/不认同+人/事物的缺点/不良行为+评价+贬损话语+程度1^{+++}]

若涉及人身安全或人格方面的恶意的贬损，则为：攻击

如：用张贴小字报的方式，以低级下流的语言来<u>攻击</u>他人是很不道德的行为。

语义基元结构式为：[动作/行为+表示不悦/不认同+人格尊严/人身安全+评价+贬损话语+程度1^{+++}]

下位变体关系图（图3-41）可表示为：

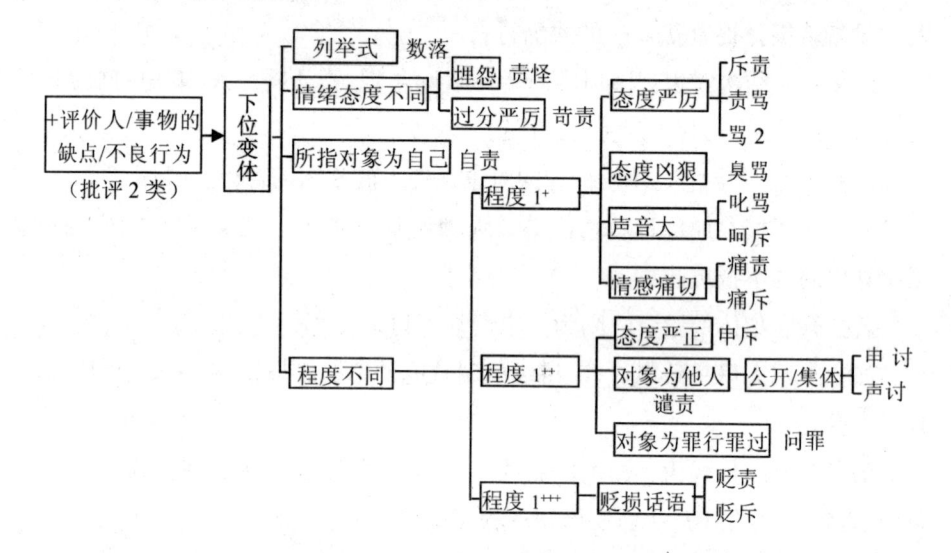

图3-41 "批评2"的下位变体关系图

第七节 "说2"的情感变体
——致意类词群及基元结构

致意类词群是一类意在通过主事的言语来体现主事对客事的情意、心意的言说动词。人是有情感的动物，在人与人的交往中、社会的活动中，人的喜怒哀乐的情感或心意的体现除了通过面部表情或肢体语言表达出来之外，

更多的是通过言语内容及方式来传达，这是致意类言说动词不同于"说2"的最重要的区别。按照主事对客事的情感不同，又可分为四种：表示谢意的道谢类；表示歉意的道歉类；表示快乐、高兴之情的道喜类；表示愤怒、生气之情的骂类。

一、道谢类词群及基元结构

道谢类言说动词是以原型词——"道谢"为代表的一系列同义词的集合，即用言语来向他人表示自己的谢意。"道谢"的词典释义为：

【道谢】用言语表示感谢：当面向他～。

若依据词典释义，"道谢"的语义要素提取为：［+说1话（言语表示）］［+感谢］，结构式为：［动作/行为+感谢+说1（话）］，语义内容从右到左解读为：说1（感谢的话）的动作行为即为"道谢"。这与语言事实相吻合，如：

看到情绪已稳定的杨芝金和熬夜守候在病床旁的检察官和民警，家属们连声道谢。

由于"感谢"本身也是此类词群中的一员，因此不宜将其作为结构式中的语义基元来处理，同时"感谢"是客事对主事施恩或给予了帮助等之后主事对其产生了好感并付诸言行，因此我们可以用"感激"来代替"感谢"作为结构式的语义基元。因此道谢类言说动词的主要义征为［+感激］，语义基元结构式重新表达为：

道谢：［动作/行为+感激+说1（话）］

语义内容从右到左重新解读为：说1（感激的话）的动作行为即为"道谢"。

属于此类的言说动词有：道谢、致谢①、感谢、称谢，共4个。

（一）"道谢"的同位变体

"道谢"的同位变体是与其有着相同的语义基元结构式、只词语形式表现不同的一系列动词，有：致谢、感谢、称谢，共3个。词典释义如下：

【感谢】用言语行动表示感激。

---

① 词语来源：《同义词词林》，梅家驹等编，上海辞书出版社1983年版，第278页。

【致谢】表示感谢。

【称谢】道谢。

按照词典义我们提取语义要素并表达成结构式为：

感谢：［动作/行为＋感激＋说1话/行动］（≧［＝道谢］①）

致谢：［＝感谢］

称谢：［＝道谢］

三者的结构式可推出与"道谢"相同，并且三者与"道谢"在相同句法环境下也可互换，如：

拎起电话，他向话务员连声<u>道谢/感谢/致谢/称谢</u>："真的没想到，实在太方便了。"

因此，"道谢"与其三个形位变体"感谢""致谢""称谢"的语义基元结构式同为：

道谢｜感谢｜致谢｜称谢［动作/行为＋感激＋说1（话）］

同位变体关系图（图3-42）可表示为：

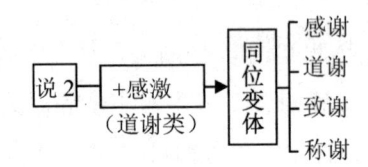

图3-42　"道谢"的同位变体关系图

(二) "道谢"的下位变体

"道谢"没有其他下位变体。

二、道歉类词群及基元结构

道歉类言说动词是以原型词——"道歉"为代表的一系列同义词的集合，即用言语来向他人表示自己的歉意或悔恨之情。"道歉"的词典释义为：

【道歉】表示歉意，特指认错：赔礼～。

---

① "感谢"既可以用言语也可以用行动来表示感激之情，因此"感谢"包含于"道谢"之中。

若依据词典释义,"道歉"的语义要素提取为:[+说1话(表示)][+歉意][+认错],结构式为:[动作/行为+认错+歉意+说1(话)],语义内容从右到左解读为:说1(歉意的话)来认错的动作行为即为"道歉"。这与语言事实相吻合,值得一提的是"认错"中的"错"的性质及种类是多种多样的,多为不适当或有危害的言行使他人委屈、受到伤害或对人无礼,既有承认和检讨自己的行为,也有对他人的行为表示遗憾。如:

a. 这名导航员在空难发生后不久向瑞士和德国报界发表书面声明,公开承认自己的错误,并向遇难者家属 道歉。

b. 塞浦路斯教育部长佩夫基奥斯·乔治亚季斯4日就自己的座车超速一事公开道歉,并表示将接受教训,带头遵守交通规则。

c. 普雷斯科特表示会把请愿书转交布莱尔,他还为布莱尔拖了7个星期才给戈登家人发唁电表示道歉。

例a中主事"导航员"为自己的"错误"给遇难者家属带来伤害而认错并表示悔恨、歉意;例b中主事"教育部长"为自己的"不当行为——超速"给公众带来了不良影响而认错并表示悔恨、歉意;例c中主事"普雷斯科特"为他人"布莱尔"的拖欠行为向客事表示遗憾,但这个错误并非由主事本身所造成。因此说"认错"与"说(歉意的话)"是同一过程的两个表现环节,两者是一个连续统即先承认错误再说歉意的话,两者不能完全分开,而往往其中一个方面就可以包括整个动作行为事件的全部含义。那么道歉类言说动词的主要语义特征应是[+歉意],其语义基元结构式重新表达为:

道歉:[动作/行为+歉意+说1(话)]

语义内容从右到左重新解读为:说1(歉意的话)的动作行为即为"道歉"。

属于此类的言说动词有:道歉、致歉、认错、赔话、赔罪、赔礼、谢罪、请罪,共8个。

(一)"道歉"的同位变体

"道歉"的同位变体是与其有着相同的语义基元结构式、只词语形式表现不同的一系列动词,有:致歉、赔话,共2个。词典释义如下:

【致歉】表达歉意。

【赔话】说道歉的话。

按照词典义我们提取语义要素并表达成结构式，分别为：

致歉：[＝道歉]

赔话：[动作/行为＋道歉的话＋说1]（[＝道歉]）

不仅三者的语义基元结构式与"道歉"相同，且相同句法环境下也可互相替换，如：

他们既然向我们道歉/致歉/赔话了，我们也就不再追究了。

综上可知，"道歉"与形位变体"致歉"、方言变体"赔话"的语义基元结构式分别为：

道歉/致歉/认错：[动作/行为＋歉意＋说1（话）]

赔话 [动作/行为＋歉意＋说1（话）＋方言]

同位变体关系图（图3-43）可表示为：

图3-43 "道歉"的同位变体关系图

（二）"道歉"的下位变体

"道歉"的下位变体是在"道歉"义上另外凸显其他附属义征的一系列动词，有：赔罪、赔礼、谢罪、请罪，共4个。根据附属义征指向的不同，又可分为两类：

1. "道歉"的因由是得罪或冒犯他人的变体同义词：赔罪、赔礼

如：您老别生气，小的们实在是冒犯了，特向您赔罪/赔礼，还望您大人有大量不要计较。

语义基元结构式为：[动作/行为＋歉意＋说1（话）＋因得罪/冒犯]

2. 因犯下严重恶劣罪行而"道歉"并请求处分的变体同义词：请罪、谢罪

如：廉颇主动登门向蔺相如请罪/谢罪。

语义基元结构式为：[动作/行为＋请求处分＋歉意＋说1（话）＋因犯罪]

下位变体关系图（图3-44）可表示为：

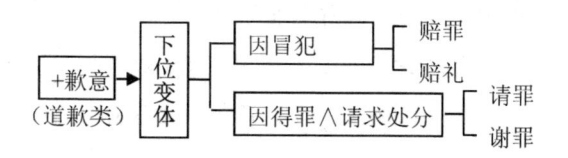

图3-44 "道歉"的下位变体关系图

三、道喜类词群及基元结构

道喜类言说动词是以原型词——"道喜"为代表的一系列同义词的集合，即用言语来向他人表示自己为其高兴、快乐之情。"道喜"的词典释义为：

【道喜】对人表示祝贺。

若依据词典释义，"道喜"的语义要素提取为：[＋说1（话）][＋祝贺]，结构式为：[动作/行为＋祝贺＋说1（话）]，语义内容从右到左解读为：说1（祝贺的话）的动作行为即为"道喜"。这与语言事实相吻合，如：

a. 听说她生了个大胖小子，邻居们都前来道喜。

因语义要素"祝贺"也是属于此类的言说动词之一，因而不宜将其作为结构式中的语义基元来处理，我们可以换作"贺语"来代替"祝贺的话"，因此道喜类言说动词的主要语义特征应是[＋贺语][＋喜悦之情]，其语义基元结构式重新表达为：

道喜：[动作/行为＋喜悦之情＋贺语＋说1（话）]

语义内容从右到左重新解读为：说1（贺语）表喜悦之情的动作行为即为道喜。

属于此类的言说动词有：道喜、恭喜、道贺、祝贺，共4个。

（一）"道喜"的同位变体

"道喜"的同位变体是与其有着相同的语义基元结构式、只词语形式表现不同的一系列动词，有：恭喜、道贺、祝贺，共3个。词典释义如下：

【祝贺】道贺。

【恭喜】祝贺人家的喜事。

【道贺】道喜。

按照词典义我们可以知道三者的释义及结构式应与"道喜"完全相同，且四者都可以在相同句法环境下互相替换，如：

2. 遇见人家有娶妻生子之喜事，自然要道喜/道贺/恭喜/祝贺一番。

那么，"道喜"与其三个形位变体"道贺""恭喜""祝贺"的语义基元结构式同为：

道喜｜道贺｜恭喜｜祝贺 [动作/行为+喜悦之情+贺语+说1（话）]

同位变体关系图（图3-45）可表示为：

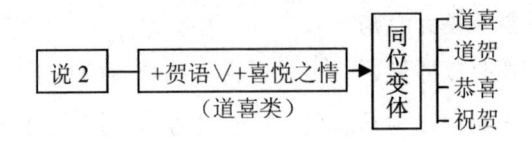

说2 → +贺语∨+喜悦之情（道喜类） → 同位变体 → 道喜 道贺 恭喜 祝贺

图3-45　"道喜"的同位变体关系图

（二）"道喜"的下位变体

"道喜"没有其他下位变体。

四、骂类词群及基元结构

骂类言说动词是以原型词——"骂1"为代表的一系列同义词的集合，即用言语来向他人表示自己的愤怒、不满等不悦之情，言语内容也因此表现出粗野恶毒的特点。"骂1"的词典释义为：

【骂】①用粗野或恶意的话侮辱人：~街｜张嘴就~。

若依据词典释义，"骂1"的语义要素提取为：[+粗野/恶意][+说1（话）][+侮辱他人]，结构式为：[动作/行为+侮辱他人+粗野/恶意+说1（话）]，语义内容从右到左解读为：说1（粗野/恶意的话）来侮辱他人的动作行为即为"骂"。

但我们观察发现由词典义提取的[+侮辱他人]要素并不是充要的，虽然很多情况下的确都是对他人的人身、人格的侮辱，如：

a. 他<u>骂</u>我是个"白痴"，我上去就给他一巴掌。

b. 人们<u>骂</u>她是"花脚猫""雌狗娘"，编起歌儿来嘲讽她，把污言秽语抛向她，她忍受着永远是愉快而强壮地忍受着。

但也有很多情况下不是，如：

c. 小梅在井里朝富有康骂道："你这个狗汉奸，帮着日本鬼子，有本事你就开枪打吧！"

d. 对于他，我不会骂他是什么"感情骗子"，他的恋爱道德与人格，也不值得大张声势去评述。①

e. 大水气得只骂："他妈的。老子不信没了他就不能成事！"

例 c 中的"狗汉奸"、例 d 中的"感情骗子"看似是对他人人身的侮辱，但实则是对客事及其言行的恰如其分的定位；例 e 不确定有没有涉及侮辱他人的言辞，"他妈的"也可算是一种情绪的宣泄，但三例都无一例外地表达了主事的不满、不悦之情。因此说"侮辱人"只是"骂"这个动作行为可能带来的效果，表达主事的情感才是"骂"这个言说动词的内涵。

至于语言事实中还有如下的用法，如：

f. 马丫头又骚情地骂一句："你小子别给忘啦，要不然我可不饶你！"

g. 他看着我的"杰作"，哭笑不得地骂道②："你这个小妖精，我可真拿你没办法！"

应该皆属于"骂"的特殊句法语用情况，体现与"骂"本身词义情感内涵完全相反的"喜爱、喜欢之情"。

因此骂类言说动词的主要语义特征应是［＋粗野/恶意］［＋不悦之情］，语义基元结构式重新表达为：

骂1：［动作/行为＋不悦之情＋粗野/恶意＋说1（话）］

语义内容从右到左解读为：说1（粗野/恶意的话）来表示不悦之情的动作行为即为"骂"。

属于此类的言说动词有：骂1、辱骂、谩骂、漫骂、咒骂、叫骂、唾骂、诟骂、骂街、诅咒，共 10 个。

---

① 语料来源：国家语委现代汉语通用平衡语料库（www.cncorpus.org）。
② 这里的"骂"也可用"笑骂"来替换，义为"开玩笑地骂"而不是真骂，也暂不属于该词群范畴内。

(一)"骂1"的同位变体

"骂1"的同位变体是与其有着相同的语义基元结构式、只词语形式表现不同的一系列动词,有2个:辱骂、诟骂。词典释义如下:

【辱骂】用恶毒的话侮辱人。

【诟骂】〈书〉诟骂。

按照词典义我们可以知道"辱骂"的结构式应与"骂1"完全相同,同时"骂1"与"辱骂"可以在相同句法环境下互相替换,如:

他们仇视工农运动,<u>辱骂/骂</u>农会干部是"痞子""流氓",叫嚷"农民赤化了"。

那么,"骂1"与其形位变体"辱骂"的语义基元结构式同为:

骂1/辱骂[动作/行为 + 不悦之情 + 粗野/恶意 + 说1(话)]

而"诟骂"则是"辱骂"的书面语形式,如:

她仓促后退,再也无法在这小屋子里待下去,再也无法忍受他人对其百般侮辱和<u>诟骂</u>。

诟骂[动作/行为 + 不悦之情 + 粗野/恶意 + 说1(话) + 书面语]

同位变体关系图(图3-46)可表示为:

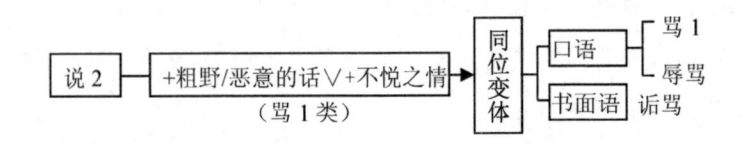

图3-46 "骂1"的同位变体关系图

(二)"骂1"的下位变体

"骂1"的下位变体是在"骂1"义上另外凸显其他附属义或改变语义基元范围的一系列动词,有:谩骂、漫骂、咒骂、叫骂、唾骂、骂街、诅咒,共7个。根据附属义征所指的不同,又可分为四类:

1.带"骂1"动作行为发出者态度的变体同义词:

(1)态度是轻慢无礼的:谩骂

如:造假分子通风报信,逃避查处,对举报和监督执法部门进行责难甚至谩骂执法人员是"狗咬人"。

语义基元结构式为：[动作/行为＋不悦之情＋粗野/恶意＋说1（话）＋轻慢无礼]

（2）态度是鄙视厌恶的：唾骂

如：老百姓只要一提到施根泽一伙，无不唾骂，痛恨之至。

2. "骂1"人的形式是胡乱随意的变体同义词：漫骂

如：那天在上海，登门祝贺的客人不见了，相反地，却有一批人围在他家门口不断起哄，高声漫骂，甚至难听的字眼都有。

语义基元结构式为：[动作/行为＋不悦之情＋粗野/恶意＋说1（话）＋胡乱随意]

若不指出具体对象而公开地"谩骂"，则为：骂街。

如：窗下街中，人们愤愤不平，吵嘴哭诉，讲话骂街一直闹到夜半。①

语义基元结构式为：[动作/行为＋不悦之情＋粗野/恶意＋说1（话）＋公开＋胡乱随意]

3. 凸显"骂1"动作行为的声音强度高的变体同义词：叫骂

如：客船、货船用高音喇叭叫他们让开，他们充耳不闻，还大声叫骂。

语义基元结构式为：[动作/行为＋不悦之情＋粗野/恶意＋说1（话）＋大声]

4. 凸显"骂1"的言语内容范畴的变体同义词：

这类有2个：诅咒、咒骂，即用恶毒的语言甚至诅咒的话来"骂"。

如：a. "狗东西，不得好死！"他从牙缝里恶狠狠地咒骂着。

b. 这消息太刺激人了。何一伟的心情无法平静，他诅咒过叶群不得好下场，没想到竟来得那么快。

语义基元结构式为：[动作/行为＋不悦之情＋恶毒/诅咒＋说1（话）]

下位变体关系图（图3－47）可表示为：

---

① 语料来源：国家语委现代汉语通用平衡语料库（www.cncorpus.org）

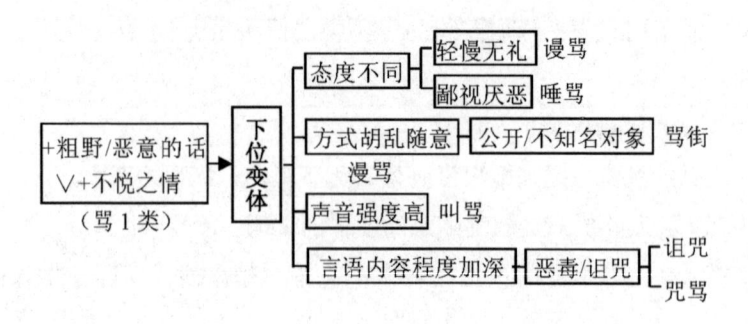

图 3-47 "骂 1"的下位变体关系图

第八节 "说2"的论述变体
——解·说类①词群及基元结构

解·说类词群是表示解释说明含义的一系列言说动词，指主事把理由、原因、含义等清楚明白地说给别人，使别人由不明白到明白的过程。其与告知类词群的不同在于，告知类侧重信息的传递性，即信息传递前客事不知，传递后客事才知，但明不明白并不强调，也不是主事动作行为的目的；而解·说类是信息传递前客事知，信息传递后客事也知，但是传递前客事不明，传递后明，传递的不是信息本身，而是信息的清晰度、准确度。如下（图3-48）所示：

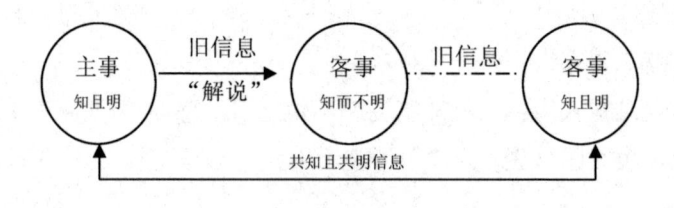

图 3-48

因此该类凸显的是"说2"的"论述性质"即叙述理由、原因等并加以分析，使旧信息的内容更完整明晰。

---

① 解·说为解释和说明两个词的合并缩写。

(一) 解·说类言说动词的意义

解说类言说动词是以原型词——"说明1/解释2"为代表的一系列同义词的集合,"说明1"与"解释2"有联系但又有所区别。词典中两者的释义分别为:

【说明】①解释明白。

【解释】②说明含义、原因、理由等。

从词典释义可以看出两者有"互训"的"嫌疑",那么分别提取语义要素并组成结构式为:

说明1[动作/行为+使清楚明白+解释]

解释2[动作/行为+含义/原因/理由+说1(话)]

语义内容从右到左分别解读为:说含义、理由、原因使他人明白清楚的动作行为即为"说明1";说(含义、理由、原因)的动作行为即为"解释2"。

但我们观察分析,两者的义项义都不够准确。对于"说明"来说,应该细分两层含义:一是说话是动作行为本身,但突出强调言语内容要明晰;二是用含义、理由等来对某人的言行或对某事情、事物进行分析,通过分析使客事(听话者)明白。如:

a. 我吞吞吐吐地说明了找工作的来意之后,他摇摇头笑笑,用手指将着他的仁丹胡子说:"一个女学生,女子师范毕业……失业的大学生也不知有多少……"①

b. "这个方案是谁的创意?来说明一下。"领导发话了。

例a中是把"来意"——"找工作"具体告诉客事"他",所以"他"才有了之后的回话;例b是指通过言语分析来告诉客事"领导"方案的具体内容。因此"说明"的语义基元结构式应重新表达为:

说明1[动作/行为+使清楚明白+说1/分析]

语义内容从右到左重新解读为:说或分析使他人清楚明白的动作行为即为"说明"。

至于"解释",除了本身释义之外,它还适用于"使误会、怨结等解

---

① 语料来源:国家语委现代汉语通用平衡语料库(www.cncorpus.org)。

开",这与"使清楚明白"有所不同,如:

c. 老师要我解释一下迟到的原因。

d. 李德生知道吴克华误会了,便解释说:"吴克华同志,我们是奉周总理之命来找你谈话的。"

例 c 是说"迟到原因"来使老师"清楚明白",例 d 是主事通过说原因、理由来解开找客事"吴克华"谈话的"误会"。因此"解释"的语义基元结构式应重新表达为:

解释 2 [动作/行为 + 使清楚明白/误怨解开 + 含义/原因/理由 + 说 1（话）]

语义内容从右到左重新解读为：说（含义、理由、原因）使他人清楚明白或误怨解开的动作行为即为"解释 2"。

属于此类的言说动词有：解释 2、说明 1、表述 2、讲解、申述、申说、申明、重申、表白、解说、阐释、阐述、阐明,共 13 个。

（二）"解·说"的同位变体

"解·说"的同位变体是与其有着相同的语义基元结构式、只词语形式表现不同的动词,有:阐明、表述 2。词典释义如下:

【阐明】讲明白。

【表述】②说明。

由词典释义可知其两者的结构式与"说明 1"同,且与其能在相同句法环境下互相替换,如:

在世界人权大会召开期间,中国积极阐明/说明/表述自己的立场,同与会各国坦诚交换意见。

只是"阐明"较之"说明"更适用于正式、正规的场合,这是句法语用问题。

因此"说明 1"与其形位变体"阐明""表述 2"的语义基元结构式同为:

说明 1 | 阐明 | 表述 2 [动作/行为 + 使清楚明白 + 说 1/分析]

同位变体关系图（图 3-49）可表示为:

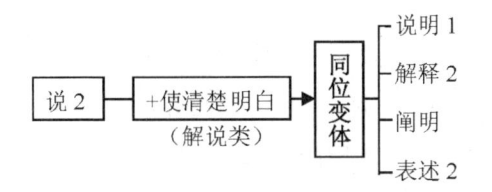

```
                           ┌─ 说明 1
              ┌────────┐   │  解释 2
  说 2 ─ +使清楚明白 ─│同位变体│─┤  阐明
              │(解说类) │   │  表述 2
              └────────┘   └─
```

图 3-49　"解说"的同位变体关系图

(三)"解说"的下位变体

"解释 2 | 说明 1"的下位变体是在其义上另外凸显其他附属义或改变语义基元范围的一系列动词,有:讲解、申述、申说、申明、重申、表白、解说,共 7 个。根据附属义征所指的不同,又可分为四类:

1. 强调"解释"的范畴为含义的变体同义词:讲解、解说

如:讲解员给观众<u>讲解/解说</u>这种机器的构造和性能。

语义基元结构式为:〔动作/行为 + 使清楚明白 + 含义 + 说 1(话)〕

若含义指自我心意、自我情意或思想,则变体同义词为:表白

如:他终于鼓足勇气向她<u>表白</u>了爱慕的心意。

语义基元结构式为:〔动作/行为 + 使清楚明白 + 心意/情意 + 说 1(话)〕

2. 强调"解释"的范畴为理由、原因的变体同义词:申说

如:在北京,廷懋找到黄克诚,又当面<u>申说</u>利害原因,反映自治区党委的处理意见。

语义基元结构式为:〔动作/行为 + 使清楚明白 + 原因/理由 + 说 1(话)〕

3. "解释/说明"的方式方法不同的变体同义词

这类只有一个:申述,凸显方式方法是详尽且有条理的。

如:他在当时针对阿拉伯半岛社会状况,<u>申述</u>种种主张和伦理规范,并为政教合一的宗教公社确立地位。

语义基元结构式为:〔动作/行为 + 使清楚明白 + 说 1/分析 + 详尽∧有条理〕

若强调频率"再次、反复",则变体同义词为:重申

如:中央政府再次<u>重申</u>要"尊重西藏人民的宗教信仰自由和民俗习惯"。

语义基元结构式为:〔动作/行为 + 使清楚明白 + 说 1/分析 + 详尽∧有条

理+再次/反复]

4. 带"解释"动作行为发出者态度的变体同义词

只有一个：申明，即以郑重的态度来说明。

如：我国一再申明"一个中国、反对台独"的坚定立场。

下位变体关系图（图3-50）可表示为：

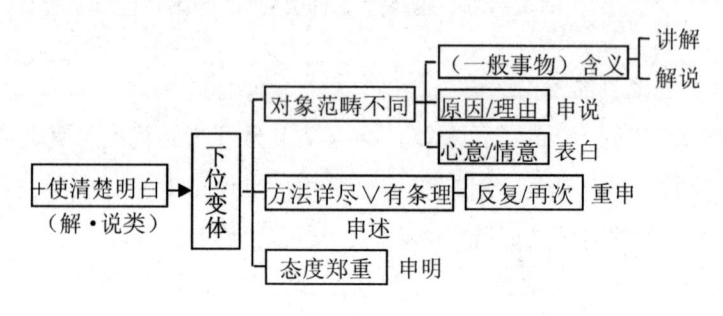

图3-50 "解·说"的下位变体关系图

第九节 "说2"的量度变体
——繁简类词群及基元结构

繁简类词群是一类意在表现"说2"的动作行为进行的程度的言语行为动词，它们不同于其他言说动词之处在于侧重说话的"量度"大小，即在表达言语时，有时会说得比较多，有时会说得少，有时会说得详细，有时又说得省略，当然这跟言语行为动作发出者的实际意图有着直接的关系。按照量度的不同，又可分为三类：详说类词群；简述类词群；赘述类词群。

一、详说类词群及基元结构

详说类言说动词就是以言说动词——"详说"为典型代表的一系列同义词的集合。它表示"说2（话）"的动作行为程度比较高、量比较大，"量度值"的衡量标准体现为两个方面：一个是说话的时间比较长；二是说话的内容比较多、比较杂，两者是相辅相成的。如：

a. 张大妈给我打电话，详说她今年的情况，从家里买了口猪到邻居二婶去年借她两百块至今未还,这一聊就是一个多小时。

因此,详说类言说动词的主要语义特征是[+详细/仔细],与"详说"释义相同、相同句法环境下又可互换的还有"详述""细说",如:

b. 由于我的锲而不舍,感动了章清五同志,他才详说/详述/细说了"中山舰事件"的始末。

那么"详述""细说"是"详说"的同位变体,只是"详述"更书面化,三者的语义基元结构式分别为:

详说|细说[动作/行为+说1(话)+详细/仔细]

详述[动作/行为+说1(话)+详细/仔细+书面语]

语义内容从右到左解读为:详细、仔细地说1(话)的动作行为即为"详说|详述|细说"。

同位变体关系图(图3-51)可表示为:

图3-51 "详说"的同位变体关系图

二、简述类词群及基元结构

简述类言说动词就是以言说动词——"简述"为典型代表的同义词的集合,这个集合只有"简述"1个,即"说1(话)"的动作行为程度比较低、量比较小,"量度值"的衡量标准体现为两个方面:一是说话的时间比较短;二是说话的内容比较简要、概括,两者也是相辅相成的。如:

请简述一下中国近代革命史,时间不超过10分钟。

在"10分钟"内要讲完一段很长的"中国近代革命史",要求的言辞内容自然也是简要概括的。因此,简述类言说动词的主要语义特征是[+简明概括],其语义基元结构式为:

简述:[动作/行为+说1(话)+简明概括]

语义内容从右到左解读为:简明概括地说1(话)的动作行为即为"简述"。

三、赘述词群及其基元结构

赘述类言说动词就是以言说动词——"赘述"为典型代表的同义词的集合，这个集合只有"赘述"1个，即凸显言语行为动作进行的反复性、多余性。如：

关于雕版印刷术的情况，我已做了介绍，这里不再赘述。

从例句中可知，因主事"我""已做介绍"，所以再说就是多余的。因此，赘述类言说动词的主要语义特征是［+多余/反复］，其语义基元结构式为：

赘述：［动作/行为 + 说1（话）+ 多余/反复］

语义内容从右到左解读为：多余、反复地说1（话）的动作行为即为"赘述"。

第十节 "说2"的受损变体
——嘲诬类词群及基元结构

嘲诬类词群是一类通过发话者说话的动作行为来着重凸显其目的、意图的言语行为动词，这类言说动词具有三个特点：

一是言语内容具有直接针对性和间接暗示性：明是针对听话者（客事）说"嘲笑"或"诬蔑"的话，暗则同时将这样的言语内容传递给第三方知道。

二是言语内容要达到的效果：即发话者的意图是让听话者（客事）受损，"损"可以只来源于说话者本身，但也可由说话者引发第三方产生与其相同的看法、想法、感受等实际效果。

三是受损涉及的方面：主要是精神、心灵方面，甚者可至人格尊严、人身安全等，并且"诬蔑"的受损程度一般比"嘲笑"更高一些。

"受损"是这类词群最为典型的语义特征，依照"受损"程度的不同，又分为两类：一是偏指使人尴尬、羞愧的嘲笑类；二是偏指使人身安全受毁坏的诬蔑类[1]。

---

[1] "人身安全"包括个人的生命、健康、行动、名誉等的安全。

第三章 性质言语动词"说2"的基元结构及同位词群

一、嘲笑类词群及基元结构

（一）嘲笑类言说动词的意义

嘲笑类言说动词是以原型词——"笑话2"为代表的一系列同义词的集合。它是"说2"的受损表现形式之一，指主事刻意用贬损含义的话（包括反语）来使客事感觉尴尬或羞愧的言语行为。"笑话"的词典释义为：

【笑话】②耻笑；讥笑：~人｜当场出丑，让人~。

若依据词典释义，"笑话2"的语义要素提取为：[+耻笑][+讥笑]，结构式为：[动作/行为+耻笑/讥笑]，语义内容从右到左解读为：耻笑或讥笑的动作行为即为"笑话2"。

之前我们曾谈到用词群本身的言说词来做语义基元并不是很明智的选择，尤其是选用那些不能做或不是最基本语义基元的词，极容易犯语文词典中常见的"循环释义"毛病。在词典释义中，"笑话"义项义包含的"耻笑"和"讥笑"分别解释为：

【耻笑】鄙视和嘲笑。

【讥笑】讥讽和嘲笑。

即两者都用"嘲笑"来做进一步的解释，可"嘲笑"的词典义中又包含"笑话"：

【嘲笑】用言辞笑话对方。

这样又"回归"到"笑话"的义项义上，不仅"笑话"本身还是没有解释清楚，而且相连带的"耻笑""讥笑""嘲笑"的含义也都没有真正区别开来，类似这样情况的是我们亟待解决的问题之一。

尽管"循环释义"是词典释义中的某种缺憾，但也并非毫无用处，至少它们能告诉我们两个方面的信息：一是能证明被循环释义的词都是同义词或近义词，它们具有相同的核心语义特征，即便这种义征是暗含的，如"笑话""讥笑""耻笑""嘲笑"属于同一类词群毫无异议，并且从词面上看它们都具有共同的语素"笑"；二是从意义的"回归"也能帮助找出这一类同义词词群中的核心词，通过对核心词的严密分析，能帮助提炼出真正的基本语义基元，然后再由核心词含义影射到其他连带词，从而找出同异。像从"笑话"到"耻笑""讥笑"（两者还包含其他义素如"鄙视""讽刺"），"耻笑""讥笑"再到"嘲笑","嘲笑"又回归"笑话",那么可见"笑话"具有最典型性,使用频率较高,同时它还具有语义要素构成最简性,所以能够作为这类的核心词来分析,解释清楚它,也就能解释其他相关的一系列同义词。

再来看"笑话",如果不谈词性,单从词语结构来看,它可以是两种相关的模式:一是偏正式即:

笑话 = 用来发笑的 + 话(言语内容)
　　　　　　偏正

这与"笑话"的义项义①相吻合:"能引人发笑的谈话或故事;供人当作笑料的事情"。

另一模式是动补式即:

笑话 = 笑(V) + 话(用言语内容)
　　　　　动补

即用"话"(言语内容)来笑他人,如他人的缺点、错误、表现行为等,这里的"话"是作为工具补语来修饰动词"笑",并且这里的"话"就是偏正式中的"笑话"本身,那么表言说动词的"笑话"可以解释为:

【笑话】用可做笑料的话来笑对方。

语义基元结构式可表示为:[动作/行为 + 客事 + 笑 + 用可做笑料的话 + 主事],语义内容从右到左解读为:主事用可做笑料的话笑客事的动作行为即为"笑话"。

这较之词典中的"笑话2"义虽然深入了一步,但"笑"是否能作为最简语义基元还需存疑,一则这里的"笑"已不是表示人的"愉悦"的面部表情及"发出欢喜的声音",而是带有深层含义的言语动作行为。

再看一例:

A 组

他:"你今天可真是漂亮啊!"

我(尴尬):"你<u>笑话</u>我吧?!"

B 组

他:"你今天可真是漂亮啊!"

我(高兴):"谢谢你的<u>夸奖</u>!"

<<< 第三章 性质言语动词"说2"的基元结构及同位词群

　　A组和B组的主事"他"对客事"我"所说的话无论从语言形式、语言内容都完全相同,但客事"我"的反应却完全不同:前者认为是主事在笑话她,情绪"尴尬";后者则认为客事在夸奖她,情绪"高兴"。究其深层原因,是因为"笑话"除了针对听话者本身外,还涉及了第三方,即在指出听话者可笑之处时,又"同步"传递给了第三方,使得第三方注意到可笑之处并产生"同感",不管这个第三方是否在句法语境的当下真实存在,有则是显性存在,无则是隐性存在,同时也反映了人惧怕舆论、流言等的心态。这与语言事实相符合,如:

　　a. 霍逦闹了个大红脸,有点生气,怪耿常炯不该当场这样笑话她。
　　b. 我问过演员同志,原来她们有一种自卑感,据说唱得太明显了,怕人家"笑话"。①

　　例a中主事"耿常炯"笑话客事"霍逦",客事觉得尴尬所以"红了脸"且"生气",但同时也怪耿"当场"笑话,使得他人(除耿、霍之外的第三方)也"笑话"自己,损失了颜面,可见第三方在"笑话"当下是显性存在的;例b客事"演员同志"有"自卑感"就是"怕"因"唱得太明显"而被包括主事及第三方的人"笑话",第三方是隐性存在的。

　　也就是说"笑话"的释义内容及语义基元结构必须涉及"使语言针对的对象难堪、羞愧"的表述,才能够将A组和B组那样的例子区分开来,即"笑话类"与"称赞类"的差异就在此:有则是反语,无则是正常的表述,表达的情感正好相反相对。

　　那么"笑话"的释义可重新解释为:
　　【笑话】用可做笑料的话来笑对方使觉得尴尬、羞愧。
　　语义基元结构式可表示为:〔动作/行为+使尴尬/羞愧+客事+笑+用可做笑料的话+主事〕,语义内容从右到左解读为:主事用可做笑料的话笑客事使其尴尬、羞愧的动作行为即为"笑话"。

　　属于此类的言说动词有:笑话2、嘲笑、取笑、揶揄,共4个。②

---

① 语料来源:国家语委现代汉语通用平衡语料库.(www.cncorpus.org).
② 其他诸如:"讥笑""耻笑""嘲讽"都是"讥讽和嘲笑""鄙视和嘲笑""嘲笑和讽刺"的结合体,属于语义交叉变体类型,详见第五章相应部分。

(二)"笑话2"的同位变体

"笑话2"的同位变体是与其有着相同的语义基元结构式、只词语形式表现不同的动词,有:嘲笑、取笑、揶揄,共3个。词典释义如下:

【嘲笑】用言辞笑话对方。

【取笑】开玩笑;嘲笑。

【揶揄】〈书〉嘲笑。

按照词典释义结合4,10,1,1中的分析,提取语义要素并表达成结构式为:

嘲笑:[=笑话]

取笑:[=嘲笑]

揶揄:[=嘲笑](书)

可见三者与"笑话2"的语义基元结构式相同,只是"嘲笑"多用于书面语,而"揶揄"更书面语化,口语很不常用,同时四者在相同句法语境下可以互相替换,如:

小玫曾经当面<u>笑话/嘲笑/取笑/揶揄</u>他说:"你呀,还是个乡巴佬……"

综上可以,"笑话2"及其形位变体"取笑"、书面语变体"嘲笑""揶揄"的语义基元结构式为:

笑话2|取笑[动作/行为+使尴尬/羞愧+客事+笑+用可做笑料的话+主事]

嘲笑|揶揄[动作/行为+使尴尬/羞愧+客事+笑+用可做笑料的话+主事+书面语]

同位变体关系图(图3-52)可表示为:

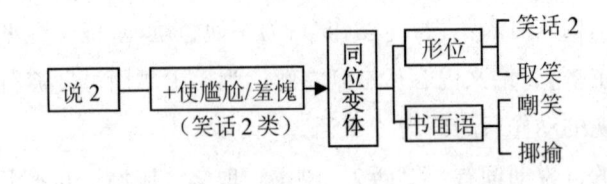

```
                                    ┌─形位──┬─笑话2
说2 ──+使尴尬/羞愧──同位变体        │       └─取笑
       (笑话2类)                    └─书面语─┬─嘲笑
                                              └─揶揄
```

图3-52 "笑话2"的同位变体关系图

(三)"笑话2"的下位变体

"笑话2"没有其他下位变体。

>>> 第三章 性质言语动词"说2"的基元结构及同位词群

二、诬蔑类词群及基元结构

（一）诬蔑类言说动词的意义

诬蔑类言说动词是以原型词——"诬蔑"为代表的一系列同义词的集合。它是"说2"的受损的另一表现形式之一，指主事刻意捏造事实来使客事的人身安全尤其是名誉安全受到损害的言语行为动词。"诬蔑"的词典释义为：

【诬蔑】捏造事实败坏别人的名誉：造谣～。

若依据词典释义，"诬蔑"的语义要素提取为：［＋捏造事实］［＋败坏］［＋他人名誉］，结构式为：［动作/行为＋他人名誉＋败坏＋捏造事实］，语义内容从右到左解读为：捏造事实败坏他人名誉的动作行为即为"诬蔑"。这与语言事实相符，但就"捏造事实"这方面我们可以细分为两种：一是凭空捏造、无中生有地"说假话"，毫无事实依据；二是虽有事实依据，但却刻意歪曲的"说坏话"，如：

a. 当中山舰开到黄埔的时候，蒋介石又指使党羽放出谣言，诬蔑共产党"阴谋暴动"。

b. 毛主席满腔热情地赞扬这场空前的农村大革命，尖锐地驳斥了某些人把农民运动诬蔑为"闹事运动"的谬论，指明了农民运动继续前进的方向。

例 a 中的"诬蔑"就是说共产党"阴谋暴动"的假话，并无真的事实依据。例 b 中的"诬蔑"则是对已有的"农民运动"的性质做了坏的评价——"闹事运动"。但无论是用假话还是用坏话来贬损他人都是使他人的名誉受损。因此诬蔑类的言说动词主要语义特征是［＋假话/坏话］［＋使人身受损］，其语义基元结构式重新表达为：

诬蔑：［动作/行为＋使名誉受损＋假话/坏话＋说1（话）］

语义内容从右到左重新解读为：说1（假话/坏话）使人名誉受损的动作行为即为"诬蔑"。

属于此类的言说动词有：诬蔑、污蔑1、诋毁、诽谤、毁谤、中伤、造谣，共7个。

（二）"诬蔑"的同位变体

"诬蔑"的同位变体是与其有着相同的语义基元结构式、只词语形式表现不同的动词，有：污蔑1、中伤、诽谤、毁谤、诋毁，共5个。词典释义

153

如下：

【污蔑】①诬蔑。　　　　　　　【毁谤】诽谤。
【中伤】诬蔑别人使受损害。　　【诋毁】毁谤；诬蔑。
【诽谤】无中生有，说人坏话，毁人名誉；诬蔑。

按照词典义我们提取语义要素并表达成结构式为：

污蔑：[= 诬蔑]　　　　　　　毁谤：[= 诽谤]

中伤：[+ 使受损] ∧ [= 诬蔑]　诋毁：[= 毁谤] ∨ [= 诬蔑]

诽谤：[+ 毁名誉 + 说假话/坏话] ∨ [= 诬蔑]

可以看出，这五者的语义基元结构式都与"诬蔑"同，只是"诽谤""毁谤""诋毁"较之"诬蔑""中伤"更书面语化一些，且这六者在相同句法环境下也可互相替换，如：

a. "你这是<u>诬蔑/中伤</u>我，我从来都没有做过！"我愤怒了。

b. 邱满囤在起诉书中说专家说他无知，<u>诽谤/毁谤/诋毁</u>了他的名誉，要求法庭开庭审理。

综上可知，"诬蔑"与其形位变体"污蔑1""中伤"及书面语变体"诽谤""毁谤""诋毁"的语义基元结构式为：

诬蔑 | 污蔑1 | 中伤 [动作/行为 + 使名誉受损 + 假话/坏话 + 说1（话）]

诽谤 | 毁谤 | 诋毁 [动作/行为 + 使名誉受损 + 假话/坏话 + 说1（话）+ 书面语]

同位变体关系图（图3-53）可表示为：

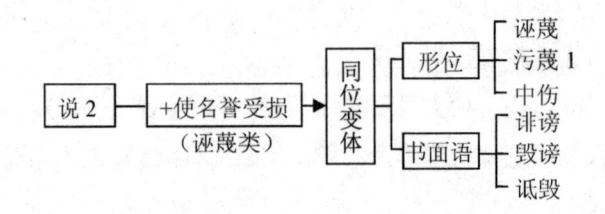

图3-53　"诬蔑"类的同位变体关系图

（三）"诬蔑"的下位变体

"诬蔑"的下位变体是在其义上另外凸显其他附属义或改变语义基元范围的一系列动词，只有1个：造谣，它除了表示说话者"说假话、坏话使听话者名誉受损"外，还意在迷惑第三方，使第三方相信说话者的话，如：

他对有人在单位<u>造谣</u>说她结过婚大为光火，实在因为她平时颇有点泼妇骂街的神态，还有那胖胖的身材，让人不得不相信。

语义基元结构式为：［动作/行为＋使名誉受损∧迷惑第三方＋假话/坏话＋说1（话）］

下位变体关系图（图3-54）可表示为：

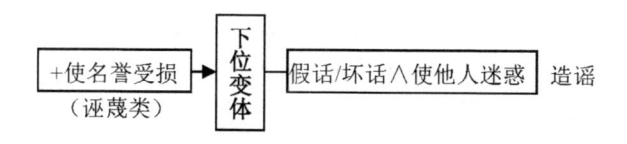

图3-54 "诬蔑"的下位变体关系图

第十一节 "说2"类语义基元结构及词群概览

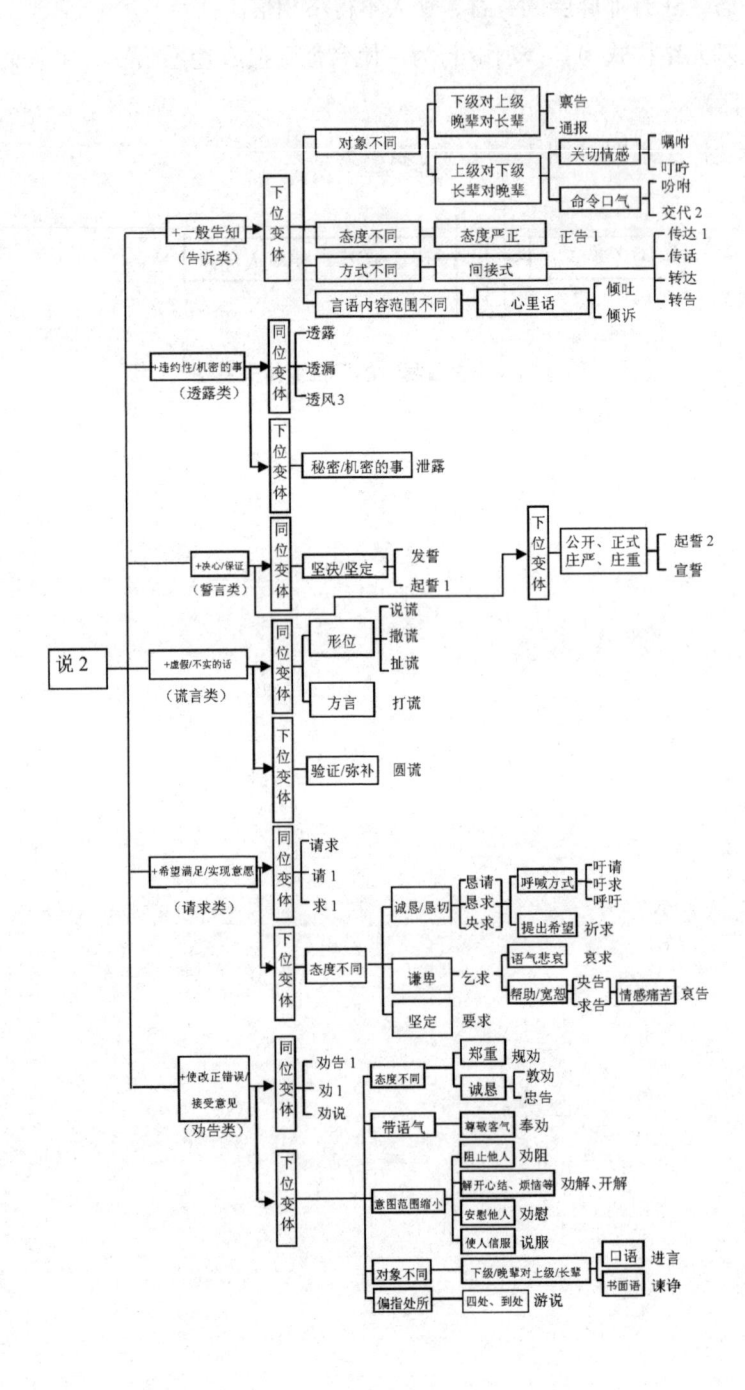

说2
├─ +一般告知（告诉类）
│   └─ 下位变体
│   ├─ 对象不同
│   │   ├─ 下级对上级/晚辈对长辈 ─ 禀告、通报
│   │   └─ 上级对下级/长辈对晚辈
│   │   ├─ 关切情感 ─ 嘱咐、叮咛、吩咐
│   │   └─ 命令口气 ─ 交代2
│   ├─ 态度不同 ─ 态度严正 ─ 正告1
│   ├─ 方式不同 ─ 间接式 ─ 传达、传话、转达、转告
│   └─ 言语内容范围不同 ─ 心里话 ─ 倾吐、倾诉
├─ +违约性/机密的事（透露类）
│   ├─ 同位变体 ─ 透露、透漏、透风3
│   └─ 下位变体 ─ 秘密/机密的事 ─ 泄露
├─ +决心/保证（誓言类）
│   ├─ 同位变体 ─ 坚决、坚定 ─ 发誓、起誓1
│   └─ 下位变体 ─ 公开、正式、庄严、庄重 ─ 起誓2、宣誓
├─ +虚假/不实的话（谎言类）
│   ├─ 同位变体
│   │   ├─ 形位 ─ 说谎、撒谎、扯谎
│   │   └─ 方言 ─ 打谎
│   └─ 下位变体 ─ 验证/弥补 ─ 圆谎
├─ +希望满足/实现意愿（请求类）
│   ├─ 同位变体 ─ 请求、请1、求1
│   └─ 下位变体 ─ 态度不同
│   ├─ 诚恳/恳切
│   │   ├─ 恳请/恳求/央求
│   │   │   ├─ 呼喊方式 ─ 吁请、吁求、呼吁
│   │   │   └─ 提出希望 ─ 祈求
│   │   └─ 语气悲哀 ─ 哀求
│   ├─ 谦卑 ─ 乞求
│   │   ├─ 帮助/宽恕 ─ 央告、求告
│   │   └─ 情感痛苦 ─ 哀告
│   └─ 坚定 ─ 要求
└─ +使改正错误/接受意见（劝告类）
    ├─ 同位变体 ─ 劝告1、劝1、劝说
    └─ 下位变体
        ├─ 态度不同
        │   ├─ 郑重 ─ 规劝、教劝、忠告
        │   └─ 诚恳
        ├─ 带语气 ─ 尊敬客气 ─ 奉劝
        ├─ 意图范围缩小
        │   ├─ 阻止他人 ─ 劝阻
        │   ├─ 解开心结、烦恼等 ─ 劝解、开解
        │   ├─ 安慰他人 ─ 劝慰
        │   └─ 使人信服 ─ 说服
        └─ 对象不同
            ├─ 下级/晚辈对上级/长辈
            │   ├─ 口语 ─ 进言
            │   └─ 书面语 ─ 谏诤
            └─ 偏指处所 ─ 四处、到处 ─ 游说

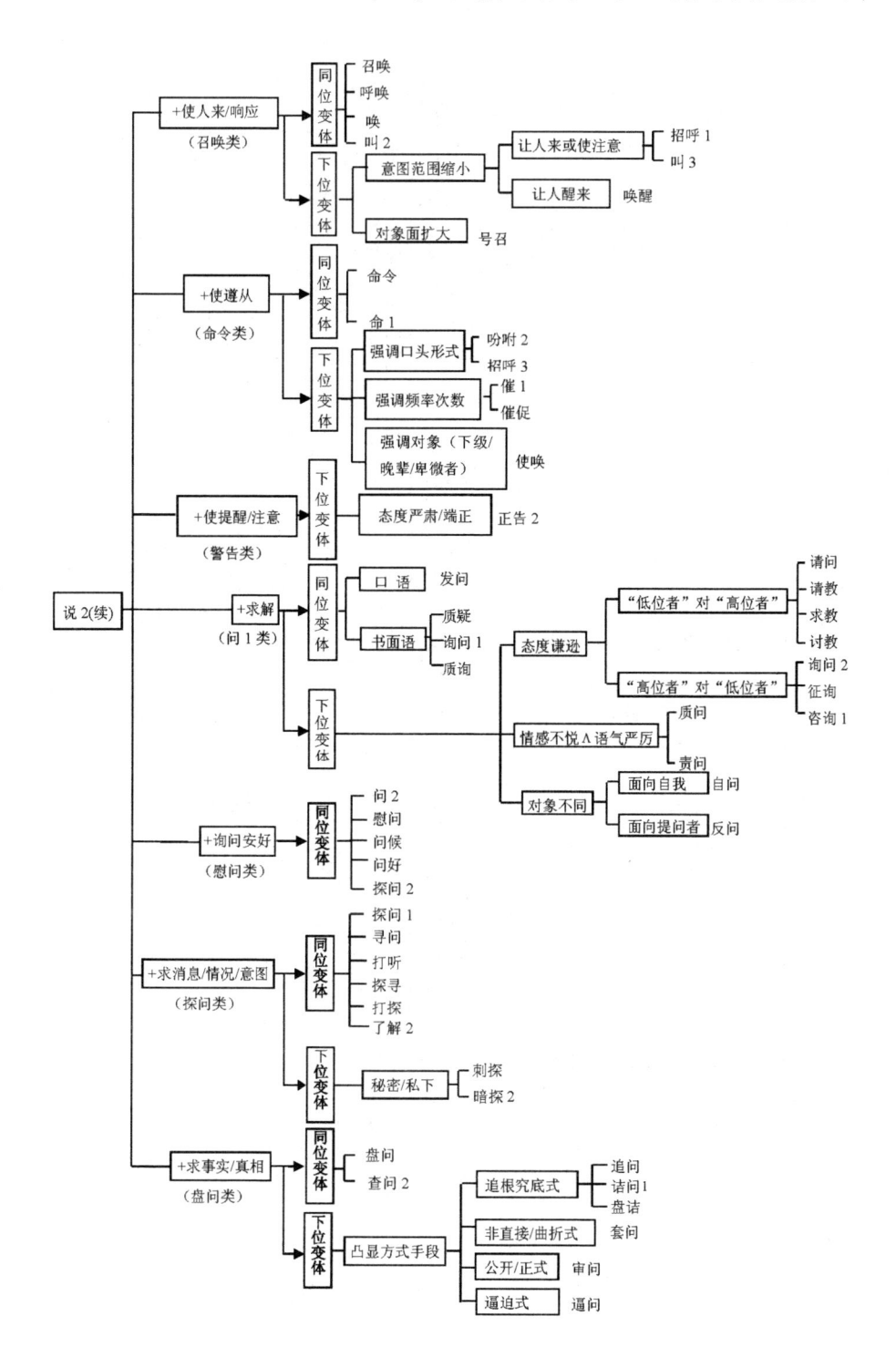

<<< 第三章 性质言语动词"说2"的基元结构及同位词群

说2(续)
- +使人来/响应（召唤类）
  - 同位变体：召唤、呼唤、唤、叫2
  - 下位变体：
    - 意图范围缩小
      - 让人来或使注意：招呼1、叫3
      - 让人醒来：唤醒
    - 对象面扩大：号召
- +使遵从（命令类）
  - 同位变体：命令、命1
  - 下位变体：
    - 强调口头形式：吩咐2、招呼3
    - 强调频率次数：催1、催促
    - 强调对象（下级/晚辈/卑微者）：使唤
- +使提醒/注意（警告类）
  - 下位变体：
    - 态度严肃/端正：正告2
- +求解（问1类）
  - 同位变体：
    - 口语：发问
    - 书面语：质疑、询问1、质询
  - 下位变体：
    - 态度谦逊
      - "低位者"对"高位者"：请问、请教、求教、讨教
      - "高位者"对"低位者"：询问2、征询、咨询1
    - 情感不悦∧语气严厉：质问、责问
    - 对象不同
      - 面向自我：自问
      - 面向提问者：反问
- +询问安好（慰问类）
  - 同位变体：问2、慰问、问候、问好、探问2
- +求消息/情况/意图（探问类）
  - 同位变体：探问1、寻问、打听、探寻、打探、了解2
  - 下位变体：
    - 秘密/私下：刺探、暗探2
- +求事实/真相（盘问类）
  - 同位变体：盘问、查问2
  - 下位变体：凸显方式手段
    - 追根究底式：追问、诘问1、盘诘
    - 非直接/曲折式：套问
    - 公开/正式：审问
    - 逼迫式：逼问

157

言说词概念语义分析与挖掘 >>>

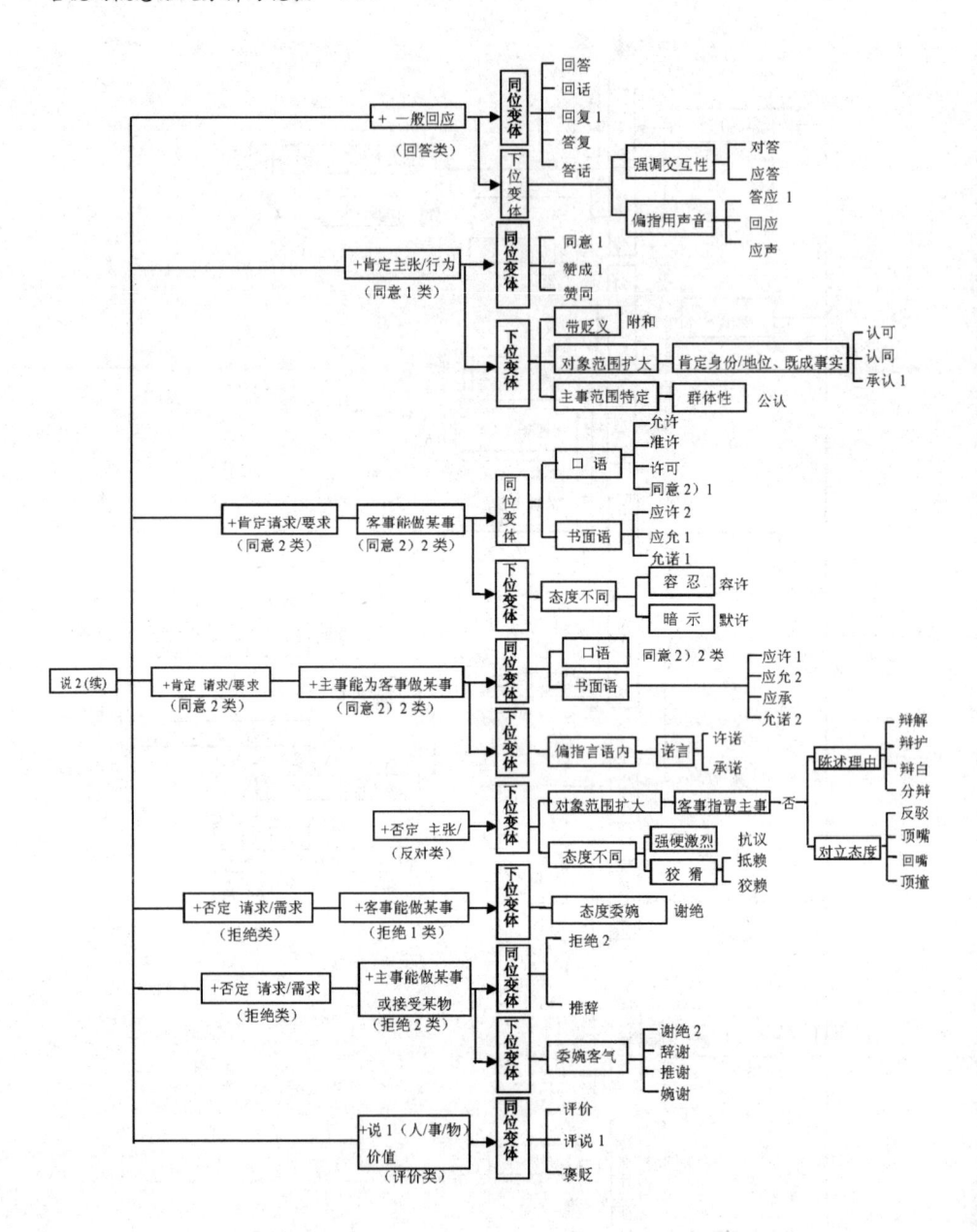

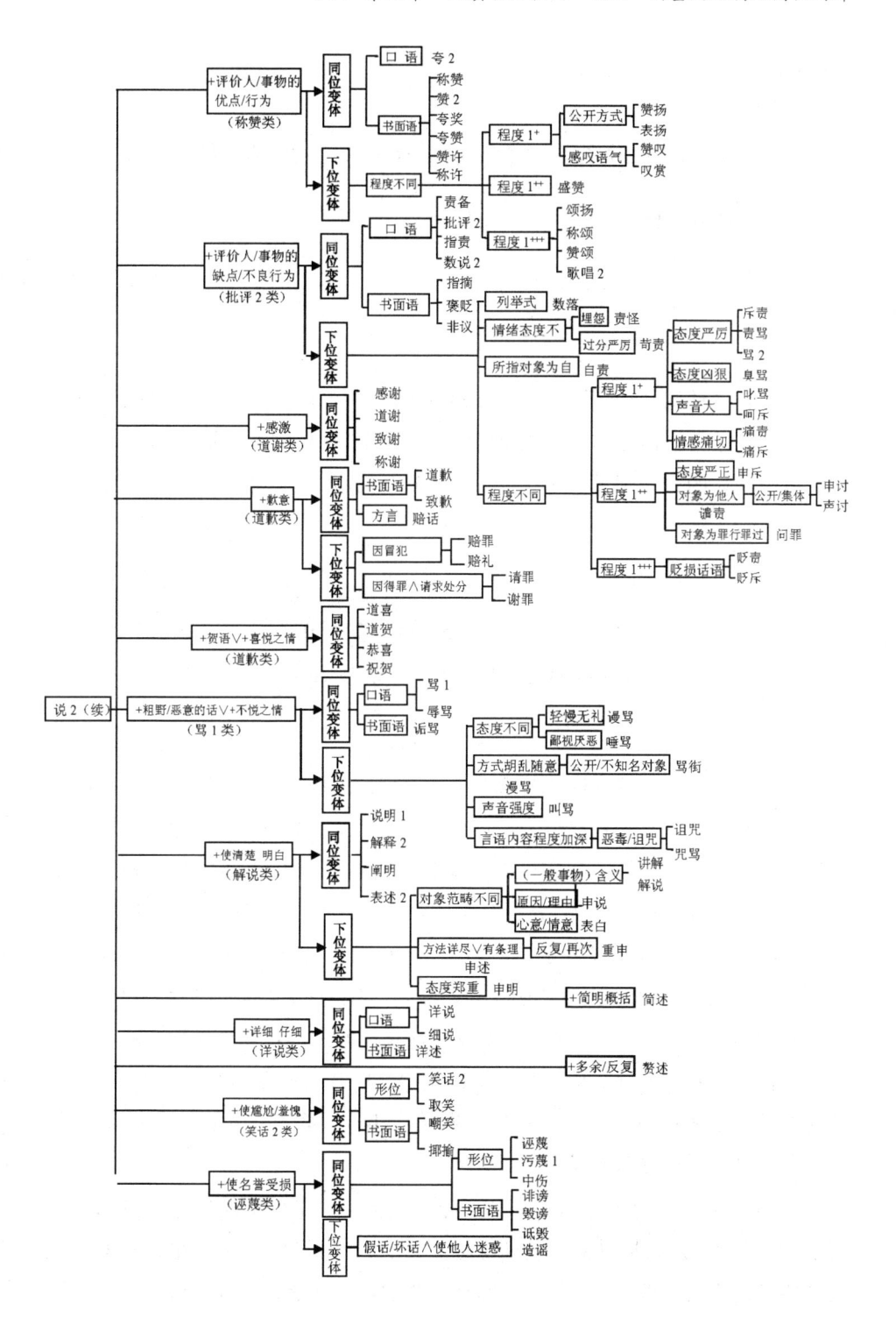

<<< 第三章 性质言语动词"说2"的基元结构及同位词群

说2（续）
├─ +评价人/事物的优点/行为（称赞类）
│ ├─ 同位变体
│ │ ├─ 口语：夸2
│ │ └─ 书面语：称赞、赞2、夸奖、夸赞、赞许、称许
│ └─ 下位变体：程度不同
│   ├─ 程度1+
│   │ ├─ 公开方式：赞扬、表扬
│   │ └─ 感叹语气：赞叹、叹赏
│   └─ 程度1++：盛赞
│   └─ 程度1+++：颂扬、称颂、赞颂、歌唱2
├─ +评价人/事物的缺点/不良行为（批评2类）
│ ├─ 同位变体
│ │ ├─ 口语：责备、批评2、指责、数说2
│ │ └─ 书面语：指摘、褒贬、非议
│ └─ 下位变体
│   ├─ 列举式：数落
│   ├─ 情绪态度不
│   │ ├─ 埋怨、责怪
│   │ └─ 过分严厉：苛责
│   └─ 所指对象为自：自责
│   └─ 程度1+
│   ├─ 态度严厉：斥责、责骂、骂2
│   ├─ 态度凶狠：辱骂
│   ├─ 声音大：叱骂、呵斥
│   └─ 情感痛切：痛责、痛斥
│   └─ 程度1++
│   ├─ 态度严正：申斥
│   ├─ 对象为他人谴责：公开/集体 申讨、声讨
│   └─ 对象为罪行罪过：问罪
│   └─ 程度1+++：贬损话语 贬责、贬斥
├─ +感激（道谢类）
│ └─ 同位变体：感谢、道谢、致谢、称谢
├─ +歉意（道歉类）
│ ├─ 同位变体
│ │ ├─ 书面语：道歉、致歉
│ │ └─ 方言：赔话
│ └─ 下位变体：程度不同
│   ├─ 因冒犯：赔罪、赔礼
│   └─ 因得罪∧请求处分：请罪、谢罪
├─ +贺语∨+喜悦之情（道歉类）
│ └─ 同位变体：道喜、道贺、恭喜、祝贺
├─ +粗野/恶意的话∨+不悦之情（骂1类）
│ ├─ 同位变体
│ │ ├─ 口语：骂1、辱骂
│ │ └─ 书面语：诟骂
│ └─ 下位变体
│   ├─ 态度不同
│   │ ├─ 轻慢无礼：谩骂
│   │ └─ 鄙视厌恶：唾骂
│   ├─ 方式胡乱随意：公开/不知名对象 骂街、漫骂
│   ├─ 声音强度：叫骂
│   └─ 言语内容程度加深
│   ├─ 恶毒/诅咒：诅咒、咒骂
│   └─ 讲解：解说
├─ +使清楚 明白（解说类）
│ ├─ 同位变体：说明1、解释2、阐明、表述2
│ └─ 下位变体
│   ├─ 对象范畴不同
│   │ ├─ （一般事物）含义
│   │ ├─ 原因/理由：申说
│   │ └─ 心意/情意：表白
│   ├─ 方法详尽∨有条理：反复/再次 重申、申述
│   └─ 态度郑重：申明 +简明概括：简述
├─ +详细 仔细（详说类）
│ └─ 同位变体
│   ├─ 口语：详说、细说
│   └─ 书面语：详述 +多余/反复：赘述
├─ +使尴尬/羞愧（笑话2类）
│ └─ 同位变体
│   ├─ 形位：笑话2、取笑
│   └─ 书面语：嘲笑、揶揄
├─ +使名誉受损（诬蔑类）
│ ├─ 同位变体
│ │ ├─ 形位：诬蔑、污蔑1、中伤
│ │ └─ 书面语：诽谤、毁谤、诋毁
│ └─ 下位变体：假话/坏话∧使他人迷惑：造谣

第四章

方式言语动词"说3"的基元结构及同位词群

方式言说动词"说3"是具有某种方式的"说1",突出体现了采取某种方式方法来进行说话动作即"如何言",并且这种方式语义特征是必不可少的。按照凸显的方式不同,又分为三大变体形式:交互变体;介入变体;策略变体。

第一节 "说3"的交互变体
——论辩类词群及基元结构

论辩类词群是一类反映主事与客事之间通过言语内容的互动达到交流信息或交换意见、看法的言语行为动词。在"说1"类和"说2"类中,无论是主事发出的说话、发声的动作行为(如音强变体),还是客事发出的说话、发声的动作行为(如回馈变体),都是单向性的动作行为,并且这种"单向性"是作为隐性的语义基元包含于词汇释义中的,说话、发声动作的本身或者是动作行为的性质方面的强调才是凸显"说1"或"说2"词群的核心义征。而对于论辩类词群来说,"交互性"不仅是这类词群的重要核心义征,而且还要作为显性语义基元包含于语义基元结构式中,同时又因为"交互性",所以也势必要涉及动作行为的双方或多方,即"主事""客事"也因此作为必要的语义基元进入到语义基元结构式中。

按照"交互"所指的不同,又可分为五类:一是以交流信息、意思为目的的"交谈类";二是以交换意见看法为目的的"讨论类";三是以达成共识或解决问题为目的的"商量类";四是以侧重批判和揭露对方矛盾为主要目的的"辩论类";五是以侧重维护自我为主要目的的"争吵类"。用表（表4-1）可表示为：

表4-1 论辩类词群次类

语义分类项目	词语举例
交谈类	谈1、谈话、交谈、对话、倾吐、闲谈……
讨论类	讨论、议论1、探讨、谈论……
商量类	商量、面商、磋商、相商、婉商、会商……
辩论类	辩论、争辩1、理论2、论难、论战、论争……
争吵类	争辩2、争吵、吵闹1、吵架、吵嘴、口角……

一、交谈类词群及基元结构

（一）交谈类言说动词的意义

交谈类言说动词是以原型词——"谈话"为代表的一系列同义词的集合。它是"说3"交互性的最基本表现形式，指主事与客事相互之间通过言语动作行为来进行交流，交流的内容是各自的信息、意思包括想法看法等。用图（图4-1）可表示为：

图4-1 交谈类言说动词的信息交流模式

原型词"谈话"的词典释义为：

【谈话】两个人或许多人在一起说话。

若依据词典释义，"交谈"的语义要素提取为：[+两人/多人][+在一起][+说话]，结构式为：[动作/行为+说话+在一起+两人/多人]，语义内容从右到左解读为：两人或多人在一起说话的动作行为即为"谈话"。词典的释义是全面的，但用语还不够精练，最重要的是"交互性"的语义内涵没有在词义中得到很好的体现，而这恰是这类词群最为重要的语义特征，如：

粥时同志利用行军打仗的机会，和驻地农民谈话，问他们土地改革做得

161

怎么样，农民也把一些情况反映给他，提提自己的看法和想法。

在例子中主事"粥时同志"与"驻地农民"即有言语上的双向交流即"问"——"反映"。

因此，"谈话"的语义基元结构式可以重新表达得更精确为：

谈话：［动作/行为＋说1（话）＋交互性＋两人/多人］

语义内容从右到左解读为：两人或多人交互性说1（话）的动作行为即为"谈话"。

属于这类的言说动词有：谈话、谈2、交谈、对话2、谈心、畅谈、倾谈、纵谈、深谈、详谈、长谈、闲谈、聊天、谈天、说话2、神聊、攀谈、闲扯、拉扯、胡扯、唠嗑、唠扯，共22个。

（二）"谈话"的同位变体

"谈话"的同位变体都是与其有着相同的语义基元结构式、只词语形式表现不同的动词，多包含"谈"或"话"这样的语素，有：谈2、交谈、对话2，共3个。其词典释义分别为：

【谈】②谈话。

【交谈】互相接触谈话。

【对话】②两方或几方之间言语接触。

按照词典义我们提取语义要素并表达成结构式，分别为：

谈2：［＝谈话］

交谈：［＋互相接触］∧［＝谈话］

对话2：［动作行为＋言语接触＋两方/多方］

其中"交谈"的语义要素"互相接触"已经包含于"谈话"的结构式中，因此"交谈"就是"谈话"；"对话2"的语义要素"两方/多方""言语接触"也是"交互性说话"的另一种词义解释形式，故其与"谈话"结构式也相同。且三者在相同句法环境下又可互相替换，如：

领导和群众之间若能多创造机会来<u>交谈/谈话/对话/谈（一下）</u>[①]，可以帮助加深彼此的了解。

[①] "谈"之后要有时量补语"一下"是句法语义的需要，单个的"谈"不能直接进入，这不属于词义本身的差异。

因此,"谈话"及其形位变体"谈2""交谈""对话2"的语义基元结构式同为:

谈话|谈2|交谈|对话2:［动作/行为+说1(话)+交互性+两人/多人］

同位变体关系图(图4-2)可表示为:

图4-2 "谈话"的同位变体关系图

(三)"谈话"的下位变体

"谈话"的下位变体是对"谈话"语义基元结构式中的某个或某些语义基元加以改变如缩小范围,或凸显其他附属义征的一系列动词,有:谈心、畅谈、倾谈、纵谈、深谈、详谈、长谈、闲谈、聊天、谈天、说话2、神聊、闲扯、拉扯、胡扯、唠嗑、唠扯,共17个。依据附属义征所指的不同或改变的语义基元的范畴不同又可分为五类:

1. "谈话"的言语内容范围缩小的变体同义词:由开放性消息意思转为心里话

这类有:谈心。

如:他与我边喝酒边谈心,直到深夜。

语义基元结构式为:［动作/行为+说1(心里话)+交互性+两人/多人+(书面语)］

2. 带"谈话"动作行为发出者双方或多方情感、情绪的变体同义词

这类有:畅谈、倾谈、纵谈,都强调"尽情/尽兴"。

如:最近记者在采访他时,与他漫话人生追求,畅谈/倾谈/纵谈社会责任,追寻这位英雄战士的光辉思想轨迹。

语义基元结构式为:［动作/行为+说1(话)+尽情/尽兴+交互性+两人/多人］

163

3. 凸显"谈话""繁复"性质的变体同义词

这类有：详谈、长谈。

如：a 有些话电话里说不清楚，我们下次见面再详谈。

b 武市长和他们彻夜长谈，看如何把神圣的忧思化为神圣的责任而付诸实践。

语义基元结构式为：［动作/行为 + 说1（话）+ 详细/长时间 + 交互性 + 两人/多人］

4. 凸显"谈话"内容的程度"深"的变体同义词：深谈

如：她讲一口宁波话，可惜我不能完全听懂，语言阻碍我们深谈，不能更好地了解她。

语义基元结构式为：［动作/行为 + 说1（话）+ 深入 + 交互性 + 两人/多人］

5. "谈话"的言语内容无限制、无主题的变体同义词

这类有：闲谈、聊天、谈天、说话2、神聊、闲扯、拉扯、胡扯、唠嗑、唠扯，共10个，下又分四小类：

（1）一般性的无主题、无中心的"谈话"：闲谈、聊天、谈天、闲聊、闲扯

如：a. 每每谒彭总故居，与乡人闲谈，心中总涌出缕缕难以言状的激动与欣慰。

b. 我把钱硬塞给她后，她却不走，坐在凳子上和我聊天。

c. 影片中两人坐在火车车厢里谈天，突然"嘣"的一声，桌子底下一颗炸弹爆炸了，观众惊骇不已。

d. 大爷坐在院里和人聊天，见我出屋便冲我笑了笑，然后转过身继续和人闲聊。

语义基元结构式为：［动作/行为 + 说1（话）+ 无主题/中心 + 交互性 + 两人/多人］

（2）"闲谈"的方言变体：拉扯、唠扯、闲扯、唠嗑

如：a. 李大嫂急着要出门，无心跟他拉扯。

b. 瞅见一帮妇女都站在院墙底下，赵玉林的屋里的和老田头的瞎老婆子都在，白大嫂子就和她们唠扯起来。（周立波：《暴风骤雨》，第一部第十七

篇）

c. 你看你们这点穷相，来到大家公馆，也不看看人家的阔排场，尽一个劲儿闲扯。（曹禺：《雷雨》第二幕）

d. 萧队长没有唱歌，也没有跟别人唠嗑。（周立波：《暴风骤雨》，第一部第一篇）

语义基元结构式为：［动作/行为＋说1（话）＋无主题/中心＋交互性＋两人/多人＋方言］

（3）"闲谈"的态度又偏重随意性的：神聊、胡扯

如：这两个人一见面就喜欢天南地方神聊/胡扯一通。

语义基元结构式为：［动作/行为＋说1（话）＋随意性＋无主题/中心＋交互性＋两人/多人］

下位变体关系图（图4-3）可表示为：

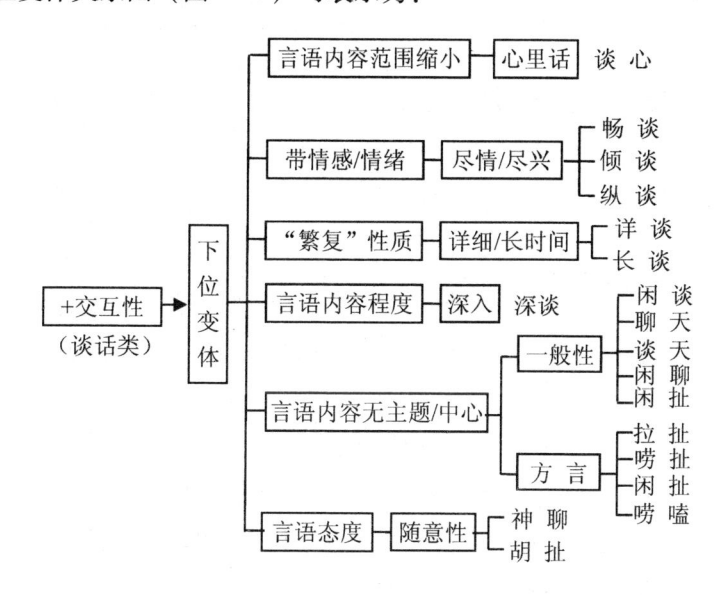

图4-3 "谈话"的下位变体关系图

二、讨论类词群及基元结构

（一）讨论类言说动词的意义

讨论类言说动词是以原型词——"讨论1"为代表的一系列同义词的集

合。它是"说3"的交互性的另一表现形式,指主事与客事相互之间通过语言动作行为来进行意见或看法的交换,它与"交谈"的最重要的区别在于:"讨论"所涉及的必定是双方已经共知的主题或话题,围绕这个中心再展开"交互性"的言语动作行为,即言语内容具有针对性。用图(图4-4)可表示为:

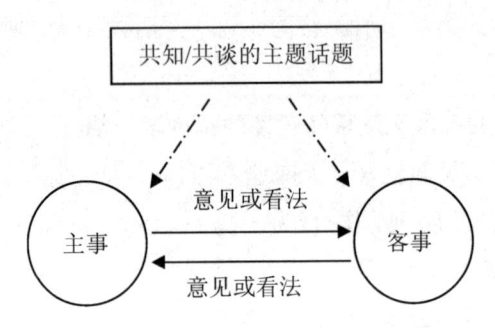

图4-4 讨论类言说动词的信息交流模式

原型词"讨论"的词典释义为:

【讨论】就某一问题交换意见或进行辩论。

若依据词典释义,"讨论"的语义要素提取为:[+就某问题][+交换意见][+辩论],结构式为:[动作/行为+交换意见/辩论+就某问题],语义内容从右到左解读为:就某问题交换意见或辩论的动作行为即为"讨论"。

就词典的释义来看存在两个问题:一是不同义位的糅合,即将"交换看法"的"讨论"义与"辩论"义作为一个义项义来看待,但这是分属于不同词群的两个义项义,能出现的语境和表达的语义也不一样,不可混同,如:

a. 我们聚在一起<u>讨论</u>着专辑的封套设计、照片、歌曲的排列顺序等。

b. 大会是在马克思和恩格斯主持下进行的,会上代表们就同盟的纲领激烈<u>辩论</u>,结果多数代表同意了马克思的观点。

在例a中主事和客事在一起就"专辑"的一系列问题展开"讨论",各自对如何做好"专辑"交换看法,无所谓是非,没有相互争辩、揭露对方矛盾的含义;而例b中主事和客事们就"同盟纲领"展开"辩论",结果意见和看法分归两派:"多数代表同意马克思的观点",暗含也有少数代表并不同意,会坚持自己的看法。前者与后者在进行"交互性"言语活动时采取的方式不同，期望达到的效果也不同：前者求"同"，后者求"异"。① 因此，"讨论"义项义中应该摒弃"辩论"义。

另一问题是"讨论"义项中应该包含的语义基元［+持续性］没有体现出来，即"讨论"是一个持续的、较长时间的言语行为动作，单一地、一次性地表达某种意见或看法不能称为"讨论"，只能称为主事与客事在"发言"。这种持续性往往由句法语境（上下文）中的明显的时间词或时间短语作为标志词（标志语）来体现，如：

c. 会议代表从北京来到保定，关起门来，紧张而热烈地讨论了整整五天。
d. 对于以后的生活问题，他们讨论半天，还是没有办法。

这种时间词（时间语）的常用搭配性也从一个角度很好地阐明了"讨论"动作行为持续性的义征，不容忽视。

因此，讨论类言说动词的主要语义特征是［+交换意见/看法］［+持续］，又因"讨论"不仅涉及主题、话题，又涉及主客事，以及他们各自的看法、意见等，错综复杂，为了语义基元结构式表达的明晰性，我们用"←□→"来表示主事与客事之间就"主题"进行"交互性"行为动作，那么"讨论"语义基元结构式重新表达为：

讨论：［动作/行为 + 交换看法/意见 + 持续 + 客事⟷ 话题/主题 ⟷ 主事］

语义内容从右到左重新解读为：主事和客事之间就某话题/主题持续地交换看法或意见的动作行为即为"讨论"。

属于此类的言说动词有：讨论、议论1、谈论，共3个。②

（二）"讨论"的同位变体

"讨论"的同位变体都是与其有着相同的语义基元结构式、只词语形式表现不同的动词，多包含语素"论"，有：议论1、谈论，共2个。其词典释义

---

① 严格意义上来说，"讨论"的"求同"是暗含的，"同"可能能实现可能不能；"辩论"也不是真正意义上的求"异"，而是持相异的观点来试图说服对方"同"（同意、接受或同化）。
② 与"讨论"义相关的诸如"研讨""探讨"等是"研究和讨论"的结合体，属于语义交叉变体类型，详见第5章相应部分。

分别为:

【议论】①对人或事物的好坏、是非等表示意见。

【谈论】用谈话的方式表示对人或事物的看法。

按照词典义我们提取语义要素并表达成结构式，分别为:

议论1：[动作/行为＋表示意见＋对话题（人/事的好坏/是非）]

谈论：[动作/行为＋表示看法＋对话题（人/事）＋谈话方式]

"议论1"的语义基元结构式中缺少"交互性"语义特征，因为任何的"议论1"必定涉及双方或以上，单个的发表意见不是"议论1"，这在前面对"讨论"义项义的分析中已经提到，试比较:

a. 他 议论了明天应不应该去公司请愿的问题。(×)

b. 大家 议论了明天应不应该去公司请愿的问题。(√)

同是基本的"主语＋动词＋宾语"的主谓句结构，其中动词和宾语完全相同，且没有歧义，只是主语一个为单："他"，一个为多："大家"，而前者句法不能成立，后者句法可以成立。这说明"议论1"必定涉及双方或多方，且含有"交互性"的语义特征。

另外，"议论1"的言语内容应该是开放性的，而不仅仅限于"人或事的好坏、是非"，有时"议论1"虽多，但结果并不明，或者说"议论1"的主事、客事并没有或无法对人或事做评价，只是纯粹地说及关于某人或某事的"话题或主题"，如:

何谓高技术？专家、学者对此议论纷纷，见解不一。

在例子中"高技术"是专家、学者"讨论"的"话题"，但因"高技术"的界定和衡量标准不定，存在一定的模糊性，所以结果是虽"纷纷"但"见解不一"，而对"高技术"的界定和衡量更是与"好坏""是非"无关，它只是存在议论的角度不同或量度不同的问题。

因此我们说"议论1"的语义基元结构式应重新替换为:

议论1：[动作/行为＋表示意见＋对话题＋交互性＋双方/多方]

这较之"讨论"的语义基元结构式已无明显差异，只是表达的方式略有不同。

再看"谈论"。原基元结构式含有语义基元[＋谈话方式]，是将"谈话"作为方式来处理看待，姑且不论这样提取是否正确，但它至少说明有

"谈论"因素即涉及双方或多方,"交互性"语义特征倒是能从其中提取出来;再来看是否可以去掉"方式"即:

谈论:[动作/行为 + 表示看法 + 对话题(人/事) + 谈话]

其中"话"(言语内容)就是"看法",再加上之间提取出的"双方/多方"及"交互性"的语义要素,换言之,"谈论"结构式则可表示为:

谈论:[动作/行为 + 表示看法 + 对话题(人/事) + 交互性 + 双方/多方]

这与"议论1"的语义基元结构式已经完全等同。

再加上在相同句法环境中,"讨论""议论1""谈论"也可以互相替换,如:

你还不知道吗?这事早传开了,大家都在讨论/议论/谈论到底是谁放的火呢!

综上可知,"讨论"及其形位变体"议论1""谈论"的语义基元结构式相同,即:

讨论|议论1|谈论:[动作/行为 + 交换看法/意见 + 持续 + 客事⟷话题/主题⟷主事]

同位变体关系图(图4-5)可表示为:

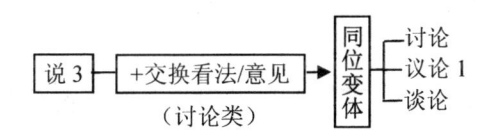

图4-5 "讨论"的同位变体关系图

(三)"讨论"的下位变体

"讨论"没有其他下位变体。

三、商量类词群及基元结构

（一）商量类言说动词的意义

商量类言说动词是以原型词——"商量"为代表的一系列同义词的集合。它是"说3"的交互性的另一表现形式，也是指主事与客事相互之间就双方或多方已经共知的主题或话题，通过言语动作行为来进行意见或看法的交换，但释义内容并不仅限于此。先看一下"商量"的词典释义，为：

【商量】交换意见：遇事要多和群众～｜这件事要跟他～一下。

若依据词典释义，"商量"的语义要素提取为：［＋交换意见］，结构式为：［动作/行为＋交换意见］，语义内容从右到左解读为：交换意见的动作行为即为"商量"。

依照前面对"讨论"的分析，已有的对"商量"的词典释义及结构式根本无法区别两者的区别，因为"讨论"也是交换意见的言语动作行为。两者的最主要差异在于："讨论"关注的是互向性的动作行为本身，主客事对"讨论"的效果没有迫切性的要求或期望；"商量"不仅对效果有要求、有期望，而且意图性较强即寻找意见、看法、利益等的共同点或结合点，使主客事之间达成共识（求"同"）。试比较两者共现的句子：

a. 凡遇重大问题和重大决策，市委主要领导常常先与常委们个别通气<u>商量</u>，再由书记办公会议<u>讨论</u>，然后由常委会做出最后决定，在市委一班人中形成团结和谐的气氛。

从例 a 中我们可以看到"商量"与"讨论"虽然都是多方之间的交换意见：主要领导与常委们之间、书记办公会议中的"所有人"之间，但"商量"就是使意见相互之间可以"通气"甚至可能已经有了初步决定（相对于"最后决定"而言），而"讨论"是通过会议的形式组织所有人来提看法、提想法，因此才能搜集各种意见而带来"最后决定"及"形成团结和谐的气氛"，这其中"商量"与"讨论"因各自语义的特征性不同而不可颠倒先后顺序，即：

a.′凡遇重大问题和重大决策，市委主要领导常常先与常委们个别通气讨论，再由书记办公会议<u>商量</u>，然后由常委会做出最后决定，在市委一班人中形成团结和谐的气氛。（×）

第四章　方式言语动词"说3"的基元结构及同位词群

句子不能成立。

再看一例：

b. 杨凤玲当晚便召集互助会的代表商量处理办法。经过讨论，大家一致同意由杨凤玲带两名互助会的同志赴济宁到部队做小郑的思想工作。

在例 b 中"商量"和"讨论"涉及的主客事始终都是"互助会的代表（们）"，"商量"是导致"大家一致同意……"的直接动作行为，"讨论"只是"商量"过程中的一种形式，表现为或者可以在"讨论"后加上"形式"字样，或者可以去掉"经过讨论"，句子不仅成立，而且句义也不发生任何改变：

b'. 杨凤玲当晚便召集互助会的代表商量处理办法。经过讨论（的形式），大家一致同意由杨凤玲带两名互助会的同志赴济宁到部队做小郑的思想工作。（√）

b". 杨凤玲当晚便召集互助会的代表商量处理办法，大家一致同意由杨凤玲带两名互助会的同志赴济宁到部队做小郑的思想工作。（√）

除此之外，"商量"所关涉的言语主题、思想等范畴也缩小至"尚待解决的问题或事项"，如：

c. 有些城市首长甚至找"韩华"侨领们商量兴建唐人街的问题。（有问题未解决）

d. 拿到钱之后，他们商量这 12 枚金币应怎样合理地分配。（事项还未完成）

因此，商量类言说动词的主要语义特征是［＋交换意见］［＋望达成共识］，语义基元结构式重新表达为：

商量：［动作/行为 ＋ 望达成共识 ＋ 交换看法/意见 ＋ 持续 ＋ 客事⟵⟶ 未尽的问题/事项 ⟵⟶ 主事］

属于此类的言说动词有：商量、协商、相商、面商、磋商、婉商，共 6 个。[1]

---

[1] 与"商量"义相关的诸如"商讨""商议""商筹"等是"商量和讨论""商量和议论""商量和筹划"的结合体，属于语义交叉变体类型，详见第 5 章相应部分。

（二）"商量"的同位变体

"商量"的同位变体都是与其有着相同的语义基元结构式、只词语形式表现不同的动词，多包含语素"商"，有：协商、相商，共2个。其词典释义为：

【协商】共同商量以便取得一致意见。

【相商】彼此商量。

按照词典义我们提取语义要素并表达成结构式，分别为：

协商：[动作/行为＋望取得一致意见＋商量＋共同]

相商：[动作/行为＋商量＋彼此]

"协商"的语义基元结构式中缺少"交互性"语义特征，但语义要素"共同"能够说明"协商"这个言语动作行为不是由1个人完成的，必须涉及两个或多个人；另外"望取得一致意见"也就是"望达成共识"的另一种表达形式，故"协商"的语义基元结构式重新替换为：

协商：[动作/行为＋望达成共识＋商量＋交互性＋双方/多方]

实则与"商量"语义基元结构式等同。只是"协商"较之"商量"更常见于书面语之中。

再说"相商"。"相商"的语义基元结构式中语义要素"彼此"既表明了说话者在"两个及以上"又表明了"交互性"语义特征的存在，虽然没有直接表明"望取得共识"，但包含在另一语义要素"商量"之中，因此"相商"的语义基元结构式重新替换为：

相商：[动作/行为＋商量＋交互性＋双方/多方]

实则与"商量"语义基元结构式等同。

因此，"商量"与其书面语变体"协商"、形位变体"相商"的语义基元结构式为：

商量｜相商：[动作/行为＋望达成共识＋交换看法/意见＋持续＋客事⟵未尽的问题/事项⟵主事]

协商：[动作/行为＋望达成共识＋交换看法/意见＋持续＋客事⟵未尽的问题/事项⟵主事＋书面语]

同位变体关系图（图4-6）可表示为：

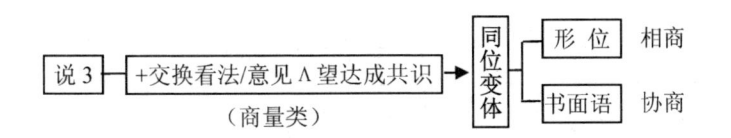

```
说3 → +交换看法/意见∧望达成共识 → 同位变体 → 形 位 — 相商
                    （商量类）              书面语 — 协商
```

图 4-6 "商量"的同位变体关系图

（三）"商量"的下位变体

"商量"的下位变体是在"商量"其义上另外凸显其他附属义征的一系列动词，有：面商、磋商、婉商，共 3 个。依据附属义征所指的不同分为两类：

1. "商量"的方式方法不同的变体同义词

（1）当面"商量"的：面商

如：梅厂长很快看完了建议书，马上打电话向徐总经理请示，想亲自带着建议书到徐公馆和总经理<u>面商</u>。

语义基元结构式为：[动作/行为 + 望达成共识 + 交换看法/意见 + 持续 + 当面 + 客事⟵ 未尽的问题/事项 ⟶主事]

（2）凸显频率"反复/多次"的：磋商

如：经过反复<u>磋商</u>，双方终于达成了共同建厂的协议。

语义基元结构式为：[动作/行为 + 望达成共识 + 交换看法/意见 + 持续 + 反复/多次 + 客事⟵ 未尽的问题/事项 ⟶主事]

2. "商量"的语气不同的变体同义词：婉商

即用委婉的话来"商量"。

如：他的态度本来是很坚决的，但实在经不住张经理多次婉商，他才同意试着修改这个方案。

语义基元结构式为：[动作/行为 + 望达成共识 + 交换看法/意见 + 持续 + 语气委婉 + 客事⟵ 未尽的问题/事项 ⟶主事]

下位变体关系图（图 4-7）可表示为：

```
                                          ┌─ 当面 ── 面商
                       ┌─ 方式方法不同 ──┤
  +交换看法/意见∧望达成共识 ──┤ 下位         └─ 频率多次/反复 ── 磋商
       (商量类)         │ 变体
                       └─ 语气委婉 ── 婉商
```

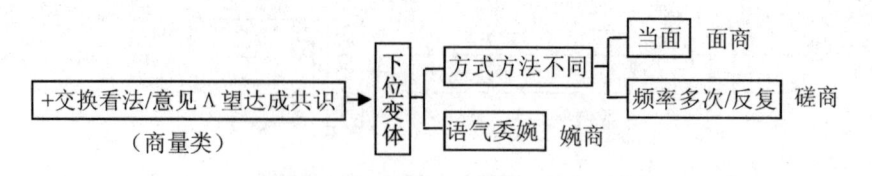

图4-7　"商量"的下位变体关系图

四、辩论类词群及基元结构

(一) 辩论类言说动词的意义

辩论类言说动词是以原型词——"辩论"为代表的一系列同义词的集合。它是"说3"的交互性的另一表现形式，也是指主事与客事相互之间就双方或多方已经共知的主题或话题，通过言语动作行为来进行意见或看法的交换，但与"讨论""商议"语义所指有所区别。先看一下"辩论"的词典释义：

【辩论】彼此用一定的理由来说明自己对事物或问题的见解，揭露对方的矛盾，以便最后得到正确的认识或共同的意见：~会｜他们为历史分期问题~不休。

若依据词典释义，"辩论"的语义要素提取为：[+彼此]　[+用理由][+说明见解]　[+揭露矛盾]　[+以达成共识]，结构式为：[动作/行为+以达成共识+揭露矛盾∧说明见解+用理由+彼此]，语义内容从右到左解读为：彼此用理由说明见解并揭露矛盾以达成共识的动作行为即为"辩论"。

词典释义及结构式能提供一些参考，也能说明一些问题：首先，从语义要素 [+彼此] 中可以提取出"双方/多方"及"交互性"的语义特征，从语义要素 [+说明（各自）见解] 中可以提取出"交换意见/看法"的语义特征，这些是"交互类"言说动词的共性；其次语义要素 [+揭露矛盾] 也是必不可少的语义特征，这是它区别于"谈话"类"讨论"类言说动词的最主要语义特征；第三，语义要素 [+用理由] 的范畴所指不明确即用什么样性质的理由来"交换看法/意见"不明；第四，语义要素 [+以达成共识] 是否是义项义必要的语义特征还值得斟酌。看一下"辩论"在真实语料中的运用：

a. 今早9点在佛罗里达州迈阿密大学就外交政策和国土安全问题举行了

首场公开辩论赛，双方主要围绕伊拉克问题和反恐战争展开<u>辩论</u>，在比赛中双方各执一词，互攻其短。

b. 在美国，国会和法庭上展开了如何对待淫秽色情出版物的<u>辩论</u>，人们分为赞成和反对制裁淫秽出版物的两派。

c. 在人大常委会第六次会议上常委们审议草案时智者见智，仁者见仁，<u>辩论</u>激烈。

例 a 中"辩论"双方"各执一词"表明观点不同、对立，"互攻其短"则是"揭露矛盾"语义特征的反映；例 b 中辩论也涉及"两派"，一派"赞成"一派"反对"，明显态度观点相反；例 c 是涉及多方"常委们"的"辩论"，之所以能达到"激烈"的局面，原因在于"常委们"的观点是"智者见智，仁者见仁"的。由这些例子我们可以看出，"用理由（说明见解）"并不是简单地表达出自己的观点、论据而已，而是强调凸显"理由观点"是相反相对的，这样才能引起"辩论"，这是其一。

再者"以达成共识"并不应算是"辩论"的必要语义要素，因为有时"辩论"能取得一致意见，如：

d. 小姐们和少爷们<u>辩论</u>了好久，最后一致认为国王的意见很是妥善，决定照他的意思去办。

但更多的时候，"共识"并不能够达成，往往形成僵持或毫无结果，如：

e. 与会代表继续就严峻的纳杰夫局势和萨德尔问题展开激烈的辩论，到当地时间下午 3 点半，投票仍没有开始，代表们继续发言。

f. <u>辩论</u>了许久，大家觉得倦了，于是议案就暂且搁下了。

在例 e 中"辩论"形成僵持局面，导致"下午 3 点半，投票仍没有开始"，"辩论"依旧继续，能否达成共识不能肯定；例 f 中"辩论"因进行时间久而使人"倦了"，因此"暂且搁下了"即暂时毫无结果，也就谈不上达成共识。

因此我们可以推知，辩论类言说动词的主要语义特征是【+用对立理由】【+揭露矛盾】，其语义基元结构式应表达为：

辩论：[动作/行为 + 揭露矛盾 + 交换看法/意见 + 持续 + 用对立理由 + 客事⟷问题/话题⟷主事]

语义内容从右到左解读为：主事和客事就某问题、话题用对立理由持续交换看法或意见以揭露对方矛盾的动作行为即为"辩论"。

属于此类的言说动词有：辩论、辩2、争执、争持、嚼舌2、抬杠1、论战、论争、论难，共9个。①

（二）"辩论"的同位变体

"辩论"的同位变体都是与其有着相同的语义基元结构式、只词语形式表现不同的动词，只有1个：辩2。词典释义为：

【辩】②辩论。②

按照词典义我们提取语义要素并表达成结构式为：

辩2：[＝辩论]

"辩2"与"辩论"结构式相同且两者在相同句法环境下可以互相替换，如：

两个人在那里为了一点意见不统一而<u>辩论/辩</u>个不停，最后竟大打出手，实在不可思议。

因此，"辩论"及其形位变体"辩2"的语义基元结构式同为：

辩论｜辩2：[动作/行为＋揭露矛盾＋交换看法/意见＋持续＋用对立理由＋客事⟵问题/话题⟶主事]

同位变体关系图（图4-8）可表示为：

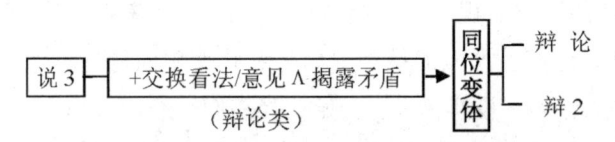

```
┌─────┐    ┌──────────────────────┐    ┌───┐  ─ 辩 论
│ 说3 │──→ │ ＋交换看法/意见 ∧ 揭露矛盾│──→ │同位│
└─────┘    │      （辩论类）        │    │变体│  ─ 辩 2
           └──────────────────────┘    └───┘
```

图4-8　"辩论"的同位变体关系图

（三）"辩论"的下位变体

"辩论"的下位变体是对"辩论"的某个或某些语义基元加以改变如缩小范围，或凸显其他附属义征的一系列动词，有：争执、争持、嚼舌2、抬杠1、论战、论争、论难，共7个。依据附属义征所指的不同或改变的语义基元

---

① 与"辩论"义相关的诸如"辩驳""争辩"等是"辩论和驳斥""争执和辩护"等的结合体，属于语义交叉变体类型，详见第5章相应部分。
② "辩"还有一个义项义：辩解，归属为"回馈变体"中的"否定回应类"，详见第3章相应部分。

的范畴不同又可分为三大类：

1. "辩论"中强调动作行为发出者态度的变体同义词

（1）强调双方或多方的态度相持不让：争执、争持

如：a. 各氏族的代表都希望自己得到放回圣物的权利，并为此<u>争执不休</u>。

b. 由于受淹区与受益区政府之间<u>争持不下</u>，可行性研究又被"冷处理"近10年。

语义基元结构式为：［动作/行为＋揭露矛盾＋交换看法/意见＋态度相持＋持续＋用对立理由＋客事⟵⟶问题/话题⟵⟶主事］

（2）强调进行无谓的、无价值的"辩论"

这类有两个：嚼舌2、抬杠1，且口语中常用。

如：a. 你赶紧走吧，我可没工夫跟你<u>嚼舌</u>。

b. 他们两人一谈到这个问题，<u>抬杠</u>起来就没完。

语义基元结构式为：［动作/行为＋揭露矛盾＋交换看法/意见＋持续＋无谓＋用对立理由＋客事⟵⟶问题/话题⟵⟶主事＋口语］

2. "辩论"的"问题/话题"范围缩小的变体同义词

这类有两个：论战、论争，指范围缩小到政治、学术问题。

如：a. 维新派通过与同顽固派<u>论战</u>，宣传了要救国就必须变法的思想。

b. 这次会议上大家<u>论争</u>的焦点是文艺的提高和普及问题。

语义基元结构式为：［动作/行为＋揭露矛盾＋交换看法/意见＋持续＋用对立理由＋客事⟵⟶政治/学术问题/话题⟵⟶主事］

3. "辩论"具有攻击性的变体同义词：论难

如：两大学派各持一说，互相<u>论难</u>。

语义基元结构式为：［动作/行为＋揭露矛盾＋攻击看法/意见＋持续＋用对立理由＋客事⟵⟶问题/话题⟵⟶主事］

下位变体关系图（图4-9）可表示为：

```
                          ┌─相持不让─┬─争执
                ┌─态度不同─┤          └─争持
                │          └─无谓∧口语─┬─嚼舌2
+交换看法/意见∧揭露─┬下位┤                  └─抬杠1
     (辩论类)      │变体├─涉及对象范围缩小─政治/学术问题─┬─论争
                │                                      └─论战
                └─言论带攻击性─论难
```

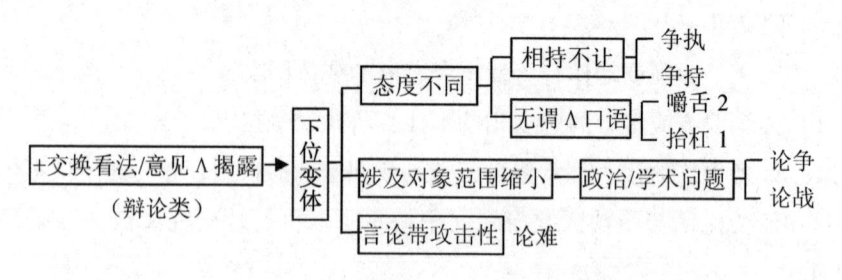

图4-9 "辩论"的下位变体关系图

五、争吵类词群及基元结构

（一）争吵类言说动词的意义

争吵类言说动词是以原型词——"争吵"为代表的一系列同义词的集合。它是"说3"的交互性的另一表现形式，也是指主事与客事相互之间就双方或多方已经共知的主题或话题，通过言语动作行为来进行意见或看法的交换，其义与"争辩"义最为类似，连词典释义中都是以"争辩"来解释"争吵"的：

【争吵】因意见不合大声争辩，互不相让：无谓的~│~不休。

但从语感上可以很明显觉得"争吵≠争辩"，原因何在呢？我们从两个角度来分析：一是从"争吵"释义本身尤其是作为核心释义词的"争辩"义谈起；另一角度是借助语言实例来加以判断、验证。

若依据词典释义，"争吵"的语义要素提取为：[+意见不合] [+大声] [+争辩] [+互不相让]，结构式为：[动作/行为+互不相让+争辩+大声+意见不合]，语义内容从右到左解读为：意见不合而大声争辩又互不相让的动作行为即为"争吵"。

先看核心释义词（语义要素）"争辩"。它是交叉变体义，是"争执"义与"辩护"义的结合（详见第5章）。我们已经研究过"争执"是态度相持不让的"辩论"，这点从结构式中的另一语义要素 [+互不相让] 可以得到验证，那么"争执"语义要素是可信而且可取的，因为通常正是由于相持、僵持的态度，言语双方或多方不能达成共识，最后矛盾升级转成"争吵"，如：

a. 欧盟的事往往就是这样，各方为自己的利益互不相让，就争吵开来，有时甚至会愈演愈烈。

例 a 中欧盟各方在利益上各有所想、互不相让，因此就容易"争吵"起来。

而"辩护"往往是指为了保护自己或他人而采取的言语动作行为，"争吵"有时是出于"保护"的目的，但更多的时候是为了攻击、指责对方的错误即"揭露对方的缺点、矛盾"，这与"辩护"不同，而且"争吵"一定是交互性言语动作行为，而"辩护"是单向性的。试比较：

b. 兄弟之间不要总是为了谁对谁错而争吵，免得伤了和气。（√）

c. 兄弟之间不要总是为了谁对谁错而辩护，免得伤了和气。（×）

例 b 中"争吵"是兄弟间的"互动"行为，目的是为了攻击对方；例 c 中"辩护"只是"兄"或"弟"单个的行为，目的是为了保护自己，也正是如此，两句又可以改写为：

b.′兄弟之间不要总是为了（找出）谁错而争吵，免得伤了和气。（√）

兄弟之间不要总是为了（找出）谁对而争吵，免得伤了和气。（×）

c.′你们各自不要总是为了（维护）谁对而辩护，免得伤了和气。（√）

你们各自不要总是为了（维护）谁错而辩护，免得伤了和气。（×）

因此，在"争吵"义中并不能包含"辩护"义，因而可以推导出用"争辩"来解释"争吵"不是十分准确，用"争执"则较为妥帖。

再看语义要素［＋大声］和［＋意见不合］。"大声"是符合"争吵"义而且是结构式必需的语义基元，通常"争吵"一定伴随着声音的高强度，也是人的激动、愤怒等情绪在声音上的体现。如：

d. 左邻右坊常听见这两夫妻为生活琐事而争吵，开始是一周两次，后来发展到三天两次，最后终于离婚了。

"左邻右坊"都能听见、都能知道的家庭"争吵"，自然是声音很大的。

而"争吵"的原因是否一定是"意见不合"则值得斟酌，例 a 是"意见不合"的例证，但也有其他的情况，如：

e. 没有我企盼的生日蛋糕，原来他是请那些所谓的"导演"喝酒去了。那一刻，满腹委屈的我又气又恨，忍不住和他争吵。

f. 他手下的骑士原来举行会议时，为了位置争吵不休，他想出了开圆桌会议的办法。

　　g. 他常常拍案骂自己的父亲，甚至骂他自己的祖父，这就不得不触恼了母亲，母子就来一次大<u>争吵</u>。

　　在例 e 中"我"因"他"忽视"我"的生日却请他人喝酒，觉得怨恨委屈而与"他""争吵"，而非意见不合；在例 f 中"骑士们"为了"位置"这样的个人利益而"争吵"，而非意见不合；例 g 中是因为"他"的言行举止不合人伦规矩，"触恼了母亲"，因而引发了争吵，而非意见不合。由此可见"意见不合"并不是一切"争吵"的来源，来源应当是各种矛盾。

　　因此争吵类言说动词的主要语义特征是［＋争执］［＋大声］［＋矛盾］，其语义基元结构式重新表达为：

　　争吵：［动作/行为＋争执＋大声＋客事⟷矛盾⟷主事］

　　语义内容从右到左解读为：主事和客事之间因有矛盾而大声争执的动作行为即为"争吵"。

　　属于此类的言说动词有：争吵、吵闹1、哄闹1、吵2、吵嘴、拌嘴、争嘴2、斗嘴1、说嘴2、口角、吵架、扯皮，共12个。

　　（二）"争吵"的同位变体

　　"争吵"的同位变体都是与其有着相同的语义基元结构式、只词语形式表现不同的动词，多包含"吵"的语素，有：吵2、吵闹1、闹哄1、口角、吵嘴、争嘴2、斗嘴1，共8个。词典释义分别为：

【吵】②争吵。　　　　　　　【吵嘴】争吵。

【吵闹】①大声争吵。　　　　【争嘴】②吵嘴。

【闹哄】（方）①吵闹。　　　【拌嘴】吵嘴。

【口角】争吵。　　　　　　　【斗嘴】①争吵。

按照词典义我们提取语义要素并表达成结构式为：

吵2：［＝争吵］　　　　　　吵嘴：［＝争吵］

吵闹1：［＋大声］∧［＝争吵］　争嘴2：［＝吵嘴］

闹哄1：［＝吵闹］（方）　　　拌嘴：［＝吵嘴］

口角：［＝争吵］　　　　　　斗嘴1：［＝争吵］

　　由上述结构式可以推导出八者与"争吵"的语义基元结构式几乎等同，其中"吵闹1"的语义基元［＋大声］包含于"争吵"义中，"闹哄1"属于方言变体，"口角"是书面语变体，"吵嘴""争嘴2""拌嘴""斗嘴1"是口语变体。八者与"争吵"在相同句法环境下可基本替换，如：

有意见你就提，争吵/吵2/吵闹/闹哄什么？

有事就好好谈，两口子不要老是吵嘴/争嘴/拌嘴/斗嘴。

不要为了一点小事就和别人发生争吵/口角。

综上可知，"争吵"及其形位变体"吵2""吵闹1"、方言变体"闹哄1"、口语变体"吵嘴""争嘴2""拌嘴""斗嘴1"及书面语变体"口角"的语义基元结构式为：

争吵｜吵2｜吵闹1：［动作/行为 + 争执 + 大声 + 客事⟷ 矛盾 ⟷主事］

闹哄1：［动作/行为 + 争执 + 大声 + 客事⟷ 矛盾 ⟷主事 + 方言］

吵嘴｜争嘴2｜拌嘴｜斗嘴1：［动作/行为 + 争执 + 大声 + 客事⟷ 矛盾 ⟷主事 + 口语］

口角：［动作/行为 + 争执 + 大声 + 客事⟷ 矛盾 ⟷主事 + 书面语］

同位变体关系图（图4-10）可表示为：

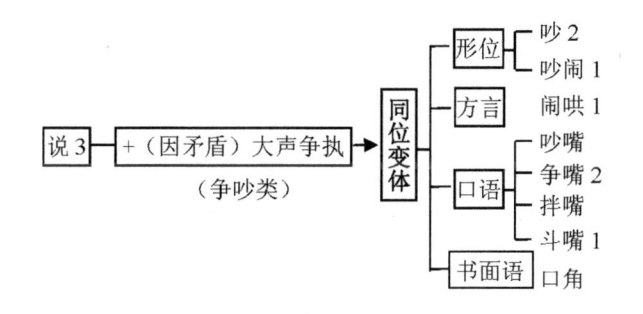

图4-10　"争吵"的同位变体关系图

（三）"争吵"的下位变体

"争吵"的下位变体是在"争吵"义上凸显其他附属义征的一系列动词，有：吵架、扯皮，共2个。依据附属义征所指的不同又可分为两类：

1. 凸显"争吵"程度的变体同义词

这类只有1个：吵架，指"争吵"很剧烈。

如：他俩也不知道是不是前世的冤家，每每一见面就吵架。

语义基元结构式为：[动作/行为 + 争执 + 剧烈/激烈 + 大声 + 客事⟷ 矛盾 ⟷主事]

2. 凸显"争吵"的动作行为发出者的态度的变体同义词

这类只有1个：扯皮，指无原则地、耍赖地"争吵"且口语中常用。

如：据说，楼房质量有些问题，我厂与施工单位扯皮，打官司，直到现在，没有结果。①

语义基元结构式为：[动作/行为 + 争执 + 无原则/耍赖态度 + 大声 + 客事 ⟷ 矛盾 ⟷主事 + 口语]

下位变体关系图（图4-11）可表示为：

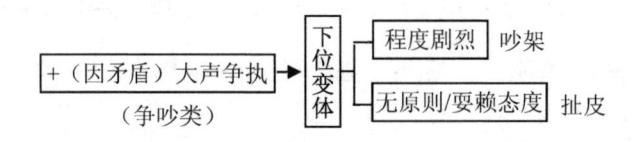

图4-11 "争吵"的下位变体关系图

第二节 "说3"的介入变体——插接类词群及基元结构

插接类词群是一类主要反映主事干扰客事的言语行为动词，它凸显的是"介入"的方式，即以言语内容为工具来介入、插入谈话使原谈话动作行为中止的特征，但言语内容具体是什么并不强调。无论从事实（言语行为动作本身）还是从"说3"（人的动作行为在词语上的投射）来看，"介入"的情况都可大致分为两种：一是涉及三方的：两方在进行交谈时，另一方插入，使谈话动态打破；二是只涉及两方的：其中一方正在说话、发言，另一方突然插入，使动态状态打破；或其中一方未说话处于静止状态，另一方插入，使

---

① 语料来源：国家语委现代汉语通用平衡语料库（www.cncorpus.org）

<<< 第四章　方式言语动词"说3"的基元结构及同位词群

静止状态打破。

用图（图4-12）可简单表示如下：

A 涉及三方的：

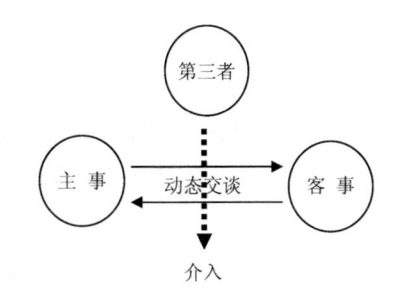

B 涉及两方的：

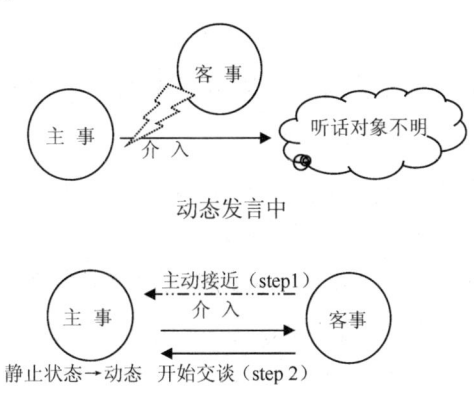

图4-12　"介入"方式说明图

但不论是何种情况，"介入"特征始终如一。

一、插话类词群及基元结构

（一）"插话"类言说动词的意义

插话类就是前述的表现 A 和 B 两种介入式说话的言语行为动词的集合，以原型词"插话"为代表，它是"说3"的介入表现形式之一。"插话"的词典释义为：

【插话】在别人谈话中插进去说几句：我们在谈正事，你别~｜插不上一句话。

若依据词典释义，"插话"的语义要素提取为：[＋谈话中][＋插进去]

183

[+说1（话）]，结构式为：[动作/行为+说1（话）+插进去+谈话中]，语义内容从右到左解读为：谈话中插进去说1（话）的动作行为即为"插话"。

这属于前述的涉及三方类，这由"谈话中"语义特征可以说明；"插进去"即是"介入"义征的体现，又包含"说1（话）"的言语动作行为，词典释义及结构式表达是基本准确的，且与语言事实吻合，如：

a. 大女儿忽然<u>插话</u>："妈，你别说了，我觉得<u>爸爸</u>的话有道理！"

在例 a 中涉及三方"妈""爸爸""大女儿"，且"大女儿"用语言介入了"妈"与"爸爸"的谈话，并且使原谈话中断。

但事实中也涉及两方类，同样可以运用"插话"来表达该言语动作行为，如：

b. 专家正在台上发言，当谈到腐败体制改革时，有人<u>插话</u>道："贪官真的能被体制改革吗？"

在例 b 中只有"专家"一人在说话，不涉及与第三方"交谈"，这时只有"插话"的人中途打断其说话的言语行为。

由此可见，插话类言说动词的主要语义特征为［+介入］［+使中断/中止］，故其语义基元结构式可以更准确地表达为：

插话：[动作/行为+使中断/中止+谈话/发言+介入+说1（话）]

语义内容从右到左解读为：说1（话）介入他人谈话或发言使之中断或中止的动作行为即为"插话"。

属于此类的言说动词有：插话、插嘴、打岔、多嘴、抢嘴，共5个。

（二）"插话"的同位变体

"插话"的同位变体是与其有着相同的语义基元结构式、只词语形式表现不同的动词，有：插嘴、打岔，共2个。词典释义分别为：

【插嘴】在别人说话中插进去说话。

【打岔】打断别人的说话或工作。

按照词典义我们提取语义要素并表达成结构式，分别为：

插嘴：[=插话]

打岔：[动作/行为+说话/工作+打断]

其中"插嘴"与"插话"语义基元结构式完全等同；"打岔"虽包含不

需要言语动作就可以打断他人的动作行为，但也包含用"说话"来打断他人的言语动作行为，在这点上与"插话"毫无区别，只是"插嘴""打岔"较之"插话"更口语化；另外三者在相同句法环境中也可互相替换，如：

你别<u>插话/插嘴/打岔</u>，听我说下去。

综上可知，"插话"及其口语变体"插嘴""打岔"的语义基元结构式为：

插话：〔动作/行为＋使中断/中止＋谈话/发言＋介入＋说1（话）〕

插嘴｜打岔：〔动作/行为＋使中断/中止＋谈话/发言＋介入＋说1（话）＋口语〕

同位变体关系图（图4-13）可表示为：

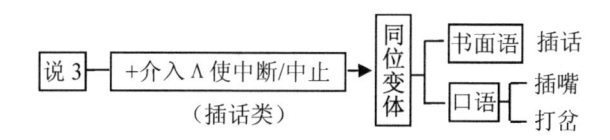

图4-13 "插话"的同位变体关系图

（三）"插话"的下位变体

"插话"的下位变体是对"插话"的某个或某些语义基元加以改变如缩小范围，或凸显其他附属义征的一系列动词，有：多嘴、抢嘴，共2个。依据附属义征所指的不同或改变的语义基元的范畴不同又可分为两大类：

1. 凸显"插话"的动作行为的量度是多余的变体同义词：多嘴

如：老秦不满地瞪了小姑娘一眼，嫌她<u>多嘴</u>。

语义基元结构式为：〔动作/行为＋使中断/中止＋谈话/发言＋介入＋说1（话）＋多余/过多〕

2. 强调"插话"的动作行为的频度过快或抢先的变体同义词：抢嘴

如：膘子自己也在数，没等数完，就听张小山<u>抢嘴</u>说："四六相加，一共是十个。"

语义基元结构式为：〔动作/行为＋使中断/中止＋谈话/发言＋介入＋说1（话）＋过快/抢先〕

下位变体关系图（图4-14）可表示为：

185

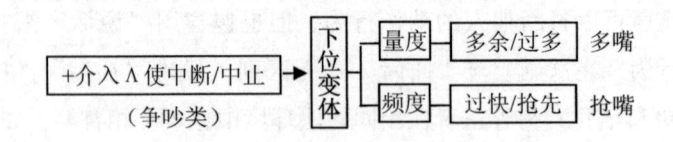

```
                        ┌─量度─多余/过多─多嘴
+介入∧使中断/中止─下位变体┤
   (争吵类)              └─频度─过快/抢先─抢嘴
```

图 4-14　"插话"的下位变体关系图

二、接话类词群及基元结构

（一）"接话"类言说动词的意义

接话类就是前述的表现 B 和 C 种情况下介入式说话的言语行为动词的集合，以原型词"搭腔1"为代表，它是"说3"的另一介入表现形式。"搭腔1"的词典释义为：

【搭腔】①接着别人的话来说：我问了半天，没人~。

若依照词典释义，"搭腔"的语义要素提取为：［+接（别人）话］［+说1（话）］，结构式为：［动作/行为+说1（话）+接（别人话）］，语义内容从右到左解读为：接别人话说话的动作行为即为"搭腔"。这与语言事实相吻合，如：

a. 我说了老半天，希望有人来问一下，可是没有一个人<u>搭腔</u>。

其实"接别人的话"是包含"介入"义征，"介入"前客事可以是处于说话的动态，也可以是属于不说话的静态中，例 a 是动态的例证，再看一例：

b. 看我半天不<u>搭腔</u>，她气不打一处来："你倒是说话啊，聋了还是哑了？"

例 b 中客事"我"是处于"不说话、未开口"的静态的。但是不管哪种情况，都是希望对话或话题能够继续下去，这是搭腔类与插话类的明显差别。

因此，搭腔类言说动词的主要语义特征是［+接介（接话式介入）］［+使（对话/话题）连接/继续］，其语义基元结构式重新表达为：

搭腔：［动作/行为+使连接/继续+对话/话题+接介+说1（话）］

语义内容从右到左重新解读为：说1（话）接介他人对话、话题使连接或继续的动作行为即为"搭腔"。

属于此类的言说动词有：搭话、接话、搭茬、接茬1、搭讪，共 5 个。

(二)"搭腔"的同位变体

"插话"的同位变体是与其有着相同的语义基元结构式、只词语形式表现不同的动词,有:搭话、接话、搭茬、接茬1,共4个。词典释义分别为:

【搭话】搭腔。

【接话】接着别人的话说话。

【搭茬】〈方〉接着别人的话说话。

【接茬】①接着别人的话头说下去;搭腔。

按照词典义提取语义要素并表达成结构式,分别为:

搭话:[=搭腔]

接话:[=搭腔]

搭茬:[=搭腔](方)

接茬1:[=搭腔]

可见"搭话""接话""搭茬"与"搭腔"的语义基元结构式同,只是"搭话""接话"较之"搭腔"更口语化,而"搭茬""接茬1"是"搭腔"的方言变体。四者在相同句法环境下也可互相替换,如:

看我半天不<u>搭腔/搭话/搭茬/接话/接茬</u>,她气不打一处来:"你倒是说话啊,聋了还是哑了?"

综上可知,"搭腔"及其口语变体"搭话""接话"、方言变体"搭茬""接茬1"的语义基元结构式为:

搭腔:[动作/行为+使连接/继续+对话/话题+接介+说1(话)]

搭话|接话:[动作/行为+使连接/继续+对话/话题+接介+说1(话)+口语]

搭茬/接茬1:[动作/行为+使连接/继续+对话/话题+接介+说1(话)+方言]

同位变体关系图(图4-15)可表示为:

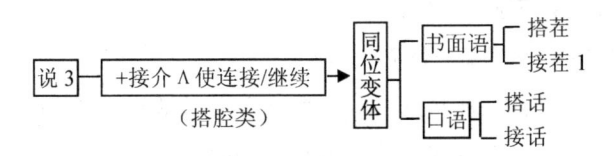

说3 → +接介∧使连接/继续 (搭腔类) → 同位变体 → 书面语 → 搭茬, 接茬1; 口语 → 搭话, 接话

图4-15 "插话"的同位变体关系图

(三)"搭腔"的下位变体

"搭腔"的下位变体是对"搭腔"的某个或某些语义基元加以改变如缩小范围,或凸显其他附属义征的一系列动词,只有1个:搭讪,是凸显附属义征即带"搭腔"动作行为发出者意图性"故意接近"的变体同义词,如:

这时围观我们的人少了点,也就是在这时有各种目的的人上来找我们搭讪,但我们一般不做回应,问到汽车相关问题我们会进行解说。

语义基元结构式为:[动作/行为+使连接/继续+对话/话题+接介+说1(话)∧故意接近]

下位变体关系图(图4-16)可表示为:

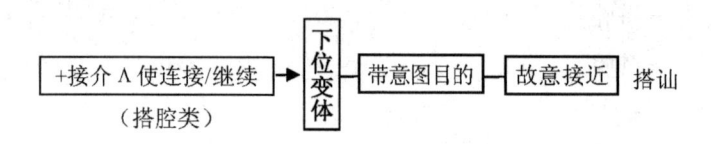

```
+接介∧使连接/继续 → 下位变体 → 带意图目的 → 故意接近   搭讪
    (搭腔类)
```

图4-16　"插话"的下位变体关系图

第三节　"说3"的策略变体
——"宣引"类词群及基元结构

宣引类词群是一类体现主事在进行"说3(话)"动作行为时采取一定的策略、方法的言语行为动词,它仍体现"说3",但表现形式有所区别。按照策略方法的不同,我们分为三类:一是以公开地"说3(话)"的:宣布类;二是借用他人说过的话而"说3(话)"的:引用类;三是以间接方式说他人的原话而"说3(话)"的:转述类。

一、宣布类词群及基元结构

(一)宣布类言说动词的意义

宣布类言说动词是以原型词——"宣布"为代表的一系列同义词的集合。它是"说3"的策略表现形式之一,侧重如何告知他人消息或意思。"宣布"的词典释义为:

【宣布】正式告诉（大家）：~命令。

若依据词典释义，我们可以提取出"宣布"的语义要素有：［＋正式］［＋告诉］［＋多人（大家）］，其结构表达式可表示为：［动作/行为＋多人＋告诉＋正式］，语义内容从右到左解读为：正式告诉多人的动作行为即为"宣布"。

但据我们的观察，"宣布"除了是"正式地告诉"外，还是"公开地、对外地告诉"，如：

a. 1983年8月美国科学家对世界宣布，他们在太阳系之外发现了另一个"太阳系"。

b. 秦汉的妻子郡乔茵忍受不了这样的感情冲击，公开宣布和秦汉解除婚约。

例a中"科学家"正式地并且公开对外（"世界"）告诉他们的"发现"；例b中"邵乔茵"正式且公开对外告诉所有人她和秦汉"解除婚约"的事实和决定。

另外，"宣布"涉及的对象也不一定是多人、群体（"大家"），也可以是单个的人，如：

c. 罗浩庄重地向我宣布，他已经完成了构图背景：灰黑色的大墙、电网，灰黑色适宜表现压抑。

d. 李文模刚刚坐下，刘司令员便向他宣布了十团立即进驻福州机场的命令。

同时我们还观察发现：若对象是单个人，则"宣布"是正式地告诉；若对象是多个人以上的群体、社会，则"宣布"是正式、公开地告诉。因此"公开"是由客事为复数而决定的，不是"宣布"本身义项义包含的。所以说，宣布类言说动词的主要语义特征应是【＋正式】，而不包含"对象限定"义征。其语义基元结构式为：

宣布：［动作/行为＋消息/意思＋说1（话）＋正式］

语义内容从右到左重新解读为：正式地说1（消息或意思）的动作行为即为"宣布"。

属于这类的言说动词有：宣布、宣告、宣示、声明1、宣明、宣言2、宣称、声称、发表1、声言、扬言，共11个。

（二）"宣布"的同位变体

"宣布"的同位变体是与其有着相同的语义基元结构式、只词语形式表现不同的动词，它包含"宣"这样的语素，只有1个：宣告。其词典释义为：

【宣告】宣布：~成立｜~结束。

按照词典义我们提取语义要素并表达成结构式为：

宣告：[＝宣布]

即"宣告"和"宣布"在相同句法环境下可以互换，如：

5. a. 毛主席在天安门向世人<u>宣布</u>："中华人民共和国成立了！"
   b. 毛主席在天安门向世人<u>宣告</u>："中华人民共和国成立了！"

那么，"宣告"与"宣布"的语义基元结构式同表示为：

宣布｜宣告［动作/行为 + 消息/意思 + 说1（话）+ 正式］

两者的关系图（图4-17）表示为：

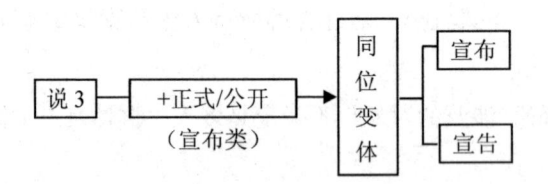

图4-17 "宣布"的同位变体关系图

（三）"宣布"的下位变体

"宣布"的下位变体是对"宣布"的某个或某些语义基元加以改变如缩小范围，或凸显其他附属义征的一系列动词，有：宣示、声明1、宣明、宣言2、宣称、声称、发表1、声言1、扬言1、声言2，共10个。依据附属义征所指的不同或改变的语义基元的范畴不同又可分为三类：

1. "宣布"的内容范围缩小的变体同义词：由意思或消息转为明确的态度、观点、意见

这类有：宣示、声明1、宣明、宣言2。

如：a. 楚老时年已93岁高龄，对外已<u>宣示</u>"封笔"了。（表明确"封笔"的态度）

b. 自拥有核武器的第一天起，中国政府就郑重<u>声明</u>：在任何时候和任何情况下都不首先使用核武器。（表明确"不首先使用核武器"的态度）

c. 东江司法所多次电话联系谢巍，要求他立即到司法所报到，并严正地向他宣明了拒绝接受社区矫正的法律后果。①（表明确不可"拒绝社区矫正"的观点、态度）

d. 我向党郑重宣言：坚决拥护党的领导，热爱国家和人民。（表明确的"拥护党""爱国家和人民"的态度）

语义基元结构式为：[动作/行为＋明确态度/观点/意见＋说1（话）＋正式]

2. "宣布"借助工具差异的变体同义词

一般来说"宣布"是借助口头语言工具来进行的动作行为，但有时也可借助书面语言工具或其他工具来进行，有：宣称、声称、发表1、声言1。

如：a. 西班牙的科尔多瓦在《矛盾的矛盾》一书中宣称：认识应服从理性的判决，哲学对伊斯兰教并无害处。（借助书）

b. 希腊国内名叫"革命斗争"的极端组织13日在雅典一家希腊文报纸上声称5日在雅典警察局发生的3枚炸弹爆炸事件系他们所为。（借助报纸）

c. 古巴外交部6日晚在电视上发表声明，谴责美国政府单方面终止与古巴的移民谈判。（借助电视媒体）

d. 他在信中也明确声言不达到目的誓不罢休。（借助信件及书面文字）

语义基元结构式为：[动作/行为＋消息/意思＋说1（话）＋正式＋借助工具（口语/文字等）]

3. 带"宣布"者态度情绪的变体同义词

"宣布"本身就是公开地告知，目的是为了让他人或很多的人知道，如果带上说话者的情绪、态度，则往往表现为高调地、放肆地"宣布"，意图使更多人知道或使他人恐惧害怕等，有：声言2、扬言。

a. 42户房主对房地产开发公司的做法大惑不解，坚决不同意退房，声言要集体起诉到法院，状告房地产开发公司违约，坚决要求履行合同。（高调地表明坚决的态度、愤怒的情绪）

b. 事后，此人对周伯福怀恨在心，多次扬言要报复周伯福，杀他的全家。（放肆地表明仇恨、报复的情绪心态）

---

① 该语料来源：http://czs.gov.cn，百度搜索。

语义基元结构式为：[动作/行为＋消息/意思＋说1（话）＋正式＋高调/放肆]

下位变体关系图（图4-18）可表示为：

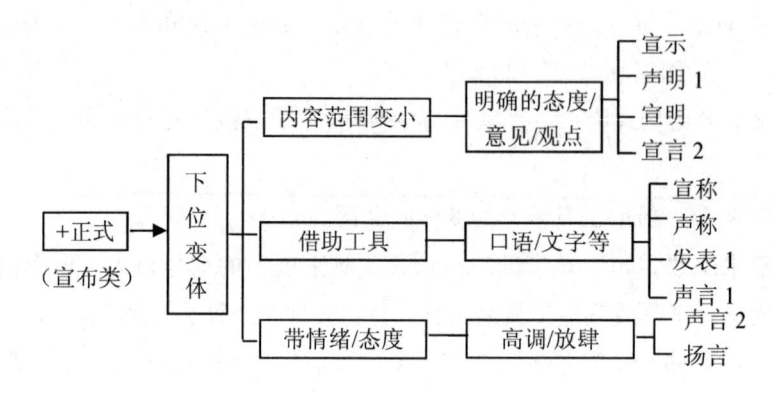

图4-18　"宣布"的下位变体关系图

二、引用类词群及基元结构

引用类言说动词是以原型词——"引用"为代表的同义词的集合，这个集合只有"引用"1个①，即借用别人已经说过的话或文字来说1（话），是"说3"的另一策略表现形式。如：

他引用中国俗语"只要功夫深，铁杵磨成针"，表示希望各方都能在承认分歧的基础上，以建设性的姿态逐步缩小分歧，扩大共识。

从例子中可以知道"只要功夫深，铁杵磨成针"是古人说过的话，这里"拿来"并说出来，就是希望能表达其他的诸如比喻或引申的效果。因此，引用类言说动词的主要语义特征是[＋借用][＋已有的话/文字]，其语义基元结构式为：

引用：[动作/行为＋说1（话）＋已有的话/文字＋借用]

语义内容从右到左解读为：借用已有的话或文字来说1（话）的动作行为即为"引用"。

---

① 与"引用"义相关的"引述"义是"引用和叙述"的结合体，属于语义交叉变体类型，详见第5章相应部分。

它没有其他同位变体及下位变体形式。

三、转述类词群及基元结构

转述类言说动词是以原型词——"转述"为代表的同义词的集合，这个集合只有"转述"1个①，即用间接的方式说1（别人的原话），是"说3"的另一策略表现形式。如：

这可是老师的原话，我只不过是<u>转述</u>而已。

从例中可以知道，"转述"强调言语内容是他人的、原始不变的，而不是自己创造或改编的，"我"只是重复说1（话）而已。因此，转述类言说动词的主要语义特征是［+间接］［+他人原话］，其语义基元结构式为：

转述：［动作/行为+他人原话+说1（话）+间接］

语义内容从右到左解读为：间接说1（他人原话）的动作行为即为"转述"。

它没有其他同位变体及下位变体形式。

---

① 与"转述"义相关的"转引"义是"转述和引用"的结合体，属于语义交叉变体类型，详见第5章相应部分。

第四节 "说3"类语义基元结构及词群概览

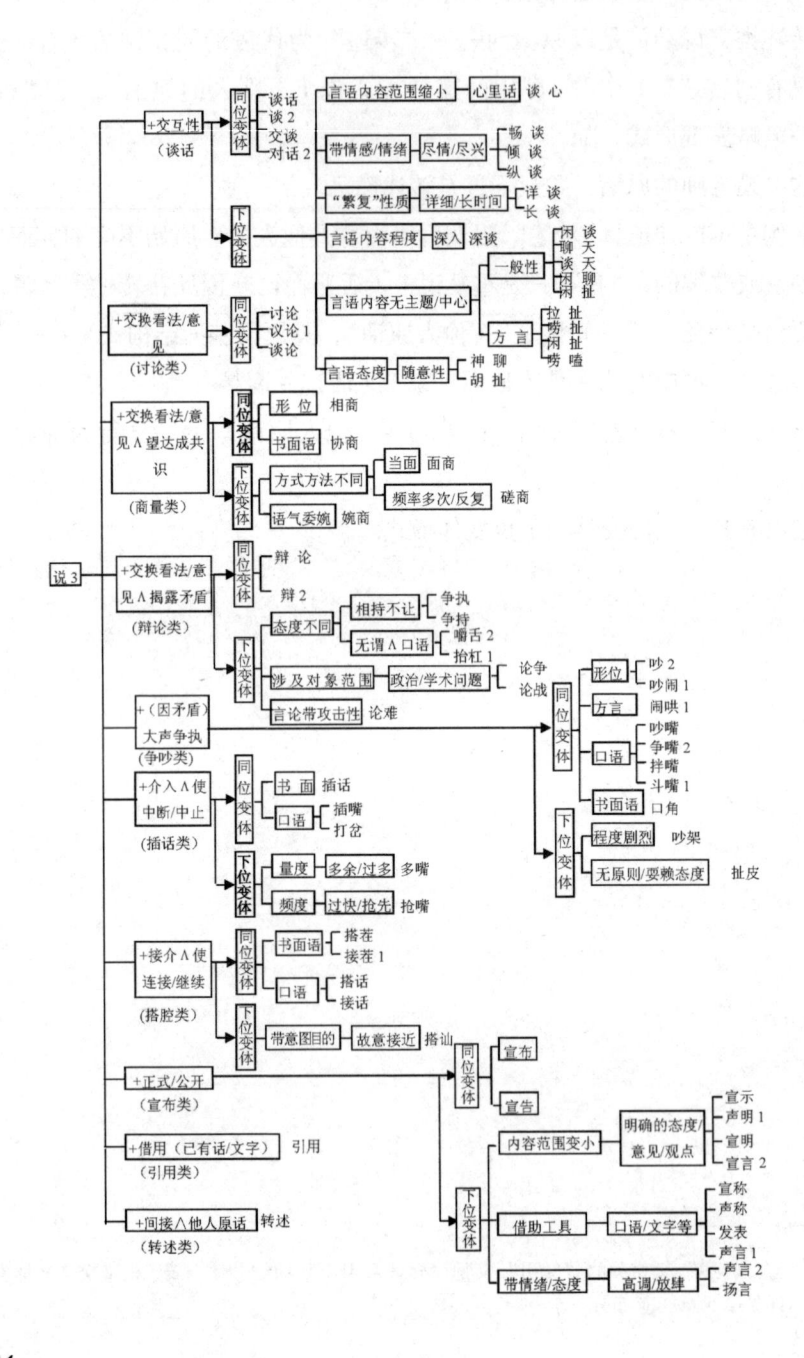

第五章

语义交叉变体

在言说动词系统当中，有一部分词身处于"邻位"方阵，即词与词之间有语义上的交叉，交叉的语义又组成新的言说动词，新的言说动词既具有 X 语义，又具有 Y 语义。X、Y 可能是属于"说1""说2""说3"类的言说动词，也可能是不属于这三类的非言说动词。X、Y 在交叉后产生的新语义又不完全等同于 X、Y 的简单相加，而是大于成分的组合含义"Z"，即"Z = X + Y"。这种交叉语义是在邻位关系上生发出来的，我们称之为"语义交叉变体"。

语义交叉变体的言说动词是根据我们在对研究对象的观察中发现的，共有67个，分别是：称述、称道、劝导、劝勉、劝诫、劝诱、警戒（警诫）、告诫、申饬、驳回、评论、评断、品评、评议、评判、评定、回绝、夸耀、自夸、自诩、答谢、阐释、阐述、论述、非难、责难、抢白、训斥、审议、研讨、探讨、商讨、商榷、商议、会商、商筹、申辩、答辩、陈辩、争议、争辩、争论、理论2、说嘴2、辩驳、问难2、讥笑、挖苦、讥讽、讥嘲、讥诮、讥刺、讽刺、嘲讽、嘲弄、耻笑、诬陷、诬告、控告、控诉、诬赖、骂架、引述、转引、请罪、谢罪、攀谈。

第一节　语义交叉变体的类型

言说动词语义交叉变体的分类是依据交叉的语义来源来定的。首先可以分为两类：言语内交叉和言语外交叉。前者是不超出言说动词的范畴，由属于"说1""说2""说3"类言说动词词群内部的语义相互结合而成；后者则部分超出了言说动词的范畴,即"说1""说2""说3"类言说动词与非言说动词结合而成。其中,言语内交叉又包括类交叉和次类交叉两种;言语外交叉专指任一属于"说1""说2"或"说3"类言说动词与非言语动词的交叉。可用图 5-1 表示为:

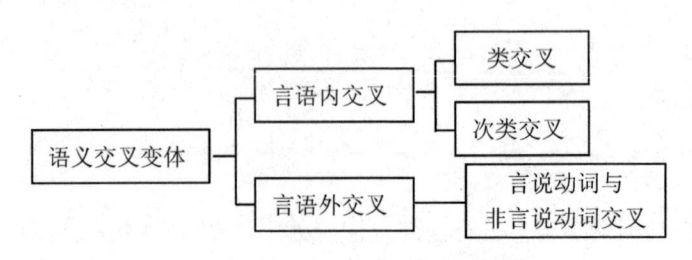

```
                          ┌─ 类交叉
           ┌─ 言语内交叉 ─┤
语义交叉变体 ─┤              └─ 次类交叉
           └─ 言语外交叉 ─── 言说动词与
                             非言说动词交叉
```

图 5-1　语义交叉变体类型

一、言语内交叉

（一）类交叉

"类交叉"是跨越了"说1""说2""说3"词群的内部的言说动词义交叉,用图 5-2 表示为:

$$
大类交叉\begin{cases} "说1"类与"说2"类的交叉 \\ "说2"类与"说3"类的交叉 \\ "说1"类与"说3"类的交叉 \end{cases}
$$

图 5-2　"大类交叉"示意

例如"引述"的词典释义为:

【引述】引用（别人的话或文字）叙述。

从词典义中可知,"引述"是"引用"与"叙述"义的结合,这两个语义分别属于书面语变体——"叙述"类词群和策略变体——"引用"类词群,符合"说1"类与"说3"类交叉的情况。

（二）次类交叉

"次类交叉"是指同一词群内部言说动词义的交叉,包括这一词群（如"说2"类）下的再次范畴词群内部的交叉。图 5-3 示为:

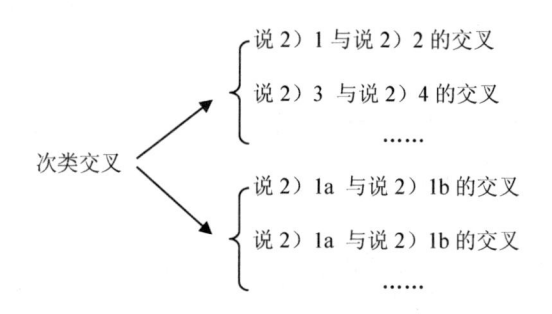

```
                    ┌ 说2）1 与说2）2 的交叉
                    │ 说2）3 与说2）4 的交叉
                    │ ……
次类交叉 ──┤
                    │ 说2）1a 与说2）1b 的交叉
                    │ 说2）1a 与说2）1b 的交叉
                    └ ……
```

图 5-3　"次类交叉"示意

例如,"讥讽"的词典释义为:

【讥讽】用旁敲侧击或尖刻的话指责或嘲笑对方的错误、缺点或某种表现。

从词典义中可知,"讥讽"是"指责"或"嘲笑"义的结合,这两个语义分别属于"说2"类观点变体——"评价"类词群和"说2"类受损变体——"嘲笑"类词群。因此符合同一词群内部言说动词义的交叉情况;又如,"嘲讽"的词典释义为:

【嘲讽】嘲笑讽刺。

从词典义中可知,"嘲讽"是"嘲笑"和"讽刺"义的结合,这两个语义分别属于"说2"类受损变体——"嘲笑"类词群内部。因此符合某一词群下的再次范畴词群内部的交叉情况。

二、言语外交叉

言语外交叉,是既包括"说1""说2""说3"类言说动词的语义,又包括其他词的语义,但其他的词也必须是符合逻辑或认知的动词。新的言说动词(Z)与组成其义项义的 X(言说动词)语义与 Y(非言说动词)语义之间的关系有两种情况,如下所示:

(一)Z =　X　+　Y
　　　　言说动词　非言说动词

例如,"论述"的词典释义为:

【论述】叙述和分析。

用表达式表示为:

论述：［＝叙述］＋［＝分析］
Z　　　＝X　　＋　Y

显然，X（"叙述"）是言说动词，Y（"分析"）是非言说动词，两者结合组成了 Z "论述"的含义。

（二）Z ＝　　Y　　＋　　X
　　　　　　非言说动词　言说动词

例如，"审议"的词典释义为：

【审议】审查讨论。

用表达式表示为：

审议：［＝审查］＋［＝讨论］
Z　　＝　Y　＋　X

显然，Y "审查"是非言说动词，X "讨论"是言说动词，两者结合组成了 Z "审议"的含义。

当然，从一般逻辑关系角度来看，还有一种情况是：

（三）Z ＝　　X　　＋　　Y
　　　　　　非言说动词　非言说动词

即 X、Y 都是非言说动词，但语义结合后形成的 Z 却是言说动词。据我们的实际考察，并没有发现有这样的词存在，因此不加讨论。

第二节　语义交叉方式

语义交叉变体的分类是从组合的来源上为每一个该范畴的言说动词提供了基本的类属依据，但是要完全了解该范畴的每一个言说动词的语义及其语义基元结构式，比较它们之间的异同，就必须知道它们是由何种交叉方式构成的，然后再把相应的言说动词归入本章第 3 节中的相应类别中，完善整个言说动词系统。

交叉变体的语义方式与"词与词组成短语结构"的方式类似，组合后的新的言说动词 Z 与语义 X、语义 Y 之间的语义关系也类似短语结构关系，我们归纳了一下，有以下五种类型：

一、并列式交叉

并列式交叉是指语义 X 与语义 Y 以并列的形式组合，组合之后形成新义 Z。这在词典释义中最为常见，其释义及结构式往往表现为：

> 词义解释：【Z】X（和/并）Y。
> 结 构 式：Z：［＝X］＋［＝Y］

并列式交叉

其中"和/并"是这类释义类型的显性标记词，在释义中可以隐现，也可以补上，释义不发生改变。如：

【引述】引用（别人的话或文字）叙述。

从词典义可知，"引述"是"引用"和"叙述"语义的并列组合，如：

韩国代表团团长还 引述 "有志者事竟成"，指出六方会谈已取得积极势头，应该取得一定的进展。

在例子中"团长"就是在"引用""有志者事竟成"古语的同时将这句话叙述出来，所以"引述"是属于并列式的语义交叉。用表达式表示为：

引述：［＝引用］＋［＝叙述］
Z ＝ ［＝X］ ＋ ［＝Y］

在释义及表达式中标记词"和/并"隐现，但可以补上，即：

【引述】引用并/和叙述。

释义仍保持不变。

像这样的言说动词还有很多，如表 5-1 所示：

表 5-1 并列式语义交叉举例

词语及词典释义	语义结构式（并列式）
【劝勉】规劝并勉励。	劝勉：［＝规劝］＋［＝勉励］
【评介】评论介绍。	评介：［＝评论］＋［＝介绍］
【非难】指摘和责问。	非难：［＝指摘］＋［＝责问］
【训斥】训诫和斥责。	训斥：［＝训诫］＋［＝斥责］
【商讨】商量讨论。	商讨：［＝商量］＋［＝讨论］

这类交叉变体的特点在于：语义 X 与语义 Y 中的言语行为动作经组合后形成的语义 Z 的言语行为动作，不是两个动作分别、依次地完成的，而是在同一时间、统一过程中糅合完成，即"X 中有 Y，Y 中有 X"，如"商讨"就是在商量中讨论，又可以说是在讨论中商量，两个动作行为同时段发生，没有截然的界限。

二、偏正式交叉

偏正式交叉是指语义 X 与语义 Y 以偏正的形式组合，组合之后形成新义 Z。这在词典释义中不常见，而且一般需要经过语义推导才能展示出来。其释义及结构式往往表现为：

词典释义：【Z】为了 Y 而 X。或【C】Y 式地 X。
结构式：Z：[= Y] 的/地 [= X]

偏正式交叉

这类释义类型的结构式中为了凸显其"偏正"义，往往可以补上显性标记词"的/地"。如：

【夸耀】向人显示（自己有本领、有功劳、有地位势力等）；炫耀。
【炫耀】夸耀。

由词典释义可以看出两者有"循环释义"之嫌，虽然它们是属于同一个同义词词群，但实则还是有差异。

先看"炫耀"。"炫耀"的语素义"炫"和"耀"都是光线等过强而晃眼，引申为人的本领、功劳、地位权势等高大而使他人炫目，即向人显示、显摆自己的长处、优点等，这可以由语言表达出来，即"炫耀"是一种言语行为动作，如：

a. 一位同学炫耀："我在银行里的存款已达到 510 元了。"①

例 a 中炫耀资本是通过言语内容才告知他人的。但除了言语内容外，"炫耀"又可以通过其他非语言方式如肢体动作展示等来表达，如：

b. 当槟城的妇女在元夜出门户时，不仅是艳装浓抹，同时还得把她所有

---

① 语料来源：国家语委现代汉语通用平衡语料库（www.cncorpus.org）。

的首饰,都戴在头上身上出来炫耀,金刚钻和繁星一样,在她头上闪光,一举手,一投足,都有宝光发散出来。①

例 b 中的"炫耀"就是通过"浓妆艳抹""头上身上的首饰"来体现的,不需要语言就已经能达到显示、显摆的作用。

再来看"夸耀"。"夸耀"的语素"夸"是夸奖、夸赞之义,语素"耀"则是"炫耀"之义,当表达用炫耀式言语来夸奖时,则为"夸耀",如:

小钢王瞪了小王子一眼,得意地夸耀:"我能跳到飞奔着的马背上,你敢吗?"

例子中"小钢王"就是用炫耀式的言语内容"我能……,你敢吗"来夸奖自己勇敢又有本事。

因此"夸耀"是属于偏正式的语义交叉,其词典释义应重新解释为:

【夸耀】为了炫耀(本领、功劳、地位势力等)而夸奖自己。

或【夸耀】炫耀式地夸奖自己。

语义结构式为:

夸耀:[=炫耀]的/地 [=夸奖]

Z: [=Y]的/地 [=X]

像这样的言说动词还有:自夸、自诩、称述、称道等。

三、连动式交叉

连动式交叉是指语义 X 与语义 Y 在释义层面仍以并列的形式组合,组合之后形成新义 Z,但 Z 语义反映的是连续的动作行为,即先 X 后 Y,相应的,其词典释义与并列式交叉变体的释义相似,但不同的是不能加入标记词"和/并",而往往用表连接的标点符号","来代替;其结构式则需要经过语义推导出来。表现为:

词义解释:【Z】X(,)Y。
结构式:Z:[=X]后 [=Y]

连动式交叉

---

① 语料来源:国家语委现代汉语通用平衡语料库(www.cncorpus.org)。

例如"控诉",其词典释义为:

【控诉】向有关机关或公众<u>陈述</u>受害经过,<u>请求</u>对加害者做出法律的或舆论的制裁。

从词典义可知,"控诉"是"陈述"和"请求"语义的结合,是先进行"陈述"的行为之后,再进行"请求"的行为。如:

据说毕加索对此极为恼火,在它未出版之际,向法院<u>控诉</u>要求禁止这本书的出版。

例子中"毕加索"要向法院"控诉",自然要先"陈述"其之所以"恼火"这本书的原因,再"请求"禁止该书的出版。

因此"控诉"确实是个连动式的交叉,其表达式为:

控诉:[＝陈述]后[＝请求]

Z:　　　[＝X]后　[＝Y]

像这样的言说动词还有:申辩、评断、评定等。

四、选择式交叉

选择式交叉是指语义 X 与语义 Y 在释义层面仍以并列的形式组合,组合之后形成新义 Z,但 Z 语义反映的其中的某一个是言语动作行为,即既可以看作 X 又可以看作 Y,相应的,其词典释义与并列式交叉变体的释义相似,但不同的是不能加入标记词"和/并",而是用"或"来代替。其词典释义及结构式表现为:

词义解释:【Z】X(或)Y。
结构式:Z:[＝X] ∨ [＝Y]

选择式交叉

例如"讥讽",其词典释义为:

【讥讽】用旁敲侧击或尖刻的话指责或嘲笑对方的错误、缺点或某种表现。

从词典义可知,"讥讽"从组合层面上看是"指责"与"嘲笑"语义的结合,但实则偏指"讥"或偏指"讽",也就是指"指责"或"嘲笑"的其中某种行为,关键在于听话者如何判断。如:

a. 当他们听说连书亭等人是来推销农药的，没一个人相信，一位村民讥讽地说："就你们这帮土包子，别糊弄人了，趁早走远点，俺上当上够了。"

b. 他在那讥讽我："打扮得像个村姑一样，不过这也倒符合你了。"

例 a 中"村民"的"讥讽"是偏指"讽"，也就是指责像"连书亭"等人那样"糊弄人"、使人上当的人；例 b 中"他"的"讥讽"是偏指"讥"，就是嘲笑"我"打扮很土气，"像个村姑一样"。

因此"讥讽"确实是个选择式的交叉，其表达式为：

讥讽：[=指责] ∨ [=嘲笑]

Z：　　　[=X] ∨ [=Y]

像这样的言说动词还有：驳回、评论、讥嘲、讥刺、讥诮、抢白等。

五、叠式交叉

叠式交叉是指语义 X 与语义 Y 以并列的形式组合后，形成 M 义，M 义又与 Y 义结合，组合之后形成新义 Z，这是一种语义上的叠加（叠加次数≥3），因此我们称之为"叠式交叉"。从词典释义层面来看还是并列式，但并列式中的一项或两项语义又是其他两项语义的结合，以此类推。那么，词典释义及表达式表现为：

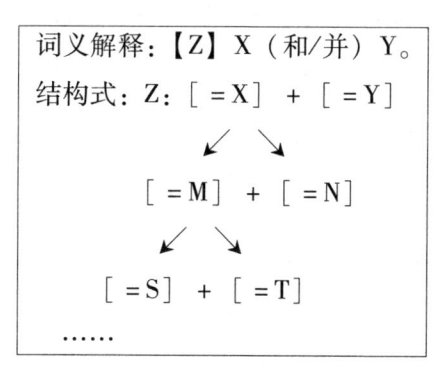

> 词义解释：【Z】X（和/并）Y。
> 结构式：Z：[=X] + [=Y]
> 　　　　　　　↙　　↘
> 　　　　　　[=M] + [=N]
> 　　　　　　　↙　　↘
> 　　　　　　[=S] + [=T]
> ……

叠式交叉

例如"诬陷"，其词典释义为：

【诬陷】诬告陷害。

从释义表层来看，似乎应该归于"并列式交叉"，实则不然。因为"诬告"本身也是并列式交叉，即"诬蔑"和"控告"的结合，而"控告"本身又是并列式交叉即"指控"和"告发"的结合，而"指控"又是并列式交叉即"指责"和"控诉"的结合，而"控诉"又是"陈述"与"请求"的连动式交叉。因此，这样算下来，"诬陷"是五层叠式交叉变体。其结构式为：

诬陷：［＝诬告］＋［＝陷害］　　　　　　　　　　并列式
　　　　↙　↘
　　　［＝诬蔑］＋［＝控告］　　　　　　　　　　　并列式
　　　　　　　↙　↘
　　　　　［＝指控］＋［＝告发］　　　　　　　　　并列式
　　　　　　↙　↘
　　　　［＝指责］＋［＝控诉］　　　　　　　　　　并列式
　　　　　　　↙　↘
　　　　　　［＝陈述］后［＝请求］　　　　　　　　连动式

像这样的言说动词还有："劝勉""阐释""争辩""诬告""控告"等。

第三节　语义交叉变体归类

依据第一节和第二节对交叉变体的类属、交叉方式的类型分析，我们将67个交叉变体言说动词进行语义归类，并列表5-2如下：

表5-2　交叉变体言说动词语义归类

言说动词（Z）	类属	语义X	语义Y	交叉方式	结构式
称述	言内交叉（类）	称赞	叙述	偏正式	［＝称赞］的/地［＝叙述］
称道	言内交叉（类）	称赞	说	偏正式	［＝称赞］的/地［＝说］
劝导	言内交叉（次类）	规劝	开导	并列式	［＝规劝］＋［＝开导］
劝勉	言内交叉（次类）	劝导	勉励	叠式	［＝劝导］＋［＝勉励］ ↙　↘ ［＝规劝］＋［＝开导］
劝诫	言内交叉（次类）	劝说	警告	并列式	［＝劝说］＋［＝警告］
劝诱	言外交叉（X＋Y）	劝说	诱惑	并列式	［＝劝说］＋［＝诱惑］

续表

言说动词（Z）	类属	语义 X	语义 Y	交叉方式	结构式
警戒（警诫）	言内交叉（次类）	警告	劝诫	并列式	［＝警告］＋［＝劝诫］①
告诫	言内交叉（次类）	警告	劝诫	并列式	［＝警告］＋［＝劝诫］
申饬②	言内交叉（次类）	警告	劝诫	并列式	［＝警告］＋［＝劝诫］
驳回	言外交叉（X＋Y）	批评	否定	选择式	［＝批评］∨［＝否定］
评论	言内交叉（次类）	批评	议论	选择式	［＝批评］∨［＝议论］
评断	言外交叉（X＋Y）	判断	评价	连动式	［＝判断］后［＝评价］
品评	言外交叉（Y＋X）	欣赏	评价	并列式	［＝欣赏］＋［＝评价］
评议	言内交叉（类）	评价	议论	并列式	［＝评价］＋［＝议论］
评判	言外交叉（Y＋X）	判断	评价	连动式	［＝判断］后［＝评价］
评定	言外交叉（Y＋X）	审核	评价	连动式	［＝审核］后［＝评价］
回绝	言内交叉（次类）	回复	拒绝	并列式	［＝回复］＋［＝拒绝］
夸耀	言外交叉（X＋Y）	夸奖	炫耀	偏正式	［＝炫耀］的/地［＝夸奖］
自夸	言外交叉（X＋Y）	夸奖	炫耀	偏正式	［＝炫耀］的/地［＝夸奖］（自己）
自诩	言外交叉（X＋Y）	夸奖	炫耀	偏正式	［＝炫耀］的/地［＝夸奖］（自己）
答谢	言外交叉（Y＋X）	报答	感谢	并列式	［＝报答］＋［＝感谢］
阐述	言外交叉（X＋Y）	叙述	分析	并列式	［＝叙述］＋［＝分析］
阐释	言内交叉（次类）∧言内交叉（类）	叙述	解释	叠式	［＝阐述］＋［＝解释］ ↓ ↓ ［＝叙述］＋［＝分析］
论述	言外交叉（X＋Y）	叙述	分析	并列式	［＝叙述］＋［＝分析］
非难	言内交叉（次类）	指摘	责问	并列式	［＝指摘］＋［＝责问］
责难	言内交叉（次类）	指责	非难	并列式	［＝指责］＋［＝非难］
抢白	言内交叉（次类）	指责	讽刺	选择式	［＝指责］∨［＝讽刺］
训斥	言外交叉（X＋Y）	斥责	教导	并列式	［＝斥责］＋［＝教导］
审议	言外交叉（Y＋X）	审查	讨论	并列式	［＝审查］＋［＝讨论］
研讨	言外交叉（Y＋X）	研究	讨论	并列式	［＝研究］＋［＝讨论］

① "警戒"之所以没有看成是叠式交叉，是因为语义 Y "告诫"是"劝说"和"警告"的结合，那么与"警戒"中另一语义 X "警告"重合，那么"警戒"就相当于"警告"和"劝说"的结合。下若有相同情况出现，不再另行解释。

② "申饬"是"告诫"的书面语形式。

续表

言说动词（Z）	类属	语义 X	语义 Y	交叉方式	结构式
探讨	言外交叉（Y + X）	研究	讨论	并列式	［＝研究］+［＝讨论］
商讨	言内交叉（类）	商量	讨论	并列式	［＝商量］+［＝讨论］
商榷①	言内交叉（类）	商量	讨论	并列式	［＝商量］+［＝讨论］
商议	言内交叉（类）	商量	议论	并列式	［＝商量］+［＝议论］
会商	言外交叉（Y + X）	见面	商量	连动式	［见面］后［商量］
商筹	言外交叉（X + Y）	商量	筹划	并列式	［＝商量］+［＝筹划］
申辩	言内交叉（类）	说明	辩解	并列式	［＝说明］+［＝辩解］
答辩	言内交叉（次类）	答复	辩护	并列式	［＝答复］+［＝辩护］
陈辩	言内交叉（类）	陈述	辩解	并列式	［＝陈述］+［＝辩解］
争议	言内交叉（次类）	争执	辩论	并列式	［＝争执］+［＝辩论］
争论	言内交叉（次类）	争执	辩论	并列式	［＝争执］+［＝辩论］
理论 2	言内交叉（次类）	争执	辩论	并列式	［＝争执］+［＝辩论］
争辩	言内交叉（次类）	争论	辩护	叠式	［＝争论］+［辩护］ ↙ ↘ ［＝争执］+［＝辩论］
说嘴 2②	言内交叉（次类）	争论	辩护	叠式	［＝争论］+［辩护］ ↙ ↘ ［＝争执］+［＝辩论］
辩驳	言外交叉（X + Y）	辩解	否定	并列式	［＝辩解］+［＝否定］
问难 2③	言外交叉（X + Y）	辩解	否定	并列式	［＝辩解］+［＝否定］
讥笑	言内交叉（次类）	讥讽	嘲笑	并列式	［＝讥讽］+［嘲笑］
挖苦	言内交叉（次类）	讥讽	嘲笑	并列式	［＝讥讽］+［嘲笑］
讥讽	言内交叉（次类）	指责	嘲笑	选择式	［＝指责］V［＝嘲笑］
讥嘲	言内交叉（次类）	指责	嘲笑	选择式	［＝指责］V［＝嘲笑］
讥诮④	言内交叉（次类）	指责	嘲笑	选择式	［＝指责］V［＝嘲笑］
讥刺	言内交叉（次类）	指责	嘲笑	选择式	［＝指责］V［＝嘲笑］
讽刺	言内交叉（次类）	批评	嘲笑	选择式	［＝批评］V［＝嘲笑］

---

① "商榷"是"商讨"的书面语形式。
② "说嘴 2"是"争辩"的方言形式。
③ "问难 2"义同"辩驳"，不过多指学术研究方面的"辩驳"。
④ "讥诮"也是"讥讽"，区别只是强调动作行为发出者的态度"冷淡、冷漠"；"讥刺"也是强调言语内容的尖锐，但还是一种"讥讽"。

续表

言说动词（Z）	类属	语义X	语义Y	交叉方式	结构式
嘲讽	言内交叉（次类）	嘲笑	讽刺	并列式	［＝嘲笑］＋［＝讽刺］
嘲弄	言外交叉（X＋Y）	嘲笑	戏弄	并列式	［＝嘲笑］＋［＝戏弄］
耻笑	言外交叉（Y＋X）	鄙视	嘲笑	并列式	［＝鄙视］＋［＝嘲笑］
诬陷	言外交叉(X＋Y)∧ 言内交叉(次类)∧ 言内交叉（类）	诬告	陷害	叠式	［＝诬告］＋［陷害］ ↙　↘ ［＝诬蔑］＋［＝控告］ ↙　↘ ［＝指控］＋［＝告发］ ↙　↘ ［＝指责］＋［＝控诉］ ↙　↘ ［＝陈述］后［＝请求］
诬告	言内交叉(次类)∧ 言内交叉（类）	诬蔑	控告	叠式	［＝诬蔑］＋［＝控告］ ↙　↘ ［＝指控］＋［＝告发］ ↙　↘ ［＝指责］＋［＝控诉］ ↙　↘ ［＝陈述］后［＝请求］
控告	言内交叉(次类)∧ 言内交叉（类）	指控	告发	叠式	［＝指控］＋［＝告发］ ↙　↘ ［＝指责］＋［＝控诉］ ↙　↘ ［＝陈述］后［＝请求］
控诉	言内交叉（类）	陈述	请求	连动式	［＝陈述］后［＝请求］
诬赖	言外交叉（X＋Y）	诬蔑	耍赖	并列式	［＝诬蔑］＋［＝耍赖］
骂架	言内交叉（类）	争吵	责骂	并列式	［＝争吵］＋［＝责骂］
请罪①	言内交叉（次类）	道歉	请求	并列式	［＝道歉］＋［＝请求］
谢罪	言内交叉（次类）	道歉	请求	并列式	［＝道歉］＋［＝请求］
攀谈	言外交叉（Y＋X）	接触	交谈	连动式	［＝接触］后［＝交谈］

---

① "请罪""谢罪"是指道歉并请求处罚或原谅。

续表

言说动词（Z）	类属	语义 X	语义 Y	交叉方式	结构式
引述	言内交叉（类）	引用	叙述	并列式	[＝引用]＋[＝叙述]
转引	言内交叉（类）	转述	引用	并列式	[＝转述]＋[＝引用]

语义交叉变体是针对以单义项形态出现但语义内涵较为丰富的词语而提出的概念，在以"说"为代表的言说动词系统中它是"说1"类词群的邻位，同时又与"说2""说3"类词群处于同级地位，具体表现为其语义构成及构成的方式都是"说1""说2""说3"词群内语义的结合（"言内交叉"）或"说1""说2""说3"类词群内语义与非言说类动词语义的组合。

这种概念的提出是建立在言说动词语义的事实基础上的，能对部分的言说动词语义归属、语义构成、构成方式等做出较为有效的解释，帮助我们全面客观地认识整个言说动词语义构成系统；与此同时通过人的言语动作行为概念在词语上的投射，也能为认知语言学在探讨人的认知规律、认知模式提供一种参考。

第六章

结　语

　　20世纪末21世纪初以前的学者多是在研究语法的同时附属研究言说动词，言说动词未作为一个整体来进行系统化研究；到了21世纪开始有学者关注并对言说动词进行专项性研究，但也是从"以言行事"——用言语来表达某种意图、目的的功能角度对其进行分类描写，这样的分类及描写解释是基于词典释义的基础上的，词典解释的随意性、模糊性以及依靠语感来划分词义的局限性，都会影响言说动词及其语义研究的科学性和准确性。

　　本书从概念语义的角度来研究言说动词，不是一个个词进行研究，而是一群群词进行研究，是把词的义项义（语义内容）放在一种语言的词形和义项的相对开放性之下，但表达的是语义概念的相对集中性（即同样的义项义对应多个不同的词形但能组成同一个词群）。言说动词是语言系统中一类集中表现言说概念的词，它们具有相同的概念结构，［＋言说性］和［＋动作/行为］是其概念语义内涵，即凡是反映言语性的动作行为的动词就是"言说动词"。

　　多部权威词典中对"说"的本义的解释都是"用话（言语）来表达意思"，这与言说动词的概念语义内涵——"言说性"十分吻合，而且词典中的有关言说性的动词都可以不同程度地通过"说＋（一定条件）"的形式加以替换，这说明无论是从汉语词汇本身的演变发展，还是从人们的认知表达上都能证明"说"是可以作为代表和起点词来建构整个言说动词的"词群－词位"语义系统的。

　　由此，我们在萧国政先生提出"词群－词位变体"理论基础上，按照不同的言说动词包含的语义结构的对立将整个言说动词语义系统分为三大词群：一般言说动词"说1"同位词群、性质言说动词"说2"同位词群和方式言说动词"说3"同位词群，以及这三大类同位词群内的词位与词位之间、词群内词位与非言说动词词位之间交叉形成的语义变体集合。其中，一般言说动词"说1"的同位词群是并列式同位词的集合，性质言说动词"说2"和方式言说动词"说3"是包含式同位词的集合，三者的关系是："说1"词群是上位词群，"说2""说3"是"说1"的下位词群，三者形成父子关系，"说2"和"说3"之间则是姐妹关系。语义交叉变体则独立于三大词群之外，是属于与"说1"有邻位关系的一类词位的集合。用图6-1可表示为：

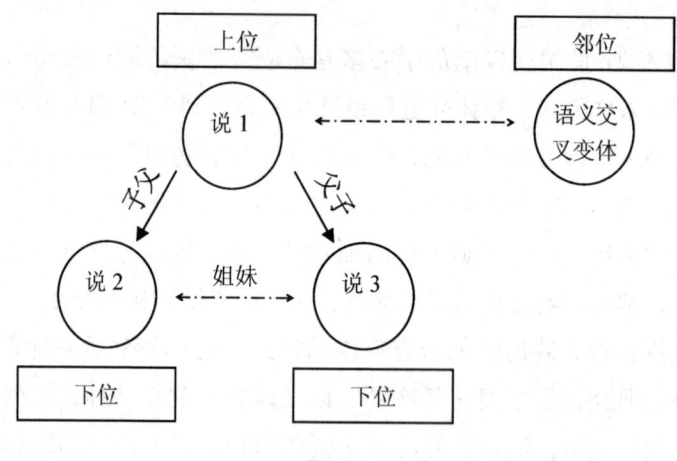

图6-1

在四大同位词群的类的前提下，又进一步探索了言说动词各次类的语义结构。将"说1"类同位词群分为4大类5小类；将"说2"类同位词群分为10大类29小类；将"说3"同位词群分为3大类10小类，并对每次类中的每个言说动词进行意义上的描写，并用语义基元结构式的具体方式来加以表现，最终形成群与群之间，群内各次类之间以及次类内部各言说动词之间语义上的关系图，详见第二、三、四章的"词群概览图"。

萧国政先生提到在词汇构成的 ontology 中，所有的词群之间都存在如下关系：同位关系、上下位关系和邻位关系，或没有任何逻辑关系的无关系。言说动词三大同位词群之间的关系就是同位关系和上下位关系的体现和证明，但萧并未对邻位关系及其变体形式进行进一步的阐释，而我们在研究言说动词的过程中，发现邻位关系的言说动词是一个义位与另一义位的交叉形成的新的义位，新的义位并不完全等于两个义位的简单加合，而是大于各义位成分的组合含义，这种义位的集合就是言说动词系统中的语义交叉变体。同时，我们还观察发现，语义交叉变体的类型还可以依据义位与义位组合的不同分为两大类型：语内交叉和言语外交叉，前者是不超出言说动词的范畴，由属于"说1""说2""说3"类言说动词词群内部的义位相互结合而成；后者则部分超出了言说动词的范畴，即由属于"说1""说2""说3"类言说动词与非言说动词的义位结合而成。其中，言语内交叉又包括类交叉和次类交叉两种；言语外交叉专指任一属于"说1""说2"或"说3"类言说动词与非言说动词义位的交叉。像这样的词在整个考察的言说动词对象中约占15%，也是整个言说动词系统中必不可少的一部分。

参考文献

一、主要相关的中文刊物

1. 中文专著、论文集

［1］安华林：《现代汉语释义基元词研究》，中国社会科学出版社2005年版。

［2］陈建生：《认知词汇学概论》，上海复旦大学出版社2008年版。

［3］陈昌来：《现代汉语动词的句法语义属性研究》，上海学林出版社2002年版。

［4］池昌海：《〈史记〉同义词研究》，上海古籍出版社2002年版。

［5］曹炜：《现代汉语词义学》，上海学林出版社2001年版。

［6］符淮青：《现代汉语词汇》，北京大学出版社1985年版。

［7］符淮青：《词义的分析和描写》，北京语文出版社1996年版。

［8］符淮青：《汉语词汇学史》，安徽教育出版社1996年版。

［9］符淮青：《现代汉语词汇》，北京大学出版社1985年版。

［10］方文一：《同义词辨析》，浙江人民出版社1980年版。

［11］范晓：《汉语的句子类型》，上海书海出版社1998年版。

［12］范晓、张豫峰：《语法理论纲要》，上海译文出版社2003年版。

［13］范晓：《三个平面的语法观》，北京语言学院出版社1996年版。

［14］郭锐：《现代汉语词类研究》，商务印书馆2002年版。

［15］高名凯：《普通语言学》，北京东方书店1955年版。

［16］高庆赐：《同义词和反义词》，上海教育出版社1985年版。

［17］葛本仪：《现代汉语词汇学》，山东人民出版社2001年版。

[18] 胡悼、李春玲：《概念变体及其属性的描写》，见：《中文计算技术与语言问题研究——第七届中文信息处理国际会议论文集》，电子工业出版社2007年版。

[19] 胡裕树：《现代汉语》，上海教育出版社1987年版。

[20] 黄曾阳：《HNC（概念层次网络）理论——计算机理解语言研究的新思路》，清华大学出版社1998年版。

[21] 靳光瑾：《现代汉语动词语义计算理论》，北京大学出版社2001年版。

[22] 贾彦德：《汉语语义学》，北京大学出版社2001年版。

[23] 黎锦熙：《新著国语文法》，湖南教育出版社1924年版。

[24] 李英哲：《实用汉语参考语法》，北京语言学院出版社1990年版。

[25] 李红印：《现代汉语颜色词语义分析》，商务印书馆2007年版。

[26] 李葆嘉：《语义语法学导论》，中华书局2007年版。

[27] 李行健、刘叔新：《词语的知识和运用》，天津人民出版社1979年版。

[28] 刘叔新：《汉语描写词汇学》，商务印书馆1990年版。

[29] 刘叔新、周荐：《同义词语和反义词语》，商务印书馆1992年版。

[30] 刘春卉：《现代汉语属性范畴研究》，四川出版集团巴蜀书社2008年版。

[31] 刘云：《汉语虚词知识库的建设》，华中师范大学出版社2009年版。

[32] 刘月华、潘文娱、故韡：《实用现代汉语语法》，商务印书馆2007年版。

[33] 吕叔湘：《句型和动词学术讨论会开幕词》，见：中国社会科学院语言研究所现代汉语研究室：《句型和动词》，北京语文出版社1987年版。

[34] 吕叔湘：《汉语语法分析问题》，商务印书馆1979年版。

[35] 陆俭明、马真：《现代汉语虚词散论》，北京语文出版社1999年版。

[36] 鲁川：《汉语语法的意合网络》，商务印书馆2001年版。

[37] 马庆株：《汉语语义语法范畴问题》，北京语言文化大学出版社1998年版。

[38] 马庆株：《汉语动词和动词性结构》，北京大学出版社2007年版。

[39] 彭玉海、李恒仁：《语言语义探微》，黑龙江人民出版社 2006 年版。

[40] 钱乃荣：《汉语语言学》，北京语言出版社 1995 年版。

[41] 苏新春：《汉语释义元语言研究》，上海教育出版社 2005 年版。

[42] 苏宝荣：《词义研究与辞书释义》，商务印书馆 2000 年版。

[43] 石毓智：《语法的认知语义基础》，江西教育出版社 2000 年版。

[44] 史有为：《从语义信息到类型比较》，北京语言文化大学出版社 2001 年版。

[45] 孙常叙：《汉语词汇》，吉林人民出版社 1957 年版。

[46] 陶原珂：《词位与释义》，北京高等教育出版社 2004 年版。

[47] 王惠：《现代汉语名词词义组合分析》，北京大学出版社 2004 年版。

[48] 王勤、武占坤：《现代汉语词汇》，湖南人民出版社 1959 年版。

[49] 王军：《汉语词义系统研究》，山东人民出版社 2005 年版。

[50] 王力：《中国现代语法》，商务印书馆 1985 年版。

[51] 武谦光：《汉语描写词汇学》，湖南教育出版社 1988 年版。

[52] 萧国政：《动词"打"本义的结构描写及其同义词群建构——一种人机共享的"词群–词位变体"研究初探》，见：《中文计算技术与语言问题研究——第七届中文信息处理国际会议论文集》，电子工业出版社 2007 年版。

[53] 萧国政：《汉语语法的事实发掘与理论探索》，湖北人民出版社 2005 年版。

[54] 萧国政：《汉语语法研究论：汉语语法研究之研究》，华中师范大学出版社 2001 年版。

[55] 徐国庆：《现代汉语词汇系统论》，北京大学出版社 1999 年版。

[56] 谢文庆：《同义词》，湖北人民出版社 1982 年版。

[57] 杨锡彭：《汉语语素论》，南京大学出版社 2004 年版。

[58] 杨振兰：《现代汉语词彩学》，山东大学出版社 1996 年版。

[59] 袁毓林：《汉语动词的配价研究》，江西教育出版社 1998 年版。

[60] 尹世超：《关于主谓宾语》，见：《语法研究与探索（3）》，中国语文杂志社 1985 年版。

[61] 俞士汶、朱学锋、刘云，见嘎日迪等主编：《面向自然语言理解的汉语虚词研究》，见：《民族语言文字信息技术研究》，北京西苑出版社 2007

年版。

[62] 钟守满：《英汉言语行为动词语义认知结构研究》，中国科学技术大学出版社 2008 年版。

[63] 张志毅：《词汇语义学与词典编纂》，外语教学与研究 2007 年版。

[64] 张永言：《词汇学简论》，华中工学院出版社 1991 年版。

[65] 张伯江：《从施受关系到句式语义》，商务印书馆 2009 年版。

[66] 张博：《汉语同族词的系统性与验证方法》，商务印书馆 2003 年版。

[67] 张斌：《新编现代汉语》，上海复旦大学出版社 2002 年版。

[68] 詹人凤：《现代汉语语义学》，商务印书馆 1997 年版。

[69] 昝红英、张坤丽、柴玉梅、俞士汶：《现代汉语副词用法的形式化描述》，见：《第八届汉语词汇语义学研讨会论文集》，香港理工大学出版社 2007 年版。

[70] 周光庆：《古汉语词汇学简论》，华中师范大学出版社 1989 年版。

[71] 周荐：《同义词语的研究》，天津人民出版社 1991 年版。

[72] 周荐：《汉语词汇新讲》，北京语文出版社 2000 年版。

[73] 周祖谟：《汉语词汇讲话》，北京人民教育出版社 1959 年版。

[74] 朱星：《汉语词义简析》，湖北人民出版社 1981 年版。

[75] 朱跃：《语义论》，北京大学出版社 2006 年版。

[76] 周殿龙、李长仁：《汉语词汇学史》，中国华侨出版社 1996 年版。

2. 中文译著

[1] 索绪尔著，高名凯译：《普通语言学教程》，商务印书馆 1980 年版。

[2] Zenon W、Pylyshyn 著，任晓明、王左力译：《计算与认知》，中国人民大学出版社 2007 年版。

[3] 兹古斯塔、拉迪斯拉夫著，林书武等译：《词典学概论》，商务印书馆 1983 年版。

[4] F, Unger H, J, Schmid：《认知语言学入门》，外语教学与研究出版社 2001 年版。

3. 词典

[1] 董大年、曹永兴等：《现代汉语分类大词典》，上海辞书出版社 2007 年版。

［2］林杏光、王玲玲、孙德金:《现代汉语动词大词典》,北京语言大学出版社 1994 年版。

［3］刘叔新:《现代汉语同义词词典》,天津人民出版社 1987 年版。

［4］林杏光等:《现代汉语动词大词典》,北京语言学院出版社 1994 年版。

［5］蓝德康:《国际标准汉字大字典》,电子工业出版社 1998 年版。

［6］孟琮、郑怀德等:《汉语动词用法词典》,商务印书馆 2005 年版。

［7］梅家驹:《同义词词林（第二版）》,上海辞书出版社 1996 年版。

［8］吴海:《常用同义词典》,北京师范学院出版社 1988 年版。

［9］张志毅:《简明同义词词典》,上海辞书出版社 1981 年版。

［10］张志毅、张庆云:《新华同义词词典（中型本）》,商务印书馆 2006 年版。

［11］中国社会科学院语言研究所词典编撰室:《现代汉语词典（第 5 版）》,商务印书馆 2005 年版。

4. 期刊论文

［1］陈群秀:《一个在线义类词库:词网 WordNet》,《语言文字应用》1998 年第 2 期。

［2］陈昌来:《现代汉语不及物动词的配价考察》,《语言研究》1998 年第 2 期。

［3］董振东、董强、郝长伶:《知网的理论发现》,《中文信息学报》2007 年第 4 期。

［4］冯志伟:《从格语法到框架网络》,《解放军外国语学院学报》2006 年第 29 卷第 3 期。

［5］冯海霞、张志毅:《〈现代汉语词典〉释义体系的创建与完善——读〈现代汉语词典〉第 5 版》,《中国语文》2006 年第 5 期。

［6］冯光武:《语言的主观性及其相关研究》,《山东外语教学》2006 年第 5 期。

［7］符淮青:《词义和词的分布》,《汉语学习》1999 年第 1 期。

［8］符其武:《言语行为分类及其语义表现式》,《西南民族学院学报（哲学社会科学版）》1999 年第 1 期。

[9] 傅翀：《语言中的原型范畴》，《信阳师范学院学报（哲学社会科学版）》，2005年第5期。

[10] 范晓：《语言、言语和话语》，《汉语学习》1994年第2期。

[11] 郭聿楷：《语义格与语义配价》，《外语与外语教学》1999年第10期。

[12] 高名凯：《论语言系统中的词位》，《北京大学学报》1962年第1期。

[13] 黄金贵：《论同义词之"同"》，《浙江大学学报（人文社会科学版）》2000年第4期。

[14] 胡裕树、范晓：《试论语法研究的三个平面》，《新疆师范大学学报（哲学社会科学版）》1985年第2期。

[15] 黄曾阳：《HNC理论概要》，《中文信息学报》1997年第4期。

[16] 贾彦德：《语义场内词义间的几种聚合关系》，《新疆大学学报》1982年第1期。

[17] 刘叔新：《语句内的语义关系和语法意义》，《南开学报（哲学社会科学版）》1994年第1期。

[18] 刘大为：《句嵌式递归与动词的控制功能》，《语言研究》2002年第4期。

[19] 刘大为：《言语行为与言说动词句》，《汉语学习》1991年第6期。

[20] 刘大为：《意向动词、言说动词与篇章的视域》，《修辞学习》2004年第6期。

[21] 刘谧辰：《义素分析综述》，《外国语》1988年第2期。

[22] 吕叔湘：《语言作为一种社会现象——陈原〈语言与社会生活〉读后》，《读书》1980年第4期。

[23] 李葆嘉：《汉语元语言系统研究的理论建构及应用价值》，《南京师范大学学报》2002年第4期。

[24] 李葆嘉：《汉语的词语搭配和义征的提取辨析》，《兰州大学学报（社会科学版）》2003年第6期。

[25] 李葆嘉、李瑞：《试论词汇系统的语义性本质》，《江苏大学学报（社会科学版）》2007年第1期。

[26] 李锡胤：《词典的广度、深度，词义层次及其体系》，《辞书研究》1986 年第 3 期。

[27] 陆俭明：《语义特征分析在汉语语法研究中的运用》，《汉语学习》1991 年第 1 期。

[28] 陆俭明：《关于句处理中所要考虑的语义问题》，《语言研究》2001 年第 1 期。

[29] 毛继光、陈晓烨：《话语交际中的语义缺省——〈缺省语义学〉介评》，《中国外语》2010 年第 3 期。

[30] 梅家驹、高蕴琦：《语义形式化的研究》，《外国语》1990 年第 5 期。

[31] 潘艳艳：《框架语义学理论与应用》，《外语研究》2003 年第 5 期。

[32] 彭玉海：《试论题元语义次范畴性质》，《四川外语学院学报》2001 年第 1 期。

[33] 岑运强：《语义场和义素分析再探》，《福建外语》1994 年第 3-4 期。

[34] 岑运强：《词义类型与句义结构模式》，《北京师范大学学报（社会科学版）》1996 年第 4 期。

[35] 钱进：《论汉语词语的语义性别原型模式差异》，《江苏教育学院学报（社会科学版）》2000 年第 3 期。

[36] 随利芳：《语法标记"说"和"道"》，《解放军外国语学院学报》2007 年第 4 期。

[37] 邵敬敏：《"语义价""句法向"及其相互关系》，《汉语学习》1996 年第 4 期。

[38] 邵敬敏：《动量词的语义分析及其与动词的选择关系》，《中国语文》1996 年第 2 期。

[39] 邵敬敏、周娟：《"动+介+宾"结构的语义模式及认知场景》，《语言教学与研究》2008 年第 3 期。

[40] 沈家煊：《语言的"主观性"和"主观化"》，《外语教学与研究》2001 年第 4 期。

[41] 孙维张、孙炜：《语义的分类及其类型》，《语言文字应用》1998 年

第 3 期。

[42] 唐旭日：《WordNet 与 HowNet 之关系研究》，《湖北广播电视大学学报》2007 年第 7 期。

[43] 舒鑫柱：《现代汉语词汇语义网模型设计》，《山西大学学报（自然科学版）》2005 年第 4 期。

[44] 汪维辉：《汉语"说类词"的历时演变与共时分布》，《中国语文》2003 年第 4 期。

[45] 王惠、詹卫东、俞士汶：《现代汉语语义词典规格说明书》，《汉语语言与计算学报（Journal of Chinese Language and Computing，新加坡）》2003 年第 13 卷第 2 期。

[46] 王东海、张志毅：《术语语义学的三个理论基点》，《语文研究》2009 年第 4 期。

[47] 王寅：《再论语言的体验性——认知语言学的语言体验观》，《山东外语教学》2005 年第 2 期。

[48] 王莹：《现代汉语言语动词研究》，《南开语言学刊》2005 年第 1 期。

[49] 王振昆、曹静：《词义的义素分析》，《语言教学与研究》1983 年第 3 期。

[50] 吴云芳、段慧明、俞士汶：《动词对宾语的语义选择限制》，《语言文字应用》2005 年第 2 期。

[51] 吴剑峰：《汉语言语行为动词的元话语功能及句类地位》，《宁夏大学学报年第人文社会科学版）》2008 年第 4 期。

[52] 吴剑锋：《现代汉语言说动词研究概观》，《现代语文》2009 年第 2 期。

[53] 萧国政、胡悼：《信息处理的汉语语义资源建设现状分析与前景展望》，《长江学术》2007 年第 2 期。

[54] 肖珊：《现代汉语祈使类言说行为动词语义结构与同义词群建构——基于"词群-词位变体"和"词汇范畴化"的个案研究》，《长江学术》2001 年第 4 期。

[55] 辛日华：《HowNet 的构成分析与研究》，《呼伦贝尔学院学报》

2003年第3期。

[56] 徐默凡：《言说动词的隐现规律》，《修辞学习》2008年第1期。

[57] 谢凤萍：《给予动词的配价研究》，《安徽师范大学学报（哲学社会科学版）》1998年第1期。

[58] 解海江、张志毅：《谈〈现汉〉对义位褒贬陪义的标注》，《辞书研究》2003年第6期。

[59] 许嘉璐：《现状和设想——试论中文信息处理与现代汉语研究》，《中国语文》2000年第6期。

[60] 于江生、俞士汶：《中文概念词典的结构》，《中文信息学报》2002年第4期。

[61] 由丽萍、王素格：《汉语动词-动词搭配规则与分布特征》，《计算机工程与应用》2005年第23期。

[62] 颜红菊：《语义场理论的认知拓展》，《求索》2007年第4期。

[63] 俞士汶、朱学锋、刘云：《现代汉语广义虚词知识库的建设》，《汉语语言与计算学报》2003年第1期。

[64] 余蕾、曹存根：《基于Web语料的概念获取系统的研究与实现》，《计算机科学》2007年第2期。

[65] 章宜华：《西方词典释义类型和释义结构研究》，《辞书研究》2001年第1期。

[66] 尹戴忠：《汉语动词研究综述》，《洛阳师范学院学报》2007年第6期。

[67] 姚天顺、张俐、高竹：《WordNet综述》，《语言文字应用》2001年第1期。

[68] 张志毅、张庆云：《同义词辨析：〈赢得/博得 交代/交待 意/义 宝贵/珍贵〉》，《语文建设》2000年第3期。

[69] 张庆云、张志毅：《义位的模糊性》，《烟台师范学院学报（哲社版）》1994年第1期。

[70] 张志毅、张庆云：《义位的语境意义》，《牡丹江师范学院学报（哲学社会科学版）》1997年第3期。

[71] 张志毅：《词位的语义结构》，《鲁东大学学报（哲学社会科学版）》

2006年第23卷第3期。

[72] 张绍杰、王晓彤：《"请求"言语行为的对比研究》，《现代外语》1997年第3期。

[73] 张绍杰：《言语行为与施为动词》，《外语与外语教学》1994年第5期。

[74] 张普：《信息处理用现代汉语语义分析的理论与方法》，《中文信息学报》1991年第3期。

[75] 张言军：《"同意"类动词初探》，《唐山师范学院学报》2005年第6期。

[76] 张庆旭：《汉语述语动词框架分类及其语义限制》，《汉语学习》1996年第3期。

[77] 张谊生：《交互类动词配价研究》，《语言研究》1997年第1期。

[78] 张明鸣：《论义位和义素分析在语义理解中的作用》，《东北大学学报（社会科学版）》2003年第5期。

[79] 昝红英、张坤丽、柴玉梅、俞士汶：《现代汉语虚词知识库的研究》，《中文信息学报》2007年第5期。

[80] 赵询思：《"说"一字在现代汉语中的虚化情况》，《广西大学学报（哲学社会科学版）》2006年第28卷增刊。

[81] 郑泽芝、张永奎：《〈现代汉语语义词典〉管理系统的设计与实现》，《计算机工程》2001年第6期。

[82] 詹卫东：《确立语义范畴的原则及语义范畴的相对性》，《世界汉语教学》2001年第2期。

[83] 周光庆：《汉语词汇研究的认知学基础》，《华中师范大学学报（人文社会科学版）》2005年第5期。

[84] 钟守满、王伟：《言语行为动词语义分析及构架》，《外语学刊》2000年第2期。

[85] 钟守满、李芬：《VNN构块式中的言语行为动词语义认知解释》，《江西师范大学学报（哲学社会科学版）》2004年第4期。

[86] 钟守满、姚明发：《近50年来"言语行为"理论研究的发展与反思》，《江西教育学院学报（社会科学）》2004年第4期。

[87] 钟守满、李萍:《言语行为动词告知关系及其语义认知解释》,《南昌大学学报（人文社会科学版）》2005 年第 6 期。

[88] 钟守满:《言语行为动词释义及其相关研究》,《外语教学》2008 年第 5 期。

5. 学位论文

[1] 常颖:《汉、俄语言语行为动词语义对比研究》,黑龙江大学博士学位论文,2008 年。

[2] 蔡俊杰:《现代汉语言说类动词考察》,上海师范大学硕士学位论文,2008 年。

[3] 杜姗姗:《Tell（告诉）类动词语义结构认知分析》,江西师范大学硕士学位论文,2004 年。

[4] 丁金涛:《基于特征向量的语义角色标注研究》,苏州大学硕士学位论文,2008 年。

[5] 胡惮:《基于多维特征属性描写的现代汉语概念语义网的建构研究》,武汉大学博士学位论文,2007 年。

[6] 李冏:《现代汉语功能祈使句研究》,武汉大学博士学位论文,2009 年。

[7] 刘金凤:《面向自然语言处理的汉语句子语义知识库构建》,鲁东大学硕士学位论文,2009 年。

[8] 欧阳晓芳:《"看"类动词词义聚合网络的认知研究》,武汉大学博士学位论文,2009 年。

[9] 田源:《汉语"说"类动词研究》,华中师范大学硕士学位论文,2007 年。

[10] 王云英:《现代汉语问类动词研究》,延边大学硕士学位论文,2004 年。

[11] 王展:《汉语交际框架下的言说类动词研究——汉语言说类动词的语义结构分析和层级分类》,北京大学硕士学位论文,2008 年。

[12] 张奇祺:《承诺类言语行为动词研究》,华东师范大学硕士学位论文,2007 年。

[13] 张占山:《语义角色视角下的谓词同义词辨析》,厦门大学博士学

位论文，2006 年。

［13］朱湘燕：《汉语批评言语行为研究及其对对外汉语教学的启示》，暨南大学硕士学位论文，2002 年。

［14］钟守满：《汉英言语行为动词的语义对比研究》，南京师范大学博士论文，2007 年。

二、主要相关的外文著作

［1］Anna Wierzbicka, *Semantic Primitives*, Frankfurt：Athen? um, 1972.

［2］Anna Wierzbicka, *Lingua Mentalis*：*The semantics of natural language*, Sydney：Academic Press, 1980.

［3］Anna Wierzbicka, *English Speech Act Verbs*：*A semantic dictionary*, Sydney：Academic Press, 1987.

［4］Jackendoff, Ray, *Semantics and Cognition*, Cambridge, Mass, MIT Press, 1985.

［5］Jackendoff, Ray, *Semantic Structure*, Cambridge, Mass, MIT Press, 1990.

［6］Kittay, E, F, *Metaphor*：*Its Cognitive Force and Linguistic Structure*, Oxford：Clarendon Press, 1987.

［7］Lyons, J, *Linguistic Semantics*：*An Introduction*, Cambridge：Cambridge University Press, 1995.

［8］Lakoff, G& M, Johnson, *Philosophy in the Flesh*：*The Embodied Mind and Its Challenge to Western Thought*, Basic Books, 1999.

［9］Lakoff. G, *Women, Fire, and Dangerous Things*, Chicago：University of Chicago Press, 1987.

［10］Langacker, R, W, *Concept, Image, and Symbol*, Berlin：Mouton de Gruyter, 1990.

［11］Langacker, R, W, *Grammar and Conceptualization*, Berlin, New York：Mouton de Gruyter, 1999.

［12］Miller, GeorgeA, ed, *WordNet*：*An electronic lexical database*, Cambridge：MIT Press, 1997.

[13] Palmer, F, R, *Semantics (Second Edition)*, Cambridge: Cambridge University Press, 1981.

[14] Searle, J, R, *Speech Acts: An Essay in the Philosophy of language*, Oxford: Cambridge University Press, 1969.

[15] Searle, J, R, *Expression & Meaning: Studies in the Theory of Speech Act*, Oxford: Cambridge University Press, 1979.

[16] Thomas T Ballmer, *Speech act classification: a study of the lexical analysis of English speech activity verbs*, Berlin; NewYork: Springer-Verlag, 1981.

后　记

蚕经破茧而成蝶，成蝶的刹那固然美丽，但孕育的过程是艰苦而难耐的。

在博士四年的生涯中，有三年的时间目睹了师兄师姐们的"化蝶"过程，可那中间的辛酸、痛苦和最终收获的激动与幸福，直到自己为论文画上一个句号时才真正有所体会。

说不出的复杂心情，深夜里，往事历历在目。

还记得考博前的那段长达几乎一年的过程：备考、初试、复试，几乎耗尽了我所有的心血和精力，因为没有找工作，所以考博就是"破釜沉舟"之举，所幸最终，我登上了一条船，而且之后我惊喜地发现，这条船是智慧之船、幸运之船和温馨之船。

"船长"无疑是我们的领头人——导师萧国政先生。早在本科的时候就听说过导师的名气，但因入学较晚，先生已迁入武大，所以无缘聆听教诲；研究生阶段虽然已经进入武大，但还是没能成为先生的入室弟子，但好在已经有机会近距离地向先生请教，也坚定了我考先生博士的决心；之后的终于如愿以偿有了这样的机会，我格外珍惜。先生渊博的学识、睿智的学术眼光、深厚的语言功底及勇于创新探索的精神在学习上给了我极大指导，而与此同时，先生又以自己豁达的胸襟、与人为善的处事态度在生活上给了我启发和指点，而这些对我今后的工作和生活都是有很大的帮助的。先生的事情一年到头总是很多的，虽然极其忙碌，但先生并不会因此耽搁对我们学业上的指导。毕业论文亦是如此，从选题构思、开题提问，再到写作成初稿、二稿修改、三稿修改，每一步都凝聚着先生的心血和对我的关怀，直到今日已经毕业了，听说我的书稿有机会出版，先生在为我高兴的同时也不忘再次提点我，并为我的书作序，让我作为学生既感到自己的幸运，也觉得深感歉意。的确，没有先生的支持和帮助，就没有我今日出书的可能性，对于老师的恩情我将永远铭记感激在心：谢谢您，老师！

在"船"上，我还有幸遇到了一群良师益友：感谢武汉大学文学院的赵世举老师、刘礼堂书记、崔理高书记、卢烈红老师、冯学锋老师、赫琳老师、萧红老师；外语学院的吴泓缈老师、周保国老师，计算机学院的姬东鸿老师，留学生院的翟汛老师等在我平时学习和生活中的关心和帮助，以及开题时、答辩前提出的宝贵意见；也特别感谢文学院办公室的王若飞老师，在我最需要帮助的时候给予我支持和理解。

而"船"上还有一个世界上最温馨的"大家庭"，在这个家庭中我有很多的兄弟姐妹：胡悍师兄、于鹏师兄、程乐乐师兄、郭婷婷师姐、李圊师姐、李春玲师姐、龙又珍师姐、吴铭师姐、刘平师姐、刘苹、伍莹、赵玲、万菁、冯丽、王跃龙、熊苇渡、屠爱萍、王薇、尹新林、徐冶琼、高洋洋、丁晶、胡淑荣、毛一鸣、陈萍萍、胡莉、陈雅萱等等，大家都团结在先生的领导下，互相关心、互相帮助、真心相待、手足情深。

毕业之后我有幸在中国地质大学（武汉）国际教育学院工作，在工作期间，也受到了学院领导马昌前处长、邵学民处长、张立军院长、苏洪涛院长的关怀，得到了同事们的帮助，一并表示感谢。

当然最后要感谢的是我的家人，爸爸妈妈和我的爱人，书稿的出版自然离不开他们的关心和支持，他们常常提醒我在写作的时候不忘注意身体、多保护眼睛，并为我做好一切可能的"后勤"工作，对于家人的无私付出，我深为感激，我也会用一生的爱来回报他们。

是为记。

肖珊
于保利心语寓所